旅游系统中信息技术的应用、效能与投资策略

蒋奇杰 ◎ 著

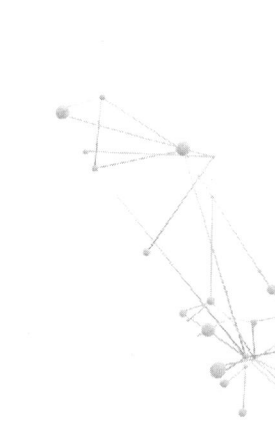

四川大学出版社
SICHUAN UNIVERSITY PRESS

图书在版编目（CIP）数据

旅游系统中信息技术的应用、效能与投资策略 / 蒋奇杰著. -- 成都：四川大学出版社，2025.5. -- ISBN 978-7-5690-7861-9

Ⅰ．F590.3-39

中国国家版本馆CIP数据核字第2025XE2214号

书　　　名：	旅游系统中信息技术的应用、效能与投资策略
	Lǚyou Xitong zhong Xinxi Jishu de Yingyong、Xiaoneng yu Touzi Celüe
著　　　者：	蒋奇杰

选题策划：	蒋姗姗　曹雪敏
责任编辑：	蒋姗姗
责任校对：	王　锋
装帧设计：	墨创文化
责任印制：	李金兰

出版发行：	四川大学出版社有限责任公司
	地址：成都市一环路南一段24号（610065）
	电话：（028）85408311（发行部）、85400276（总编室）
	电子邮箱：scupress@vip.163.com
	网址：https://press.scu.edu.cn
印前制作：	四川胜翔数码印务设计有限公司
印刷装订：	成都金阳印务有限责任公司

成品尺寸：	170 mm×240 mm
印　　张：	12
字　　数：	232千字

扫码获取数字资源

版　　次：	2025年8月　第1版
印　　次：	2025年8月　第1次印刷
定　　价：	68.00元

四川大学出版社
微信公众号

本社图书如有印装质量问题，请联系发行部调换

版权所有 ◆ 侵权必究

前　言

随着不同国家、不同社会群体之间的频繁交流，人们居住地域的边界越来越模糊。我们亲切地将养育我们的地球母亲称为"地球村"。很大程度上，这得益于近年来快速发展的两大行业：旅游业和信息技术产业。旅游业带给人们实实在在的亲身体验，使人们感受不同地域、不同人群的文化；信息技术产业通过及时、便捷的信息传递，让人们随时随地都能交流与沟通。信息技术能够建立全球范围内各类组织之间的信息连接，其不断创新为旅游业的持续发展提供了支柱和动力（Boes 等，2016；Jiang 和 McCabe，2021；陈晔和贾骏骐，2022）。

据世界旅游及旅行理事会（World Travel & Tourism Council，WTTC）统计，2019 年，旅游业为全球提供了 3.34 亿个就业岗位，对全球 GDP 增长的贡献率为 10.3%，达到 9.6 万亿美元。根据报告，旅游行业产值在 2023 年达到 9.5 万亿美元，对全球经济的绝对贡献量基本恢复到新冠疫情前的水平，并且进一步预测：旅游业将在全球雇用约 4.3 亿人，相比于 2019 年增加 1.7 个百分点，占全球劳动力的近 12%。由此可见，旅游业已经成为经济恢复和增长的重要动力。此外，旅游业还具有资源消耗低、带动系数大、就业机会多、环境友好等诸多优点。正因如此，近年来全球主要经济体都非常重视世界级旅游目的地的打造，以期增加游客量和旅游收入。近年来，我国旅游业也发展迅速，成为国民经济的战略性新兴产业。

在旅游目的地的打造和发展过程中，现代信息（与通信）技术的综合集成应用成为一大特色，无人值守、刷脸入园、智能导览等已经成为景区的标配，旅游服务和产品提供的智慧化水平俨然成为评价一个旅游目的地竞争力的重要维度（Jiang 和 McCabe，2021）。随着经济社会的不断发展和游客对于个性化体验的追求，旅游单位越来越多地依赖于信息技术来完成工作任务（Boes 等，2016）。20 世纪 80 年代以来，信息技术在旅游业中得到了广泛的应用，并持续地影响和改变着旅游生态系统运转的各个环节，包括旅游企业的商业模式、游客搜索旅游信息方式和目的地旅游体验形式，给旅游产业带来了前所未有的机遇和挑战（Neuhofer 等，2015）。实践中，为了以更好的姿态和形象吸引游客，赢得旅游目的地开发浪潮中的竞争优势和市场份额，各旅游目的地竞相应用先进的信息技术，尝试打造智慧景区、智慧城市、智慧旅游目的地（乔向杰，2022；樊玲玲等，2022）。"毫无疑问，负责旅游目的地市场营销的相关部门应当充分利用信息技术和互联网，没有理由能够拒绝这样做。"（WTO，1999）从 20 世纪 90 年代开始，许多的旅游目的地都建立了自己的目的地管理系统，如香港构建的 GPS/GIS 游客行为分析系统和九寨沟搭建的"智慧九寨"信息平台（冯刚和任佩瑜，2010；岳婧雅，2017）。这些先进信息技术的应用的确提升了相应目的地的市场形象和游客的体验质量，促进了目的地旅游业的持续发展和繁荣。

　　最近的许多研究表明，信息技术在正常运行的旅游系统中发挥着至关重要的作用，信息技术投资有助于旅游供应商发挥相对优势和目的地提高绩效（左晶晶和唐蕙沁，2020；朱万春和刘松，2021）。信息技术的应用有助于目的地竞争力的提升和相对于竞争对手的竞争优势的建立（Boes 等，2016）。例如，世界经济论坛（World Economic Forum，WEF）和世界旅游及旅行理事会提出的旅游目的地竞争力模型都将信息技术纳为重要的驱动因子。因此，信息技术被认为是旅游目的地和个人行为者获得相对于竞争对手的竞争优势的重要支持资源（黄松等，2017）。世界经济论坛旅游竞争力模型便将信息技术发展视为整体竞争力的一个因素。但是，现有文献尚未全面解释信息技术如何为旅游企业和目的地提供竞争优势。大多数现有的文献停留在相对抽象的概念和理论推演层面，缺少相关实证研究支撑，主要的原因有以下两个：（1）数据获取的困难性。要证明信息技术与目的地竞争力之间的关系，不能简单地以个案调查分析来进行概括和总结，而是要基于众多目的地信息技术应用状况和市场竞争力状况的样本数据，来实证分析两者之间的关系，且理想状态下，为了保证数据的可靠性和代表性，研究还应该包括不同地区和不同类型的样本，这使得数据的获取变得异常耗时且成本很高。（2）考虑因素的复杂性。既要考虑目的地生态系统内部各旅游单位和商业环节之间的信息技术应用和影响，又要考虑目的地生态系统同游客市场之间商业环节的信息技术应用和影响。究竟哪些因素在信息技术与目的地竞争力之间起着中介作用？哪些因素又起着调节作用？这些都是摆在学术界面前的重要问题。如果这些问题不能得到解决，仅仅用定性分析方法得出信息技术与目的地竞争力两者之间的因果关系，其研究结论的理论和实践意义将会大打折扣。

正是因为缺乏对信息技术作用机制的深度理解，有学者发出疑问：对信息技术资产的投资真的促进了旅游经济高质量发展吗（蒋瑛等，2022）？有学者甚至认为应用信息技术并非必然提升旅游目的地竞争力，即旅游目的地管理中亦存在着信息技术生产率悖论（Dedrick等，2003）。许多旅游目的地在投入了大量人力、物力和财力，应用先进的信息技术和信息系统后，却并没有迎来游客人数和旅游收入的增加（Jiang和McCabe，2021）。信息技术生产率悖论是值得深思的问题，因为旅游业中信息技术的应用往往需要耗费大量的财力，盲目追求先进的信息技术容易导致资源的巨大浪费，如果不能带来积极有效的结果，而又忽略其他类型旅游发展要素的建设，此种盲目追求反而最终会限制旅游目的地的持续发展（Jiang和McCabe，2021）。同时，旅游目的地商业生态系统在运行和管理过程中的众多问题也依然存在，如信息传递过程中的牛鞭效应和严重信息不对称现象，成员合作过程中的逆向选择和道德风险，旅游开发商、地方管理部门和社区居民之间的矛盾激化（Jiang等，2017；Jiang和Ke，2019）。于是许多人就免不了要问：信息技术的应用是否真能正向促进旅游目的地竞争力的提升？不同旅游目的地投资信息技术的结果不尽相同，而导致这种结果差异的原因是什么？旅游业中的"信息技术生产率悖论"是否存在？这些问题都具有重要的现实意义，影响着旅游目的地开发和持续运营，值得深入细致地探讨。

现如今，旅游目的地之间的竞争已经不单纯是景区景点间的比拼，而是围绕核心景区形成的吃、住、行、游、购、娱等多种旅游要素服务提供网络间的综合竞争，可以用旅游目的地商业生态系统的概念来进行整体概括（Jiang和McCabe，2021）。旅游目的地商业生态系统是由景区管理部门、周边社区、服务提供商、运营商、旅行社和游客等多个个体，以及交通、餐饮、住宿、娱乐、购物等多个子系统构成的复杂系统。旅游目的地商业生态系统既是旅游业的关键组成部分，又是信息技术应用的重要领域，其运行状态关涉生态系统内部所有利益相关者的持续发展，在旅游目的地经济社会整体发展中具有举足轻重的作用。因此，需要注意的一个现象是，旅游目的地间的竞争正转向旅游目的地商业生态系统间的竞争。

众多旅游目的地均只关注信息技术投入，而忽视了旅游供应链上的其他重要环节，如合作、交易、营销等，这是导致目的地旅游开发失败的重要因素（Jiang和McCabe，2021）。在此背景下，旅游目的地不能提供切实可行的旅游服务和产品以满足游客多样化和多变性的需求偏好，不能为游客带来高质量的旅游体验。在复杂的旅游目的地商业生态系统中，将信息技术的地位和作用概念化的有效方法是，将旅游目的地商业生态系统中的每个参与者都视作旅游供应链的贡献者。以这种方式，我们可以分析信息技术如何促进合作伙伴之间的协调和整合，及其对整个旅游供应链运行绩效的作用，进而探索信息技术在促进整个旅游目的地商业生态系统竞争力提升过程中扮演的角色。有学者认为旅游目的地的成功需要准确把握战略方向，强化对旅游目的地范围内相关行业的支持力度，兼顾信息技术的投入和市场营销渠道建设，旅游供应链上下游各阶段成员的协调与整合，制定统一的行业标准和采用兼容性的软硬件系统，实施游客需求拉动战略而不是产品推动战略，即旅游目的地竞争力的提升，不能简单地依靠引入先进的信息技术，还需要综合旅游供应链网络所有利益相关者进行全面的布局、分工与合作（Jiang等，2017；2019；2021a；2021b）。具体来讲，当前有关信息技术在旅游目的地商业生态系统中的应用研究存在以下问题。

（1）旅游供应链管理问题。旅游供应链在旅游目的地管理和发展过程中扮演着越来越重要的角色，其管理效率关涉上下游成员的信息交流质量，关涉目的地感知和响应游客需求转变的速度，关涉目的地在日益激烈的旅游市场环境中生存时间和空间。然而，近年来旅游供应链要素并没有受到旅游目的地管理部门的足够重视。大多数文献仅从旅游目的地范围来研究旅游目的地竞争力的构成与驱动因素。一定程度上，这也是许多旅游目的地开发失败的重要原因。旅游目的地的成功需要准确把握战略方向，需要加大旅游目的地范围内相关行业的支持力度，需要兼顾信息技术的投入和市场营销渠道建设，需要旅游供应链上下游各阶段成员的协调与整合，需要制定统一的行业标准和采用兼容性的软硬件系统，需要实施游客需求拉动战略而不是产品推动战略。由此，旅游供应链管理在旅游目的地经营中扮演着重要的角色。但是，目前有关旅游供应链的研究成果相对较少，从旅游供应链的角度来研究旅游目的地竞争力还停留在概念建设阶段。要想在旅游供应链研究领域取得进一步的成果，还需要通过实证研究和案例分析相结合的方式，深入探索以下问题：旅游供应链的内部各个核心要素之间的关系如何？信息技术与旅游供应链要素之间的关系如何？旅游供应链要素同目的地竞争力之间的关系如何？

（2）旅游目的地竞争力问题。尽管近年来围绕旅游目的地竞争力取得了持续的研究成果，但对于哪些因素会影响到旅游目的地的持续发展依然存在较大的研究空白。对旅游目的地竞争力的研究经过多年的发展，形成了大量的文献成果，帮助我们理解不同目的地之间表现差异的深层次原因。现有文献试图描述和理解那些促进目的地竞争力提升的属性和特征，试图构建概念化的和可测量的评价模型。但所有尝试衡量和确定影响旅游目的地竞争力因素研究的一个混杂特征是，缺乏可操作性。在世界经济论坛关于旅游竞争力指数（Travel and Tourism Competitiveness Index，TTCI）的讨论中，有学者指出这些复杂的模型和评测体系在方法上和实际操作上的众多问题："毫无疑问，现有的众多指标体系（如WEF's TTCI）存在许多尚待解决的问题：理论的不完善以及概念的不明确，绩效标准的实用性和可操作性，竞争力因素间的多层次因果关系，非线性与交互影响，所研究的目的地类型的选择，旅游市场和市场细分的划定，数据的有效性，可靠性和适用性，多重共线性，时滞现象，纵向和横向的异质性，等等。"（Mazanec和Ring，2011）

因此，尽管近年来围绕旅游目的地竞争力，学界取得了阶段性的研究成果，但对于哪些因素会影响到旅游目的地的持续发展依然存在较大的研究空间。有学者认为，竞争力的研究源于管理理论，然而，已有的大多数理论和方法层面的研究都专注于指标的设置和措施的建议，而忽略了旅游目的地竞争力促进因素及其相互关系（Mazanec和Ring，2011）。因此，从管理科学的视角来研究旅游目的地竞争力及其持续发展的问题，值得深入的探讨和研究。

有学者归纳出旅游目的地竞争力所要追求的几个一般性目标（Mazanec和Ring，2011）。例如，旅游目的地竞争力的增加应当能够提升目的地周边社区居民的生活水平和生活质量，这可以通过增加游客数量和花费、国际旅游外汇收入，改善旅游就业状况等社会财富创造途径来实现（Dwyer和Kim，2003；Ritchie和Crouch，2003）。同时，旅游目的地竞争力还应当聚焦满足游客的服务体验需要，以最小的投入为游客提供最优质的旅游服务和产品（Dwyer等，2009）。因此，如何理解和比较旅游目的地竞争力，对于提升游客体验和促进地方社区获益具有重要的意义，值得深入研究。然而，在努力追求这些宏观经济层面产出的时候，同旅游目的地竞争力息息相关的管理层面的因素被严重地低估和忽略了。

（3）信息技术投资问题。旅游目的地商业生态系统应当如何进行信息技术的投资决策，尚需研究解答。旅游目的地商业生态系统的信息技术投资是一项长期性、系统性、战略性和前瞻性的工程，需要有良好的规划指导，尤其需要科学合理的投资决策方法（Jiang等，2021）。现有的投资决策方法（如投资回收期法、平均收益率法和净现值法）难以反映景区实际投资环境，它们大多是从静态和局部的角度而不是动态和整体的角度来分析投资环境。且景区项目投资金额巨大，具有不可逆性和不确定性，面临的突发事件较多。这种传统的投资决策方法不仅在确定项目未来现金流量和折现率方面具有很大的主观性，而且忽视了在景区投资的不确定性和突发情况下决策的灵活性，从而影响投资项目的评价。因此，有必要引入新的决策方法来引导旅游目的地信息技术资产投入的优化。

综上，当前许多旅游目的地盲目追求先进的信息通信技术和信息系统，耗费了大量旅游资源，却并没有带来目的地竞争力的实质性提升（如游客人数和旅游收入的增加），且依然存在众多旅游目的地商业系统运行和管理过程中的问题：信息传递过程中的牛鞭效应和严重信息不对称现象，成员合作过程中的逆向选择和道德风险，旅游开发商、地方管理部门和社区居民之间的矛盾激化。尽管学术界普遍认为，信息技术在旅游目的地商业生态系统中的应用将有助于旅游目的地竞争力的持续提升和相对于其他目的地竞争优势的建立，但是，这一观点并没有得到实证研究结果的有力支撑，且关于信息技术资产在旅游目的地商业生态系统中的投资策略也缺乏探讨。于是，形成了本书想要探讨的几个核心问题：信息技术在旅游目的地商业生态系统中的应用是否真能促进旅游目的地竞争力的提升？如果是，那么其作用过程和机制是什么？应当采用何种投资策略才能使信息技术资产的价值最大化？

为了解决以上问题，本书设置了如下框架：第一章将结合旅游目的地及商业生态系统理论，来探讨旅游目的地商业生态系统的概念、内涵、结构与特征，并基于熵理论分析旅游目的地商业生态系统中的熵增效应。第二章将阐述当前信息技术在旅游目的地商业生态系统各个环节的应用情况，包括航空、酒店、运营商、旅行社和目的地管理等，并基于耗散结构理论分析旅游目的地商业生态系统中耗散结构的形成。第一、二章将为信息技术作用机制的进一步探讨奠定基础。第三章到第五章将分别从微观、中观和宏观三个层面，来探讨信息技术在旅游目的地商业生态系统中的应用，对旅游服务提供者需求预测、旅游供应链运行效率和旅游目的地商业生态系统整体有序运行的影响进行严密的逻辑推理、数学推导和案例验证。第六章将基于前面章节中各问题的讨论以及动态能力理论，构建信息技术作用于旅游目的地竞争力的过程和机制模型，并通过问卷调查和回归分析的方法对模型和假设进行实证检验、修正和优化。第七章将对旅游目的地商业生态系统中的信息技术资产投资策略进行分析，具体将探讨不确定环境下旅游景区的信息技术资产最优投资策略以及多阶段旅游景区投资问题。第八章将基于研究结果对一些前沿问题进行进一步探讨。

目 录

第一章　旅游目的地商业生态系统结构、特征及熵增效应 ………………… 1
　　第一节　旅游目的地商业生态系统结构 …………………………………… 1
　　第二节　旅游目的地商业生态系统特征 …………………………………… 9
　　第三节　旅游目的地商业生态系统熵增效应 …………………………… 12

第二章　旅游目的地商业生态系统信息技术应用 ………………………… 18
　　第一节　旅游业天然需要应用信息技术 ………………………………… 18
　　第二节　旅游目的地商业生态系统主要应用的信息技术 ……………… 21
　　第三节　信息技术在各分支领域的应用情况 …………………………… 25
　　第四节　智慧旅游目的地与耗散结构 …………………………………… 33

第三章　信息技术应用与旅游服务提供者需求预测质量 ………………… 39
　　第一节　游客与旅游市场 ………………………………………………… 39
　　第二节　需求预测对旅游企业的重要性 ………………………………… 42
　　第三节　需求预测准确性的影响因素 …………………………………… 44
　　第四节　跨组织旅游信息平台与信息共享 ……………………………… 45
　　第五节　数学建模及分析 ………………………………………………… 46

第四章　信息技术应用与旅游服务供应链运行效率 ……………………… 53
　　第一节　供应链管理与旅游供应链管理 ………………………………… 53
　　第二节　信息传递过程中的牛鞭效应 …………………………………… 56
　　第三节　平台理论及其在旅游中的应用 ………………………………… 58
　　第四节　数学建模及分析 ………………………………………………… 60

第五章　信息技术应用与旅游目的地商业生态系统有序性……72
第一节　系统有序性及其评价方法……72
第二节　旅游目的地商业生态系统有序性评价原理……75
第三节　旅游目的地商业生态系统有序性评价指标……77
第四节　案例分析……84

第六章　信息技术对旅游目的地竞争力的作用机制……87
第一节　旅游目的地竞争力与动态能力理论……87
第二节　信息技术应用与旅游目的地表现……105
第三节　信息技术应用与旅游目的地动态能力……109
第四节　旅游目的地动态能力要素的相互关系……115
第五节　旅游目的地动态能力与旅游目的地竞争力……120
第六节　信息技术影响旅游目的地竞争力的实证研究……124

第七章　旅游目的地商业生态系统信息技术资产投资策略……141
第一节　旅游目的地信息技术资产投资现存问题……141
第二节　不确定性背景下旅游景区信息技术资产动态投资策略……142
第三节　旅游景区信息技术资产多级投资动态决策模型……148

第八章　前沿问题进一步探讨……159
第一节　旅游业中信息技术生产效率悖论问题……159
第二节　促进旅游目的地竞争力的关键问题：动态能力……162
第三节　管理视角下旅游目的地竞争力评价问题……165

参考文献……168

第一章 旅游目的地商业生态系统结构、特征及熵增效应

第一节 旅游目的地商业生态系统结构

一、旅游目的地的概念及内涵

近些年来，旅游业在全球范围内（尤其是在东亚和东南亚地区）迅猛发展，一大批学者围绕旅游目的地的开发、管理、营销、可持续发展，利益相关群体间的博弈，各细分部门间的合作以及旅游开发对区域经济的影响等问题进行了大量研究。而在探讨这些话题的时候，首先需要弄清楚的是旅游目的地的概念及内涵界定问题。旅游目的地是进行旅游分析的基本单位（WTO，2002），最初被界定为一个典型的地理术语，属于地理空间的一部分。有学者将旅游目的地定义为"游客访问的地理单元，是一个独立的中心"（Burkart 和 Medlik，1974）。随着经济社会的发展以及研究的深入，人们不断赋予旅游目的地新的内涵，尝试从人类科学、社会科学和生命科学等不同学科、不同视角去理解旅游目的地，以致尚未形成一个被各领域普遍接受的、统一的旅游目的地概念。随着各学科对旅游目的地探讨的不断深入，不同学科所采用的理论、开发模型和使用的方法日趋复杂，如此虽然有助于实现各领域专家学者的研究目标，但同时也增加了不同学科之间的壁垒。尽管旅游目的地的概念及内涵繁多，但学界对此理解历程整体上可以划分为三个阶段：第一阶段是从传统的地理空间视角看待的旅游目的地；第二阶段是从空间视角向系统视角的转变，更多地将旅游目的地看作一个多维的，涵盖经济、社会、环境、技术等多要素在内的商业系统；第三阶段是进一步将旅游目的地看作一个同外界不断进行着物质、能量和信息交互交流的复杂系统，并尝试基于复杂系统理论来解析旅游目的地系统的结构、运动和发展过程。

（一）传统地理空间视角的旅游目的地

如前所述，旅游目的地最初是学界从地理空间的视角提出的概念。因此，传统视角下学者们大多基于地理学科来界定旅游目的地的概念、内涵和特征。如早期的学者认为，旅游业作为一种产业出现在目的地——具有不同自然和/或人造特征的地区，吸引非本地居民（或游客）进行各种活动。旅游目的地可以是一座城市、一个乡村或者岛屿。可以将旅游目的地看成一个拥有众多地区吸引物的地方，能够给游客提供旅游体验，并丰富他们的知识。也可以将其看作旅游设备设施和旅游服务的聚集地，能够很好地满足游客的需求。我国学者邵革军认为旅游目的地是拥有众多旅游吸引物的地理区域，能够提供同其他地方有区别的旅游体验，如文化、娱乐、地形地貌等。除了将目的地理解为一个特定的地理区域，旅游目的地的经典概念还具有以下特征：一个地区需要满足某些标准才能被视为旅游目的地，这些标准包括拥有旅游景点和住宿，以及往返目的地和在目的地内的交通工具（邵革军，2014）。然而，传统地理空间视角将目的地当作景点和服务的聚集地，并没有强调目的地内部合作的重要性，也没有强调游客作为目的地参与者的作用。游客只被视为目的地服务供应的消费者，而忽略了需求的变化导致目的地结构的变化这一事实。

（二）从空间视角向系统视角的转变

随着各学科的发展和研究的深入，学者们不断从需求、供给、管理、网络和系统层面对旅游目的地进行了新的研究和认识（如表1-1）。尽管这些探讨都有助于更充分地理解旅游目的地的概念及内涵，但从单一的视角来看，都只能促进对旅游目的地局部认识的形成，迫切需要系统性的思维和逻辑。于是，自20世纪90年代起，一些学者开始尝试运用系统方法来探索旅游目的地，以形成对旅游目的地更全面的理解。例如，旅游系统并不是孤立存在的，而是在不断地同其他系统发生着信息交流，因此应当充分考虑旅游系统与其他系统间的互动关系（冯刚和任佩瑜，2010）。其他学者在提出旅游目的地竞争力模型的时候也是从多个视角对旅游目的地竞争力进行了系统性的思考（Ritchie 和 Crouch，2000；2003）。将目的地视为一个开放和灵活的系统得到了越来越多学者的认可，其特征是其组成要素之间的高度互动。某种程度上讲，旅游目的地是由一个由相关组织/利益相关者组成的网络，该网络的生产力极大地影响着整个目的地系统的运行效率。胡明明将旅游目的地看成由众多旅游吸引物构成的开放系统，具备各事物的综合性和整体形象（胡明明，2018）。

将旅游目的地看作一个整体进行研究和管理实践已经成为学术界的共识（Jiang 和 McCabe，2021），其发展需要兼顾政治、经济、社会和地方生态环境等多个维度。某种程度上讲，旅游目的地是一个自适应系统。自适应系统的一个关键特征是，其结构在面对持续变化时以某种方式保持完整性。正因为如此，旅游业有能力从最近一段时间发生的各种事件中恢复过来。组件之间的非线性关系，以及复杂自适应系统的其他特征，使许多旅游目的地能够在市场上生存，甚至在面临剧烈外部变化时实现持续增长。例如，尽管 2015 年世界面临许多挑战（叙利亚战争、北约与俄罗斯之间的紧张关系、欧洲的移民危机等），但 2015 年国际游客人数增长了 4.4%，比同年全球经济增长率高出 1.0 个百分点（国际货币基金组织，2016）。

表 1-1 不同视角下对旅游目的地核心内涵的界定

视角	核心内涵	代表学者
空间层面	旅游目的地是一个物理实体（具有空间和物理特性的地理位置），也是一个无形的社会文化实体（由历史、人民、传统和生活方式组成）；游客参观的地理单元是一个独立的中心；拥有多种自然资源或人造景点以吸引游客的地区（地区或地方）；传统上被视为一个明确的地理区域，但也可以被视为产品或品牌；从地理角度来看，这种情况可以从有限的历史或考古遗址到一个国家甚至一组国家的地理区域	Seaton 和 Bennett（1997）；Framke（2001）；Tan, et al.（2013）
需求层面	旅游目的地"反映了个人对目的地的感受、信念和意见，并看到了确保满足其假期特殊需求的能力"；旅游目的地可以是一个感性的概念，消费者可以根据他们的旅行路线、文化背景、参观目的、教育水平和过去的经历来主观地解释；旅游目的地是游客选择在居住地以外旅行的地区；旅游目的地是一种情况或地方，游客自己考虑在哪里旅行并以自己的特殊动机游览其景点	Hu, Rithie（1993）；Mariutti, et al.（2013）；Izadi, Saberi（2015）；Peng, Song 和 Crouch（2014）
供给层面	旅游目的地代表了旅游要约的空间统一，具有适当的要约要素，以市场和游客为导向，独立于行政边界而存在。它为制定旅游发展概念提供了基本的制度框架，其重点从住宿设施转移到整个周边地区及其经济结构（城镇、地区、地区、国家）；旅游目的地可以被视为当地提供的所有产品、服务和最终体验的组合（甚至是品牌）；它是旅游政策适用的地理区域；它是一个特定地区的目标地区，提供大量的景点和旅游基础设施。从更广泛的意义上说，这些国家、地区、人类住区和其他地区的游客高度集中，服务业发达，其他旅游基础设施发达，其结果是游客长期高度集中	Vajčnerová, et al.（2013）；Goeldner, Ritchie（2003）；Elmazi, et al.（2006）

续表

视角	核心内涵	代表学者
管理层面	旅游目的地是驱动所有其他旅游产品的中心旅游产品；它是一种产品，但也是多种产品；旅游目的地可以被视为当地提供的所有产品、服务和最终体验的组合（甚至是品牌）；旅游目的地可以被视为在某些市场上与其他产品竞争的旅游产品；公司式结构中的集体生产商，根据目标市场的需求和偏好，协调互补服务，将目标市场细分为多个品牌下的多个单元进行营销；面向流程的竞争单位，必须能够为确定的目标群体和客户群体提供产品和优惠	Seaton & Bennett (1997); Buhalis (2000); Flagestad (2002); Pechlaner (1999)
网络层面	旅游目的地通常由许多以相对不协调的方式提供"其"产品的个体企业组成；它是一个被视为合作提供综合旅游产品的行动者系统的地方；它是集中在有限地理区域内的一组旅游景点、基础设施、设备、服务和组织；旅游目的地被认为是一个复杂的系统，通过列举构成它的利益相关者和连接它们的链接来表示为一个网络；旅游目的地有许多共同的特征，包括许多不同的公司、协会和组织，它们的相互关系通常是动态和非线性的	Flagestad (2002); Capone, Boix (2003); Baggio, et al. (2010b); Jiang 和 Ke (2019)
系统层面	旅游公司创造经济和就业效应是一个更大整体的一部分，这不是单个公司提供的服务，而是所有服务提供者的组合，这就是销售的论点。这个整体在文学中被称为目的地。旅游目的地可以描述为一个包含三个资源基地的系统——吸引基地、设施基地和市场基地；它是一个被视为合作提供综合旅游产品的行动者系统的地方；包含以下子系统的系统：创业系统、公共自治系统、其他系统；定义为不受行政限制的区域，在该区域内，旅游方面以系统的方式相互关联和整合，从而推动旅游动机、参观和行业机制	Koestantia, et al. (2014); Elmazi, et al. (2006); Framke (2001); Capone, Boix (2003); Jiang 和 McCabe (2021)

（三）复杂系统视角下的旅游目的地

本研究认为，旅游目的地是一个复杂的商业生态系统，其中存在着政府、地方社区、酒店、交通公司等众多利益相关者及相应的生产活动，这些利益相关者进行分工与合作，共同为游客提供一段整合的有价值的旅游服务和体验。近年来学术话语的一个重要话题是将旅游目的地理解为一个复杂的适应系统（Jiang 和 McCabe，2021），这意味着旅游目的地是一个由许多部分以非线性方式耦合而成的系统。非线性连接意味着由一个子系统上的某些外部/内部因素引起的变化与由相同因素引起的其他目的地子系统上的变化不成比例。当旅游目的地这样一个复杂的系统中存在许多非线性因素时，就会出现很多不可预测的情况，包括目的地利益相关者。例如，全球变暖被认为是最危险的气候变化，其负面后果威胁到某些旅游目的地的发展和生存。西班牙东南部的海滨度假胜地马扎隆港，便是因此面临着山洪暴发、热应激和森林火灾的风险。为了减轻可能产生的负面影响，公共和私营部门可以加强营销活动，以保持该目的地令人满意的旅游业发展水平：改善文化旅游，推广海滩旅游以外的娱乐设施（如高尔夫球场、步行和骑自行车游）等。显然，在这种情况下，并非所有旅游目的地利益相关者都会因全球变暖而遭受同样的损害，因为那些能够在变化的环境中成功开展业务的利益相关者可以在市场上生存。

（四）旅游目的地的类型划分

在现实社会中，旅游目的地可以具体化为一个现代化城市，旅游收入成为其GDP的重要来源，如中国香港、新加坡；旅游目的地也可以具体化为一个偏远的乡村，发展旅游、吸引游客是其致富的重要途径，如千户苗寨、稻城亚丁。由此可以看出，旅游目的地的范围可以很窄也可以很宽，正如相关学者在《旅游业》（*The Business of Tourism*）一书中提到的，"旅游目的地可以是一个名胜地，一个城镇，一个区域，一个国家，甚至地球上更大范围的区域"[Holloway 和 Christopher（2003）]。具体来讲，旅游目的地可以按照以下方式进行分类：①按照行政区域（如国家旅游目的地、城市旅游目的地和功能区域旅游目的地）、空间尺度和大小划分；②按照目的地功能划分，如自然景观型、休闲度假型和商务型旅游目的地；③按照目的地影响力划分，如中国的5A、4A级景区；④按照目的地旅游资源划分，可以参考《旅游资源分类、调查和评价》（GB/T 18972—2003）。

然而，值得注意的是，地区范围越大的旅游目的地，其竞争力的影响因素越繁多和复杂，信息技术能够起的作用和反映出来的效果会变得不够明显，给数据的有效获取带来很大麻烦，因此难以对大范围旅游目的地进行综合的衡量；地区范围小的旅游目的地（如金沙遗址等具体旅游景点），没有形成自己特有的旅游供应链和旅游生态系统，因此也难以在本书中进行考量。据此，本书所考察的旅游目的地为拥有一定区域范围的、形成了自己特有旅游营销渠道（旅游供应链）的、具有特定商业生态系统的旅游目的地。例如，作为旅游目的地的九寨沟，其商业生态系统既包括九寨沟自然风景区，又包括其旅游活动能够辐射到的周边社区（甘海子、隆康、彭峰和漳扎）和自然环境。

二、商业生态系统的概念及内涵

(一) 生态系统

《牛津英语词典》(Oxford English Dictionary) 中,生态系统被定义为"由在特定物理环境中发现的所有生物组成的生物系统,与之相互作用。生态系统概念的本质意义可归纳为以下五点。第一,生态系统概念分析有机网络时,不仅基于它们的积极方面,还基于它们的消极和竞争方面:生态系统层面的竞争、捕食、寄生和对整个系统的破坏。第二,每个参与者都有不同的属性、决策原则和目的,这些差异可能会在生态系统层面造成意想不到的结果,尽管每个参与者的决策和行为在给定的时间点是合理的。第三,生态系统的分析边界是产品/服务系统,它不受国家边界、区域集群、合同关系和/或互补供应商的限制。生态系统不仅包括商业行为者,也包括非商业行为者。第四,生态系统分析需要纵向观察产品/服务系统的动态演变。第五,生态系统研究的目标是寻找在特定边界条件下强烈影响生态系统生长和衰退的决策模式和行为链。使用商业生态系统视角 (Business Ecosystem Perspective,BEP) 的研究人员专注于商业环境,并将价值捕获和/或价值创造设定为中心变量,这类研究的目的是揭示生态系统和组织行为的动态和模式。

(二) 商业生态系统

商业生态系统植根于价值网络的理念,可以被视为一组公司,它们结合技能和资产,同时创造价值。例如,生物技术等行业被组织为价值链,其特征是线性的知识创造-知识商业化过程。在价值链中,不同类型的参与者有明确的创新分工,创业公司专门从事知识创造,大型老牌公司专门从事信息商业化。然而,商业生态系统并不遵循线性的价值创造过程,这种生态系统中的许多参与者都不属于传统的价值链 (Iansiti 和 Levien,2004)。不同的公司在商业生态系统中互相合作,共同向客户提供产品或服务。因此,这种新型的价值链不是一个具有上下游参与者的线性过程,而是一个具有许多横向关系的公司网络。这样一个生态系统的成员将价值作为多个互为依存的公司相互关联的系统提供给最终客户。商业生态系统是嵌套的商业系统,每个参与者都贡献了总体解决方案的特定组件 (Iansiti 和 Levien,2004)。

在商业生态系统中,组织间网络由合作和竞争关系组成,这导致了合作与竞争的复杂结构。在很大程度上,推动下一轮创新的是商业生态系统之间的竞争，而不是单个公司之间的竞争。商业生态系统的创新超越了对技术活动的关注，这是知识生态系统的特点。商业生态系统引入了创新生态系统中主要缺乏的客户（需求）方，公司合作创建并提供满足客户全套价值的解决方案。换言之，商业生态系统允许企业创造任何一家企业都无法独自创造的价值。商业生态系统为了创造新的市场，往往需要寻求相对较小和定义不清的商业机会。例如，苹果公司利用其商业生态系统开发易于使用的MP3播放器以及音乐管理和购买软件，从而产生了iPod产品系列，为公司带来了新的机会。沃尔玛和微软等公司也围绕其价值主张建立商业生态系统，形成了各自的竞争优势。

（三）商业生态系统成功的关键因素

有学者提出了有助于商业生态系统成功的两个重要因素（Iansiti和Levien，2004）。首先，商业生态系统的特点是大量松散互联的参与者相互依赖，以实现相互绩效。每个参与者都专门从事一项特定的活动，许多参与者的集体努力构成了价值。丰富的网络共享合作和竞争，将公司在产品、服务和技术方面联系起来。其次，商业生态系统需要一家"基石"公司，其职责是确保生态系统的每个成员都保持健康。它们不断投资和整合其他参与者的新技术创新，并通过开发新的基础设施鼓励创造新市场。基士敦公司还创建了服务、工具或技术等"平台"，向商业生态系统中的其他参与者开放，以提高其他参与者的绩效（Iansiti和Levien，2004）。因此，"基石"公司参与生态系统内价值的创造，并与其他参与者分享价值。

三、旅游目的地商业生态系统

旅游目的地在商业生态系统是由多个子系统构成的复杂体，信息流是存在于该系统中的核心媒介。要想理清楚其中的信息流动环节和方向，首先必须认定旅游系统中产生和传递信息的主要利益相关体。图1-1呈现了旅游目的地商业生态系统中的四类主体：最上游的地方社区，各类旅游服务提供者，运营商和旅行社等分销渠道，以及作为终端消费者的游客市场。

第一阶段，游客离开居住地到目的地的内在因素有休闲、观光、商务和探亲等，出游的形式有跟团、自由行（Free and Individual Travel，FIT）和两者的中间形式。游客受到某种刺激（如自然景观优美、人文底蕴深厚），希望到目的地旅游，于是向分销渠道咨询目的地的有关信息，做出线路和行程选择，并进行行前预定，获取目的地旅游套票。游客还可以直接同目的地的各类型旅游服务提供者取得联系，进行咨询、沟通和交流，最终向各提供者分别预订服务和产品。分销商给潜在游客答疑解惑,提供已有的行程安排供游客选择,并结合游客的实际情况给出实质性建议,通过出售各类代理服务获取收益。

第二阶段,分销商全面获取目的地各类型服务提供者信息及其他有用信息,评估服务提供者的服务提供质量、水平和能力,并结合自身情况同目标提供者进行沟通、协议,达成长期合作关系,将游客预定的服务转移给各服务提供者,获取价格差额和佣金。服务提供者(具体包括景区管理部门、餐饮部门、酒店、民宿、汽车租赁公司、航空公司、地区导游、娱乐设施、特产品商场、纪念品商场等)同样要对各分销商进行渠道能力评估,并结合自身情况同目标分销商进行沟通、协议,提供服务详细信息,确认游客的服务预订,并通过旅游产品和服务的交易获取利益。

第三阶段,服务提供者(主要包括当地服务提供者和外来服务提供者)为获取日常经营需要的劳动力、土地、房屋、资金和食物等,寻求地方社区和居民的帮助,同地方社区和居民进行沟通、协议,并向其提供劳动报酬、土地和房屋租金,筹集居民闲散资金,并预定生活必需品。

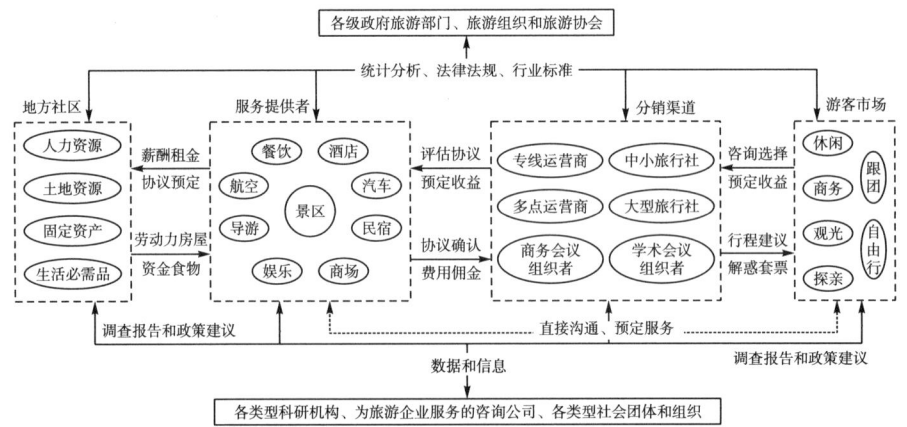

图 1-1 旅游目的地商业生态系统中的信息流

同时,各类主体内部同样存在着信息流动。游客决定到某目的地旅游,往往受亲戚、朋友的影响,多人的旅游往往听从于核心领导者的意见;许多旅行社并不直接同服务提供者接触,而是向运营商订购服务和产品,如大会组织者往往同旅行社和运营商保持着密切的关系;旅游目的地各类服务提供者也会相互沟通和交流,提供免费和有偿的附加服务,如酒店与汽车租赁公司、导游与商场;地方社区倾向于成立自己的资源管理部门,整合各类型资源,同服务提供者进行谈判,以获取更多的利益。

在旅游系统的核心利益相关者之外，还有各类型的科研机构、为旅游企业服务的咨询公司、各类型的社会团体和组织，它们着眼于整个旅游目的地商业生态系统，收集各阶段和各类型的数据和信息，进行专业的分析，为旅游供应链的各类成员提供调查报告和政策建议。例如，科研机构通过实地调研，分析旅游开发对目的地生态环境和目的地社会经济发展的影响，分析自然灾害、政治事件等对旅游业的影响；咨询公司帮助旅游公司分析游客的出行意图和行为偏好。此外，各级旅游行政管理机构、旅游组织和旅游协会统计分析各时期各阶段的旅游数据，获取各利益相关者的意见，并负责制定法律法规和行业标准。

第二节　旅游目的地商业生态系统特征

一、系统复杂性

复杂系统是远离均衡状态的开放系统。在系统的演进过程中，系统不仅仅受到自身结构和内在要素的影响，还受到外部环境和危险物质的影响。这些因素使得系统的均衡状态被持续地打破，系统总是由一种均衡状态演变为另一种均衡状态。旅游业是信息高度密集的行业，旅游目的地商业生态系统是一个极其复杂的复合系统，其复杂性表现为如下四点。

（1）系统内部拥有众多跨地区、跨行业、跨层级和跨文化的利益相关者，如游客、旅行社、运营商、地方社区、管理部门等，这些不同的利益相关者各自又拥有自身的利益诉求、战略方向和管理模式。

（2）各利益相关者面临系统内外部严重的不确定性，游客偏好、政治环境、交通环境、自然环境、技术环境等内外环境的变化给各主体活动带来持续性的、动态性的干扰。

（3）信息在旅游供应链各阶段主体间传递的过程中的严重不对称性，导致预测、决策、控制等活动的非线性，各主体难以准确地把握行业和市场环境。

（4）旅游供应链系统存在非平衡性，表现为各阶段主体间以及同一阶段不同主体间的角色定位不平衡、资源分配不平衡、组织结构不平衡、协商机制不平衡、利益获取不平衡。

二、信息密集性

旅游业是以吸引游客到目的地消费为核心的服务产业，跨交通运输业、餐饮业、酒店住宿业、零售业、娱乐业、保险业等多个行业，并涉及旅行社、运营商、服务提供者、地方社区、景区管理部门等多个利益相关者。信息是保持旅游业健康发展的血液，是提供有效服务的重要质量参数（Jiang 和 Li, 2017）。旅游业的规模和自身属性，决定了旅游链的各环节和商业行为均会产生和传递大量的信息，如旅游目的地宏观环境咨询、旅游产品和服务咨询、线路规划、日程安排、支付方式等，使得旅游业成为信息高度密集的产业。

根据美国标准行业分类系统（Standard Industrial Classification System），至少有35个行业为游客的出行提供服务。由此，旅游业的复杂性首先体现在跨行业上，交通运输业转移游客，酒店业和餐饮业为游客提供住宿、休息、食物等生活服务，金融业为旅游链中各阶段主体之间的交易提供支付服务，保险业保障游客和其他利益相关者的生命、财产安全。其次体现在旅游链的跨地域性上：随着旅游业的全球性发展，游客市场同目的地相分离的程度越来越严重，游客从旅游市场到目的地往往需要跨越很长的距离。国际游客还需要考虑护照、签证、目的地习俗、语言、关税、汇率、检疫等额外的问题，相比于国内的出行更为复杂。游客需要同众多旅游企业和其他利益相关组织进行沟通和协调，包括旅行社、运营商、酒店、交通公司、导游、保险公司等，以此来规划出理想中的旅游线路。旅游线路同样十分复杂，有游客市场的交通线路、中间路径交通线路、目的地交通线路和景区游览线路。正因此，旅游业需要信息技术来连接众多行业，整合旅游系统中的各类资源、协调各组织和部门的行为活动，将旅游信息更清楚、明确地展现给游客和各利益相关体，增加游客的线路连续性，减少不必要的等待时间。简单来讲，游客的旅行线路越复杂、越国际化，需要的信息量越大。

三、信息无形性

旅游所要呈现给游客的核心产品是自然风光、人文景观和民俗文化，具有信息无形性。旅游业属于服务性行业，旅游服务必须由游客到目的地亲自体验和感受，无法事先被呈现给游客。旅游产品是无形的，为了让游客市场更多地了解目的地，需要通过文字、图片、视频、音频等多种信息形式来克服其信息无形性。传统做法是通过宣传手册、传单、磁带和光盘，随着信息技术的发展，如今更多地利用互联网、移动网、信息系统、虚拟现实（VR）、增强现实

(AR)等进行目的地旅游产品宣传。正是旅游产品的无形性将信息技术与旅游业紧密连接起来,使从业者能够创造性地在旅游市场上营销产品和服务,让无形的旅游体验变得具体可感。同时,旅游产品的无形性还表现在游客离开目的地后无法带走享受自然和人文景观时的愉悦时刻,信息技术可以帮助游客记录美好的瞬间,将愉悦、开心、满足的感觉数字化。无形的产品意味着无形的风险,安全是许多人出游的重要考虑因素,信息技术可以帮助游客模拟在旅途中遇到的各类问题,从而建立针对性的预警系统、风险防范机制,更好地应对不确定性事件。

四、信息易消失性

旅游业属于典型的服务行业,服务的提供和消费同时发生。例如,游客预订了酒店某日的使用权限,只有当日到达酒店并入住后,酒店住宿服务的生产和消费才会发生。一旦超过退房时间点,游客购买的服务也将消失,不会有实物产品的延续。再如,购买景区门票后,游客只有在特定的日期才能享受到旅游服务,且一旦离开景区,景区服务便即刻停止,游客需要再次购买门票才能享受下一次服务体验。此外,飞机座位、汽车租赁和导游服务均是如此。时间和信息传播速度在旅游产品供应和消费过程中扮演着非常重要的角色,是竞争日益激烈的旅游业中建立竞争优势的重要决定因素。旅游产品的信息易消失性正是时间、信息、传播速度重要性的突出体现,要求游客更为及时、准确和全面地获取有关某项具体旅游服务的信息。信息技术在旅游系统中的应用,可以加速信息流动,减少信息损耗,节约冗余时间以帮助游客获得更好的旅游体验,能够更好地应对旅游产品的信息易消失。

正是由于旅游业具备的以上特征,信息采集、储存、加工和转移的及时性、全面性、准确性和有效性对旅游链的各阶段利益相关者均非常重要,很大程度上影响着当今旅游目的地的游客量、盈利水平和持续发展能力。可以说,旅游业天然需要信息技术。

第三节 旅游目的地商业生态系统熵增效应

一、熵理论发展

熵的概念源于热力学第二定律，由鲁道夫·克劳修斯（Rudolf Clausius）首次提出，用于评估系统的无序程度，是目前学术界研究复杂系统的主要理论基础。熵增效应描述了系统能量的转化方向，即一个封闭系统的能量只能不可逆地沿着衰减这个方向转化。克劳德·香农（Claude Shannon）将熵理论扩展到系统内部组织之间的信息交流，并提出信息熵的概念来测量信息源的不确定性，从而解决了信息的量化度量问题。任佩瑜等将熵的思想引入管理科学中，提出管理熵的概念，从而为组织的有效管理和评价问题提供了新的思路（任佩瑜等，2013）。具体来讲，管理熵是指任何一种管理的组织、制度、政策、方法等，在相对封闭的组织运动过程中，总呈现出有效能量逐渐减少，而无效能量不断增加的不可逆的过程（任佩瑜，2001）。

随着旅游业的全球化发展，其所涉及的行业、地区、人群、环境越来越多，相互之间的物质、信息和能源交流日益增加，旅游目的地商业生态系统的构成要素和功能结构越来越复杂。同时，各利益相关者自身也面临着众多的内外部环境干扰因素，其工作状态和犯错模式在不同的时间段呈现出不同的状态，难以准确把握。因此，旅游目的地商业生态系统的正常运转面临着多重危机，影响因素也复杂多变，其分析和管理显得更为困难。近年来，以四川大学任佩瑜教授团队为核心的众多学者将管理熵的思想应用到旅游景区管理的研究中，如骆毓燕（2014）基于管理熵理论研究了低碳景区管理问题，并对景区的低碳化水平进行了测量。胡明明等（2018）基于管理熵理论，分析了景区游客时空分布系统管理熵随时间的演化特征，构建景区游客时空分布动态优化模型，并采用Simulink仿真对景区游客时空分布系统进行案例分析，验证模型的有效性。Jiang等（2021）运用管理熵理论对景区管理有序程度进行评价，并基于管理熵评价体系对九寨沟旅游业数字化过程中的系统有序性进行了计算，证明了评价体系的有效性。这些研究促进了管理熵理论在旅游景观管理中的实际应用，并证明了管理熵理论的科学合理性。

二、信息熵公式

熵反映了组织在不同时空前提下运动和发展过程中的无序程度，耗散反映了组织在一定条件下从无序到有序、从低级到高级的发展过程（任佩瑜等，2013）。基于熵和耗散，很容易得出结论：当组织相对封闭（例如，缺乏与外部物质、能量和信息的沟通）时，组织管理中的有效能量逐渐减少，无效能量持续增加，且这一过程是不可逆的。而当组织远离均衡状态时，就会形成管理耗散结构，组织内部的要素会不断地与外部环境在物质、能量和信息方面进行沟通，从而在管理中带来负熵。在研究了熵函数和香农熵之后，我们可以用 MS_1 来表示组织管理的熵，并用 MS_e 来表达组织管理的负熵。一个组织的总熵（MS_T）是反映该组织无序程度的熵和反映该组织有序程度的负熵之和。可以用数学表达式表示如下：

$$MS_T = MS_1 + MS_e \tag{1-1}$$

$$dMS = d_iS + d_eS, d_iS > 0, d_{im}S \begin{cases} > 0 \\ = 0 \\ < 0 \end{cases}, d_eS \begin{cases} > 0 \\ = 0 \\ < 0 \end{cases} \tag{1-2}$$

$$\frac{dMS}{dt} = \frac{d_iS}{dt} + \frac{d_{im}S}{dt} + \frac{d_eS}{dt} \tag{1-3}$$

$$\begin{cases} \dfrac{d_iS}{dt} = \sum \int \sigma_1 dt = \sum \int (c_1 + c_2 + \cdots + c_n), dt > 0 \\[6pt] \dfrac{d_{im}S}{dt} = \sum \int \sigma_2 dt = \sum \int (VA/ES), dt \begin{cases} > 0 \\ = 0 \\ < 0 \end{cases} \\[6pt] \dfrac{d_eS}{dt} = \sum \int \sigma_3 dt = \sum \int (CI/CO), dt \begin{cases} > 0 \\ = 0 \\ < 0 \end{cases} \end{cases} \tag{1-4}$$

根据以上分析，当 MS_T 超过 0 时，组织与外部环境之间的沟通产生的负熵流小于内部组织产生的熵流。在这种情况下，负熵流带来的组织秩序并不能抵消熵流所带来的组织无序。因此，组织的整体熵是正的，处于无序状态。相反，当 MS_T 小于 0 时，意味着负熵流可以抵消熵流带来的组织无序，从而促进组织朝着更有序的方向发展。需要强调的是，只有在这个时候，组织的耗散结构才能形成。此外，当 MS_T 为 0 时，组织既不会走向混乱，也不会走向有序，而是将维持现状。

旅游目的地商业生态系统是一个远离平衡状态的复杂开放系统，既有导致无序的熵流，也有使目的地商业生态系统由无序走向有序的负熵流。具体而言，熵流源于以下几个方面：第一，目的地的内部管理体系不再适应旅游业的要求，从而导致各个参与者之间的协调效率低下，目的地与旅游市场脱节；第二，旅游信息在旅游目的地商业生态系统中不能快速准确地传递，从而形成信息拥堵和牛鞭效应；第三，个体行动者及其管理者无法处理好自身利益与目的地整体利益之间的关系，倾向于追求短期利益而忽视整个目的地的发展。目的地文化不能适应全球化发展的需要，变得僵化、腐朽、自足，从而形成了文化熵的增加。目的地生态系统中的负熵流包括：新的旅游市场的出现，新的管理部门的有效政策，以及个人行为者及其管理者对新知识和技能的学习。在克劳修斯和香农的研究基础上，我们提出了目的地管理过程中熵的数学表达式：

$$MS = \sum_{i=1}^{n} K_i S_i \tag{1-5}$$

其中，i 表示影响旅游目的地商业生态系统熵的因素，n 表示因素的数量。本文的影响因素包括三个方面——跨组织协调、跨组织整合和目的地灵活性。K_i 是特定因素的权重，总权重为 1。S_i 是由各种影响因素产生的熵值。需要指出的是，每个特定因素相对于目的地整体熵的权重将由层次分析法（AHP）权重判断矩阵确定，每个特定指标相对于相应因素的权重将根据上述主成分分析（因子分析）确定。此外，每个特定因素的熵表达式如下：

$$S_i = -K_B \sum_{j=1}^{m} P_{ij} \ln P_{ij}, \sum_{i=1}^{n}\sum_{j=1}^{n} P_{ij} = 1 \tag{1-6}$$

其中，K_B 是熵系数，这意味着旅游业每增加一个单位的收入所需要追求的平均成本值，该系数用于比较不同行业组织的熵，即行业转换系数。j 是熵的每个影响因素的特定观察指标的数量。P_{ij} 表示每个子因素影响组织熵值变化以满足需求的概率。根据式（1-6）和式（1-5），可以计算出每个影响因素的熵和每个目的地生态系统的整体熵。

三、旅游系统中的熵增效应

当系统内部各要素之间的协调发生障碍时，或者环境对系统的不可控输入达到一定程度时，系统就很难继续围绕目标进行控制，从而在功能上表现出某种程度的紊乱，进而导致有序性减弱，无序性增加。这种状态称为系统的熵增效应，也是组织结构中的管理效率递减规律（任佩瑜等，2013）。这个规律之所以会存在，主要原因在于复杂组织运动和管理过程受若干不确定的、相互影响的变量要素控制（任佩瑜，2001）。复杂的旅游目的地商业生态系统也不例外，存在众多的管理熵增的现象。

第一，成员内部管理制度和成员间的协商制度的低效化。旅游系统的参与者大多是自负盈亏、独立核算的组织，有自身的利益诉求，一套协商机制能够在一段时间内有效，但很难长时期维持旅游供应链的健康、有效运行。随着时间的推移和环境的变化，供应链成员内在的管理制度越来越难以应对自身内部环境的不确定性、行业的不确定性、游客市场的不确定性，以及宏观政治、经济、文化、生态环境的不确定性，各部门之间就资源和利润分配产生矛盾，使成员的运营管理出现无效性和低效性，严重制约其参与旅游供应链的活动。供应链内部成员间的实力对比也不断发生变化，过去相对弱小的单位不再满足于现有的服务范围，想要在协商过程中拥有更多的话语权和更多的利润分配额度，从而影响现有的协商制度、权力分配制度和激励约束制度的运行效果，这些制度的失效又会进一步制约成员战略的制定、计划的实施和行为活动的执行，最终导致整个旅游供应链的无序。因此，旅游供应链中成员内部管理制度以及成员间的协商制度，会不可避免地呈现出从有效到无效的过程，导致旅游目的地商业生态系统内管理熵的增加。

第二，旅游供应链网络的组织结构运行效率的降低。组织是管理的载体，旅游供应链网络的组织结构具有跨度大、多层级、多功能的特性，受到供应链系统内外部各类因素的影响，极易导致管理效率的降低。具体来讲，旅游供应链连接了游客市场、目的地市场、中间商以及各利益相关者，随着全球旅游业的发展，旅游供应链所跨越的地区和行业，以及其所连接的利益相关者越来越多，组织结构愈发膨胀和复杂，各单位在耦合的状态下交互影响，物质、信息和能量的交换愈发频繁。值得注意的是，不同于制造业供应链，旅游供应链各阶段成员间并不存在有形的产品流通，这就导致成员间的合作关系较为松散。在此背景下，旅游供应链网络的组织结构的膨胀极易引发崩塌和急剧散盘，影响到旅游供应链的正常运营。根据演化理论，组织在演化过程中会呈现出"裂变－复制－成长－放大－膨胀－老化"的顺序，旅游供应链的演化过程也是如此，内外部环境的非线性相互作用，会使旅游供应链内部结构性摩擦增多，从而导致组织结构各分支之间的内耗和总体能量的衰退，最终，组织结构管理熵逐渐增加，管理效率逐渐降低，整个旅游供应链网络的组织结构响应行业、市场、宏观环境变化的能力大大减弱。

第三，信息在旅游供应链各阶段成员间传递效率的下降。信息流是存在于旅游供应链中的核心要素，信息流的畅通性很大程度上会影响旅游目的地及所有中间主体的市场响应能力和盈利能力。信息的传递不能脱离组织而单独存在，随着旅游供应链组织结构的膨胀，其所涉及的行业、地区、利益相关者逐渐增加，信息在传递过程中所停留的节点更多、所经历的转换路径更多，信息损耗、扭曲的可能性随之增大。例如，游客对于旅游服务和产品偏好的信息，最先被旅行社获取。旅行社考虑到自身的利益，在将游客需求信息传递给运营商时会有所保留，即旅行社会主动造成信息的损耗。需求信息在到达目的地服务提供者和地方社区时，已经严重偏离实际。进一步，组织结构的膨胀，客观上会导致信息转移过程增多、节点增多，主观上会导致竞争环境下的各主体在信息传递时更加考虑自身的利益，影响信息传递的及时性、完整性和准确性，影响到各成员的预测质量和决策质量，这也是引起管理熵增加的重要原因。

第四，外部政治、经济、安全环境的变化直接导致原有旅游供应链失效甚至消失。如前文所述，旅游供应链是一个跨地区、跨文化、跨行业的网络组织。目的地和沿线环境的影响，很容易使得旅游供应链原有的制度、组织结构、政策和策略过时而无效，从而带来管理熵的增加。例如，位于印度洋上的岛国马尔代夫，依靠其天然美丽的海滩、热带民俗风情，重点发展旅游产业，吸引了众多的游客。我国很多旅行社同马尔代夫的旅游服务提供者建立了合作关系，形成了高效运行的旅游供应产业链。但2018年马尔代夫发生的一系列政治危机使得各国政府对民众发出"暂勿前往马尔代夫"的提醒，直接导致马尔代夫的国际旅游供应链断裂，各大航空公司取消飞往马尔代夫的航班。即便政治局势得以稳定，游客对前往马尔代夫的安全担忧也会持续相当长的一段时间。因此，外部环境的变化将会对旅游供应链管理带来严峻挑战，组织结构如果无法应对这种变化，将导致旅游供应链管理熵的急剧增加。

第五，旅游目的地商业生态系统各参与主体的从业人员（尤其是管理人员）没能处理好自身利益同本单位利益的关系，或是没能处理好本单位利益同目的地整体利益的关系。组织结构是管理的载体，而人是管理的主体和对象，任何组织都是由人所构成的，旅游供应链组织和旅游目的地商业生态系统也不例外，这给组织的高效管理带来了很多难题。首先，个人的思维、想法和心智相对复杂，兼具理性认知和感性认知，导致个人对待事物、工作的真实态度难以准确掌握。其次，群体的文化心理、商议和决策过程极其复杂，导致群体对待工作和任务的整体态度也难以准确把握。在此背景下，整个旅游系统是一个复杂的巨系统，其运行效率很大程度上取决于管理人员和执行者的素质及其对组织本身及对工作的态度（任佩瑜，2001）。如果管理人员和执行者的素质与态度同本单位的发展甚至是整个旅游目的地发展的要求不同步，其更多追求自身的利益而忽视本单位整体和整个旅游目的地发展的整体利益，建立在该基础上的管理决策和运营安排，将会带来大量的管理熵，影响整个旅游目的地商业系统的健康运行。

第六，文化熵影响旅游系统的管理熵。文化熵是任佩瑜等（2000）将熵的思想应用于组织文化演进领域提出的概念，这些学者认为在相对封闭的组织系统里，组织文化将越来越难以适应组织内外部环境等各种条件的变化，从而僵化、变质、故步自封，导致文化熵增。组织的文化对组织价值观、伦理道德观以及组织工作氛围、态度和行为习惯的提炼，文化熵的增加，使得组织的战略、决策和行为活动很难朝着正确的方向行进，使得组织很难将旅游目的地的持续发展和旅游供应链的整体利益放在重要位置，阻碍旅游目的地商业生态系统内部各成员之间的协调与合作，从而带来管理熵的增加。

综上可知，旅游目的地商业生态系统中存在着众多的导致管理熵增的因素。管理熵的持续增加，将使原本有序的、运行良好的旅游系统陷入无序与混乱之中，导致各旅游供应链组织结构的管理效率低下，各类旅游资源的利用效率低下，旅游企业的利润获取能力低下，员工的工作积极性低下，地方社区和居民从旅游开发过程中的受益水平下降，从而使旅游发展对目的地经济和社会的带动能力下降。如果管理熵增的现象不能得以解决，旅游目的地将失去对游客的吸引力和相对于竞争对手的竞争优势，旅游目的地商业生态系统内部的各阶段利益相关者将退出商业舞台。

第二章　旅游目的地商业生态系统信息技术应用

第一节　旅游业天然需要应用信息技术

一、信息技术与跨组织信息系统

开始于20世纪40年代的第三次科技革命将人类带入了信息时代，各类处理信息的信息技术已经深深地扎根于人类的日常生活和工作。信息技术是组织所使用的所有基于计算机的系统及其支撑技术，因此人们通常谈论的高新技术、信息系统和信息平台均可以归入信息技术的概念范畴。本书中所指的信息技术不仅包括软件、硬件和网络操作系统，还包括信息系统、管理系统、通信系统以及应用于提供旅游服务的所有技术装备，共同推动旅游组织之间的信息处理和流动。对信息技术的投资既包括对计算机硬件系统的投资，又包括对计算机软件系统和对通信设备设施的投资（Jiang 等，2021）。当前，信息技术已然成为全球消费者和供应商之间持续不断交流的不可或缺的因素。信息技术能够方便组织收集、储存、处理、转移和使用数据和信息，能够使组织更有效地计划、分配、协调和控制资源，响应不断变化的内外部环境。以信息和通信技术为基础，跨组织信息系统将一个或多个企业同它们的下游顾客和上游供应商连接起来，便于高速度、高质量的数据创建、数据储存、数据转换和数据传输（Kumar 和 Van Dissel，1996）。

二、旅游业中信息技术应用的重要性

旅游产品是无形和易变的，在购买之前，消费者无法直接观察旅游产品，只能通过文字和视听形式来获知产品和服务信息。旅游是一个信息密集型行业，其日常运营活动不断产生、集聚、处理、应用和交流信息。通常，旅游目的地信息是通过亲朋好友或者旅行社来进行传递的。由于旅游目的地商业生态

系统中信息的密集性、无形性和易消失性，信息传播工具对旅游目的地的全球营销尤为重要（Jiang和Li，2017）。可以说，旅游业天然需要应用信息技术。同时，传统旅游业在发展中一直面临严峻挑战。首先，游客的旅游路线总是被动确定，这导致了对景点的发现不完全。如一些大型游乐园虽然包括一系列活动，却很难激励游客参加所有的活动。其次，激励游客继续游览景点的机制有待建成，景点和游客之间的联系较为匮乏。最后，新的活动很难推广。与长期举办的活动相比，新的活动对游客的吸引力较小，即使它们被设计得很好。

受旅游行业自身发展的内在需要和信息技术产业飞速进步的外部推动，近年来，各类信息技术被广泛地应用于旅游目的地管理实践，包括射频识别技术（RFID）、自动控制技术（AC）、地理信息系统（GIS）、全球导航系统（GPS）、企业资源计划（ERP）等，其应用主体囊括旅游目的地管理部门、餐饮部门、酒店、运营商、交通运输公司、旅行社等几乎所有的旅游营销渠道参与者，其应用对象涉及产品研发、人力资源、财务管理和市场营销等几乎所有的职能部门（如图2-1）。可以说，信息技术已经渗透到旅游目的地商业系统的各个环节和领域（陈晔和贾骏骐，2022）。在学术界，信息技术在旅游业中的应用也已经成为一个热门话题，许多学者讨论了信息技术使用对旅游组织运营的有益之处，然而，迄今为止大部分文献都停留在理论探讨层面，实证研究类的文献也缺乏系统的理论支撑，往往仅注重于投入和产出，缺乏从战略的高度进行的整体建模和机理分析。

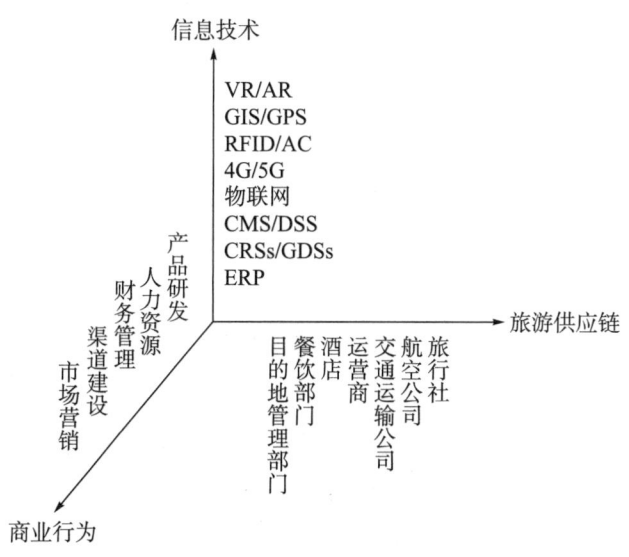

图2-1　信息技术在旅游业中的应用

三、旅游业中信息技术应用的价值

学术界普遍认为，将信息技术应用于旅游供应链和旅游目的地管理，有助于各利益相关者的协调和整合，从而产生技术解决方案，提升各利益相关者和旅游目的地的竞争力。值得注意的是，尽管信息技术的发展支持了旅游模式的创新，但其依然是影响旅游业发展的外部环境要素之一（Boes等，2016）。外部环境要素必然要通过内部环境来影响主体的行为和绩效，因此探索信息技术是如何影响旅游业内部结构和行为并最终作用于旅游目的地竞争力，是有其学术价值的。在旅游供应链的层面，由于其涉及组织与组织、部门与部门之间的合作与交流，应当更多地考虑跨组织信息系统。信息技术几乎可以应用于旅游供应链的各个环节。信息技术的应用有助于充分发挥旅游供应链各阶段成员的效率，有助于推动旅游商业行为的演进，有助于成员间形成长期的战略伙伴关系，有助于塑造具有高鲁棒性的供应链网络结构。对于旅游目的地来讲，信息技术能够通过重塑商业过程来构建高效的内部网络，能够通过筛选信用度高的合作伙伴来构建高效的外部网络，还能够通过互联网使各个利益相关者保持密切的信息往来。具体而言，信息技术可以在营销系统、航空系统、旅游运营商及旅行社等领域发挥重要作用（如图2-2）。

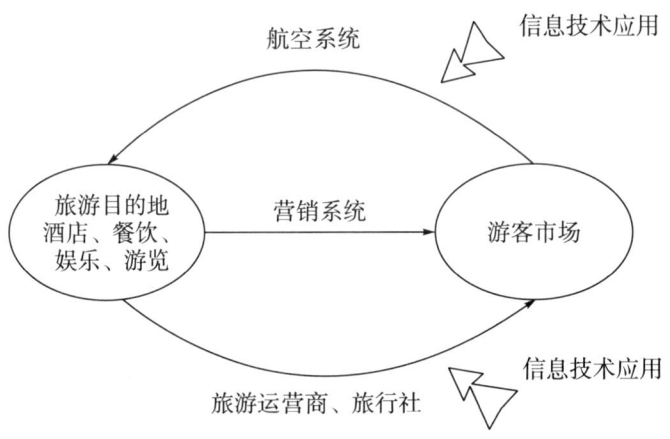

图2-2 信息技术在旅游目的地商业生态系统中的主要应用领域

在日益激烈的旅游竞争环境中，旅游产品和服务的提供速度是竞争的决定性因素，旅游目的地及整个旅游供应链能否快速满足游客的个性化和临时性需求，旅游成为目的地吸引游客的关键点。反应落后的成本可能是巨大的。因此，许多组织使用不同的跨组织信息系统来管理旅游供应链。使用具有大型数据库的系统而不是分散的孤立的系统，有助于降低供应链成员的搜索成本和整合成本，提高成员间的交流效率。企业应用信息技术有很多动机，如满足需求方的要求，降低成本赢得竞争优势，提升组织资源利用效率，创新和保持组织稳定性。信息技术有益于提高信息的电子化程度、提高生产效率、降低成员间的协调成本和时间并减少文件的错误。下面将介绍几种在旅游业中应用得十分广泛的信息技术，以帮助利益相关主体更准确地了解行业和市场动态，制定出更好的决策来提升自身的市场竞争力。

第二节 旅游目的地商业生态系统主要应用的信息技术

一、企业资源计划（ERP）系统

企业资源计划（Enterprise Resource Planning，ERP）系统用于企业内外部信息交流，支持各部门决策。20世纪90年代，ERP系统逐渐流行起来。组织同其供应商之间的整合程度越高，所需要的信息技术基础设施的整合水平越高。ERP系统需要高水平的成员参与，整合网络节点，实施生产过程管理，整合供应链成员的所有数据流和交流过程。ERP系统是一个相互依存度较高的应用系统，供应链网络中每一个成员都会如核心单位一样，认真对待该系统，使其有效且高效地运行。所有成员都被连接在一起去优化产品全过程，提高效率。它是一个战术系统，为供应链成员提供需求和供给信息的交流。加特纳公司（Gartner Group Inc.）将ERP系统定义为一个商业战略或者行业领域具体应用的集合，其通过优化企业与企业间业务过程、协同运作过程和财务过程，来建立顾客和利益相关者价值。ERP系统通过培养组织间及时的、准确的信息共享能力而促进组织获得竞争优势。ERP系统的本质是多重电子连接组织，不仅关注核心企业，更专注于整个供应链网络。这种方式允许核心企业将自身的内部商业系统同供应商和顾客的商业系统联系起来。这样，能够加快供应链上下游成员之间的信息交流和传递，促进流程自动化。新型的ERP系统能够整合所有处于供应链网络中的组织和合作伙伴。所有必要的数据能够一次性地输入应用程序，并且能够及时地自动传输给供应链的所有成员。

二、互联网技术 (Internet Technology)

由于具有信息密集的特征，旅游业是互联网的天然用户之一，互联网能够提高旅游目的地商业生态系统中的各个成员的互动能力，因此是旅游服务提供者更好地与不同类型旅游消费者沟通的重要工具（袁晶和张彰，2018）。互联网的快速发展推动了酒店和旅游产业的有效演进，从某种程度上讲，以互联网为代表的现代信息与通信技术彻底改变了旅游业运作形式和战略管理策略，带来了更为广泛的旅游业商业过程再造（Law，Buhalis 和 Cobanoglu，2014）。同时，互联网被认为是促进消费者和供应商交流、促进网上消费和信息传播的有价值的工具，互联网的流行体现在在线交易比率的提升和网民的不断增加。旅游服务提供商可以基于网络文本和数据，深度分析不同类型消费者的动机、态度、偏好和行为差异，及其性别、年龄、教育水平等人口统计特征的影响。有学者探讨了新西兰惠灵顿和罗托鲁阿的国际和国内游客使用分销渠道的情况（Pearce 和 Schott，2009）。他们认为互联网是一种信息搜索和预定渠道，并且讨论了游客网上交易的信任和恐惧问题，并提出了如何鼓励游客网上预订而不仅仅是看看的建议。互联网的普及极大改变了酒店的营销方法，信息技术的发展为旅游目的地开发和经营提供了新的工具和思路（Boes 等，2016）。我国有学者基于互联网思维，探讨了贵州省智慧旅游发展路径（肖远平和龚翔，2016）。也有学者以江西省为例，探讨了省域范围内的智慧旅游平台优化路径（袁晶和张彰，2018）。现如今，旅游目的地正面临一系列挑战，这些挑战来源于受以互联网为代表的新兴技术影响的游客和环境。为了应对这些挑战，旅游目的地管理者首先应该认识到这些变化，然后予以积极的回应。

三、物联网 (Internet of Things) 技术

物联网可以被定义为一个生态系统，由各种物体（事物）与多个传感器集成，这些传感器有助于实现彼此之间以及自身与主计算机之间的通信，而无须通过不同的无线通信技术和网络解决方案与用户和供应商进行物理交互。有学者从物联网的角度出发，首次分析了使用物联网技术的可行性，并提出了可持续旅游的具体架构（Nitti 等，2017）。有学者提出了一种基于蓝牙的室内跟踪系统，该系统可用于智能旅游中的游客流量分析。与传统的 GPS 定位方法相比，该方法在室内环境中更准确，能耗更低（Belka 等，2021）。部署在景点上的物联网设备，可以以智能的方式将游客和景点联系起来，如可以通过定位传感器通知游客附近的热门景点。

为了将物联网与旅游目的地连接起来,需要在负责旅游产品和服务的设备和应用程序中嵌入网络传感器。这些设备和应用程序必须通过微处理器,才可以连接到互联网。在标准化通信协议的帮助下,设备和应用程序可以通过连接进行网络访问。物联网设备具有仅连接到主控制应用程序或RFID标签的复杂传感器,以通过其他设备和控制系统识别和跟踪位置。任佩瑜教授团队就基于RFID技术,探讨了九寨沟的智能决策系统(如图2-3)。旅游目的地设备通过物联网控制网络运行,可拥有增长更快的细分网络,通常包括游客(向其提供目的地信息)和服务提供者(旅游规划师、酒店经营者和地勤代理)两部分。例如,可以通过定位传感器通知游客附近的热门景点。事实上,物联网是智能旅游的基础,因为它提供了旅游数据收集的基本功能。

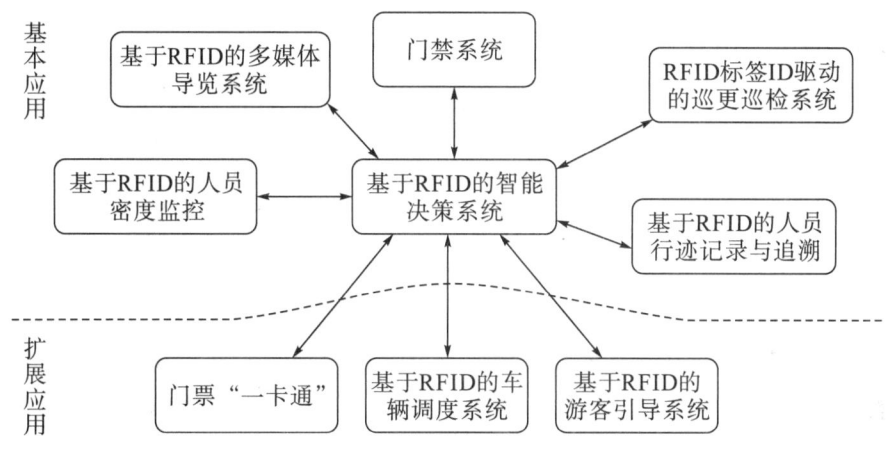

图2-3 基于RFID的九寨沟智能决策系统

四、大数据(Big Data)

大数据是指数据所涉及的资料量规模巨大,以至于主流软件工具无法在合理时间内完成对其的撷取、管理、处理,并将其整理为帮助企业经营决策的资讯(戴文等,2019)。大数据在旅游业的介入被认为是引领旅游目的地和公司智能增长挑战的一种手段,可以重塑信息密集型产业的竞争边界(张建涛等,2017)。智能旅游目的地强调的是旅游目的地通过动态平台和知识密集型通信流,以及增强的决策支持系统,将自身与多个利益相关者社区互联(湛研,2019)。社交网络和数字应用程序的大规模扩散使旅游业作为一种体验越来越可配置,这是协作、共创和数字化的结果。大数据的特征是先进的服务、高度的创新,以及开放、集成和共享的流程,因此它在旅游业中的应用能够提高居民和游客的生活质量（吴保刚，2020）。

在智能旅游的大数据分析方面，学界对旅行路线推荐进行了广泛研究，一些学者认为可以将原始的游客行为序列转换为模式序列，基于模式序列发现频繁的旅行路线，并据此进行旅行路线推荐。除了旅行路线推荐，游客行为分析和社交媒体传播也是大数据的典型应用。有学者便基于大数据探讨了南京市游客的时空分布特征（戴文等，2019）。尽管有一些研究成果，但整体上大数据驱动的旅游商业模式、运行机制和价值创造的真正实施，仍然更多地局限于理论研究，仅有少数示范性案例。

五、区块链（Blockchain）

近年来，区块链技术引起了业界和学术界的广泛关注，在金融、教育、医疗、工业物联网等领域得到了广泛的应用（杨振之和郭凌波，2019）。通常，区块链是一种用于顺序数据存储的数据结构，具有不变性和可审计性，能够根据预定义的协议自动执行程序。区块链技术的发展经历了三个阶段，即区块链1.0、区块链2.0和区块链3.0。

区块链作为一个平台，可以以值得信赖的方式将游客和景点联系起来，实现旅游去中心化，知识、信息及时共享（杨振之和郭凌波，2019）。在智能合约的帮助下，游客可以获得奖励，以此作为参观的动机。物联网和大数据分析可以用来改善游客在观光期间的体验，但不能激励游客成为常客或尝试新活动。面对这种情况，区块链是一种很有前途的互补解决方案，可以为游客提供激励，促进旅游高质量发展（明庆忠和韦俊峰，2021）。可以考虑利用区块链的透明度和可追溯性来确保旅游目的地所提供产品及服务的质量，从而让游客对旅游环境感到放心。区块链技术在旅游目的地商业生态系统中的应用还有助于增强旅游体验、奖励可持续行为、确保当地社区的利益、减少隐私风险。因此，推动区块链技术在旅游领域中的应用，有益于提升旅游公共服务平台效能、培育旅游新业态新场景、激活旅游发展新动能（明庆忠和韦俊峰，2021）。尽管目前区块链技术在智慧旅游建设和住宿业管理等方面取得了一定成绩，但整体上其在旅游业中的应用尚处于探索阶段，需要更多的关注（黄先开，2020）。

第三节　信息技术在各分支领域的应用情况

一、信息技术应用于航空领域

信息技术在航空领域的应用十分广泛，既有战略管理层面的应用，也有日常运营层面的应用。从战略管理层面来讲，航空公司需要信息技术来管理商业模型，进行财务分析和需求预测，时刻获取竞争对手的信息，从而进行市场细分，决定进入渠道和方式。此外，航线的安排以及同合作伙伴（如投资商、媒体、雇员、供应商和顾客）的沟通和交流，都需要信息技术的支撑。从日常运营层面来讲，航空公司需要信息技术来调度车辆、协调员工，进行安检、分配座位，以及监控天气状况和机场安全状况。同时，信息技术能够帮助航空公司实时了解需求情况，从而执行最优的定价和采购策略。

航空公司使用许多的信息管理和决策支持系统来支撑它们的日常商业活动和运营管理。航空公司需要在一定的时间段内服务大量的乘客，最终获取更高的收益。该目标的实现基于合理的计划、人员组织、现场管理、资源协调，还要及时发现并纠正偏差。毫无疑问，在当代旅游业中，这些环节的顺利实施都需要信息技术的介入。具体而言，目前信息技术主要应用于航空系统中的以下部分。

（一）航班计划管理系统

航空公司的规划和运营部门使用航班计划管理系统（Flight Schedule Management Systems）来保证航线和航班的合理运行。航线和航班的安排是一个复杂的过程，需要考虑到设备技术状态、人力资源优化配置、政府规章制度和机场交通状况等情况，兼顾长期的战略和短期的日常运营。航班计划管理系统集成各部分的信息，根据历史数据和实时获取的信息，抓住主要的驱动因素来预测具体的需求数据。同时，航班计划管理系统还能够模拟众多场景，以积极应对不确定性事件的发生和影响，如航班的延迟、突发天气状况和其他能够打断航线安排的情况。

（二）员工管理系统

员工管理系统（Crew Management Systems）有助于制订有效的执勤表，同时保证其高效性、完整性、合法性、经济性和公正性。该系统具体承担的责任包括员工计划、员工组织、员工指挥、员工协调和员工控制，以达到优化人力资源绩效的目的。同时，员工管理系统能够协助处理许多的日常工作，如法律法规的对照、执勤表和通知单的打印以及短距离交通的协调等。

（三）运营控制系统

运营控制系统（Operations Control Systems）能够分析各种类型的信息，帮助航空公司合理地安排日常运营活动。通过实施飞行监视程序，收集和整理重要的票务信息、乘客转移信息、天气信息、员工信息和机场规章制度，来及时识别可能存在的问题，产生预警的信息，供其他各部门使用，达到防患于未然的效果。

（四）状态控制系统

状态控制系统（Station Control Systems）监视航线网络上的所有线路和节点，具体包括飞行转弯、员工信息、乘客信息和货物信息等。使用状态控制系统的所有员工都能快速获取各环节信息，重要的信息将会受到特别的关注。例如，该系统能够根据实时的机场和航线信息，计算出检票口数量及满足检票和货物搬运需要的员工数量，优化门禁和资源管理。

（五）计算机预订系统

计算机预订系统（Computer Reservation Systems）整合了预订、销售和会计等功能，通过协调库存管理、市场营销、财务管理、票价制定和起飞控制等活动，为乘客提供更方便的服务。随着互联网技术的发展，乘客可以直接在手机App和互联网上订购机票，然后到机场换取登机牌，操作简单、高效，且注册后信息不再需要重复录入，节约了大量时间。

（六）决策支持系统

决策支持系统（Decision Support Systems）通过机场和飞机上的监控画面以及票务预订系统中乘客的购票活动来分析乘客的行为习惯、交通现状及其演化趋势以及合作伙伴的行为习惯，最终提供合理的决策建议。同时，决策支持系统能够帮助航空公司审视自己的行为活动，比较自己同竞争对手的差异，使自身不断得到提升。毫无疑问，基于大数据的信息能够为航空公司的战略决策和运营活动提供有效支持。整体上讲，信息技术已经深入航空公司的各个环节、各个部门和领域，提供了一个航空公司同乘客和合作伙伴信息沟通与共享的渠道，拉近了旅游目的地之间的距离，为航空公司的持续繁荣发展提供了坚实的技术支持。

二、信息技术应用于酒店住宿领域

本部分将探讨信息技术如何应用于酒店住宿领域，以改进其内部运营效率，促进其同外部合作伙伴和游客的沟通与交流。住宿提供者可以使用信息技术来管理库存和控制财产，可以整合其运营活动，重塑市场营销环节，提高投入产出效率，加强合作伙伴建设，提升住客入住体验满意度。信息技术为住客和酒店建立了直接的互动平台，提升了酒店掌握信息的准确性，极大地优化了酒店的形象和预订过程。住宿提供者能够将自身的优势通过图片或者视频短片的方式更为形象生动地展现给住客和下游旅行商。住客通过互联网平台和手机 App 挑选自己满意的住处，与住宿提供者随时取得联系，解决自己的疑惑，更为快速地通过网络进行预订。

根据不同的标准，酒店和住宿有许多的种类。例如，内设健身房、餐饮、停车场、棋牌室、酒吧的大型酒店，房间多，收费较高，主要服务短期入住的游客或者追求舒适享受的游客；还有地方社区和居民依靠自身房屋提供较简单的基本住宿服务的民宿，这种类型的住宿房间少，收费较低，主要服务长期入住的游客或者偏经济节约型游客。很容易理解，第一种类型的酒店有足够的资金投入信息技术的建设，信息技术会在酒店管理的众多环节得到体现；第二种类型的民宿缺乏足够的资金进行信息技术的建设，更多依赖于外部平台和传统人工管理的方式。但是，酒店和民宿均能从信息技术中获益。信息技术拓宽了游客预定酒店的渠道，住客既能通过传统的电话预订、人工办理，又能通过互联网和 App 直接预订，还可以通过旅行社和航空公司的绑定系统来预订。

（一）财产管理系统

财产管理系统（Property Management Systems）在酒店住宿领域的应用能为前台接待、营销过程、计划制订和日常运营提供便利。该系统通过集成预订、评估、占用和取消订购的信息来管理酒店的住房库存，可以通过整合系统内部各环节、硬件和软件，使得酒店住宿领域的技术研发、营销、财务管理、人力资源管理和采购等多种商业行为的能力得到提升。

（二）计算机预订系统

类似于航空公司，许多酒店采用计算机预订系统（Computer Reservation Systems）直接建立同住客之间的联系，整合住房库存、住房预订、价格设定等多种功能，提升了住客订房效率和入住效率。同时，计算机预订系统同其他信息系统紧密联系，分享市场信息、旅行社信息、住客行为习惯信息和住房信息，为酒店进一步改善运营状况提供决策支撑。移动网络和互联网的快速发展，更为住客预订酒店提供了方便快捷的途径，除了自身的计算机预订系统外，还同许多专业的第三方平台合作，有助于酒店拓宽营销渠道。

财产管理系统和计算机预订系统均有助于酒店收益管理和住客管理效率的提升，酒店管理者能够时刻掌握住客入住前、入住时、入住后的相关信息，了解住房的空置率、使用率和销售价格，动态把握市场和行业波动节奏，最终制定合适的住房价格、优化住房需求和供给、最大化酒店产出和利益。同时，该系统储存了大量的住客历史信息，通过特定技术分析，能够总结出游客行为特征、价格偏好，有助于识别能够带来较大利润的住客类型，为进一步的市场营销和住客服务提供有用信息，提高住客满意度和酒店收益水平。

（三）全球分销系统

全球分销系统（Global Distribution Systems）是在计算机预订系统和互联网的基础上发展起来的，整合了酒店、民宿、航空公司、汽车租赁及地方特色线路等多种类型的信息，能为游客提供更为广泛的旅游产品和服务，并且为旅游供应链上各阶段的利益相关者提供沟通和交流平台。全球分销系统包括我国的去哪儿网和携程网，国外的 Galileo Tours & Travel 和 Amadeus。基于移动互联平台和移动终端，游客可以随时随地了解、查看机票和酒店等旅游相关信息。

从整体上讲，信息技术为酒店经营提供了许多有用的工具，简化了酒店的日常工作，扩宽了酒店的营销渠道，优化了酒店的全球战略。在内部信息系统整合内部资源、协调内部活动的同时，酒店供应链和旅游供应链上的合作伙伴相互沟通与协调，共享市场和行业信息，促进了集体效益的提升。较大的酒店可以采取多渠道营销战略，利用自身资源，赢得规模效益；较小的民宿提供者也可以加入全球分销系统，通过专业的第三方平台，向更广阔的市场营销自己。

三、信息技术应用于旅游运营商和旅行社

（一）旅游运营商对信息技术的应用

旅游运营商在旅游供应链中起着非常重要的角色：评估旅游服务提供商的各类型旅游产品和服务，并进行组合、打包和润饰，最后以整体的形式将其转销给旅行社和游客。旅游运营商通过精心挑选旅游目的地的服务和产品，形成某种特殊的产品或者商标品牌，然后以统包的价格向下游企业进行销售。旅游运营商是旅游供应链的组织者和中心环节，掌握了大量旅游目的地各类型旅游产品和服务信息，同旅行社建立长期合作关系并为其直接提供旅游产品。因此，在许多旅游目的地，运营商均在旅游供应链中占据主导和支配地位。旅游运营商具体打包的产品包括游客交通、住宿、餐饮、线路及其他旅游服务，提前预订或者购买一些旅游服务，打包后建立单一的价格，其自身收入来源为统包价格和各项具体服务价格之和的差价。

按照服务旅游目的地的数量，旅游运营商可以分为服务于多个旅游目的地的跨地区运营商和服务于一两个目的地的专线运营商。跨地区运营商专注于成本优势，通过增加市场份额和销售量来赢得利润；专线运营商更多地依靠打包产品的特色和价值增值环节来获取收益。

毫无疑问，运营商在旅游供应链中的角色决定了它需要同其他成员保持持续不断的沟通与交流。在这一过程中，信息技术的应用正能够发挥其功效和作用，改进运营商的工作。同时，信息技术也能够促进旅游运营商打包产品的销售。过去，旅游运营商无法同游客取得直接联系，只能将产品交给旅行社，通过旅行社来进行分销。旅游运营商将准备好的表格提供给旅行社，旅行社根据游客的需要填写表格，并将其交给旅游运营商以订购旅游产品。随着旅游业的发展和游客需求偏好的转变，该模式已经无法适应大规模定制化的旅游形式。

可视图文预订系统（Videotext Reservation Systems）已经成为旅游运营商同旅行社和游客联系的基本形式，旅行社不再需要打电话询问旅游产品规格、价格和时间等问题，可以直接进入该系统获取所需的信息并进行产品预订。该系统简化了旅游运营商同旅行社的沟通程序，节约了旅游运营商和旅行社的时间和传统的通信成本。该系统有助于旅游运营商在旅游供应链上地位的提升，因为旅游运营商获得了同游客建立直接联系的机会，同时掌握着旅游目的地的旅游资源。

综上所述，旅游运营商在旅游供应链中所处的位置和发挥的功能决定着它

必须更多地使用先进的信息技术。可视图文预订系统等信息技术系统有助于加强旅游运营商同旅行社和游客的直接联系，同时，值得注意的是，游客也可以通过互联网平台来给自己的旅游产品打包，这对旅游运营商是一大挑战。旅游运营商必须重新审视自己的地位和功能，牢牢把握住自己的优势，充分利用互联网平台和移动平台，更好地为游客整合和提供值得购买的旅游产品，才能保持住自己的地位。

（二）旅行社对信息技术的应用

在旅游供应链中，旅行社是同游客直接沟通和交流的最初组织，能够获取最新的市场信息，把握游客旅游偏好的动态变化。旅行社是旅游产业同游客市场的接口，能够为上游组织提供销售网点和销售建议，改进旅游产品和服务。旅行社通过为游客购买旅游产品提供便利的服务来获取利润，它们仅是旅游产品和服务信息在旅游市场上的传递和推广者，除了储存一些旅游文件和票据，它们并不储存旅游产品和服务。通常，跨境旅行社还提供一些附加服务，包括旅行支票开具、外汇兑换、护照和签证办理、旅游保险销售等。

信息技术的应用方便了旅行社同游客和上游运营商的沟通与交流，促进了旅行社商业经营模式的改进和发展。旅行社能够在短时间内为游客提供多样化的旅游线路、各线路的最新具体事项安排、各事项对应价格和其他有用的数据。例如，计算机预订系统和全球分销系统的应用，能够帮助旅行社及时、准确、全面地获取旅游供应链上下游信息，直接通过网络进行旅游线路预订。旅行社利用信息技术进入旅游运营商的数据库，对相关信息进行证实和评估，并最终确定自己的服务和产品预订信息。

旅行社有多种类型，根据经营业务范围，可以分为仅经营境内业务的旅行社和可以经营境外业务的跨境旅行社。相较而言，跨境旅行社需要沟通的主体更多，除基本旅游产品之外，还要提供护照、签证和境外保险办理等服务。跨境旅行社会同境外的旅游运营商合作，获取其能够提供的旅游线路及具体行程安排，了解境外旅游目的地的政治、经济和文化环境，以更好地应对游客的旅游咨询，为游客提供满意的旅游产品和服务。随着散客时代的到来和游客个性化需求的增加，旅行社要根据游客的特殊偏好，有针对性地为其提供独特的旅游线路、行程和活动安排，这类似于制造业中的大规模定制战略。许多行业管理专家认为，旅行社想要盈利，需要至少在半个小时内确认一笔交易。基于此，旅行社迫切需要以信息技术的应用来保障其同境内外合作伙伴和消费者的快速信息交流，因此信息技术在旅行社的应用是历史的必然。

目前，绝大多数旅行社都基于图文网络系统（Videotext Networks Systems）和全球分销系统（Global Distribution Systems）来构建其旅游产品预订系统。首先，旅行社需要同旅游运营商有紧密信息往来，许多旅游运营商使用的是图文网络系统，所以旅行社需要使用图文网络来获取旅游运营商能够提供的旅游产品和服务的相关信息。其次，旅行社需要同航空公司和目的地酒店住宿提供者保持联系，航空公司和许多酒店使用全球分销系统，因此旅行社需要采用全球分销系统来获取航班、酒店、汽车租赁和其他相关信息。

可以说，信息技术的发展一直在改变旅行社的经营模式和商业行为，旅行社已经从信息发布和行程预定的主体演变为游客出行的建议者。信息技术为旅行社带来了大量的机会和挑战，旅行社需要时刻保持清醒的头脑，运用信息技术来提升自己，找准自己在旅游供应链中的定位，才能立于不败地位。

四、信息技术应用于旅游目的地：旅游目的地管理系统

旅游目的地是一个复杂系统，存在众多利益相关者和多个子系统。尽管如此，旅游目的地需要集成周边范围内的各类型旅游产品和服务，并将其作为一个整体呈现给游客和其他主体。在此背景下，信息技术很容易获得旅游目的地管理部门的青睐，得以广泛地应用。旅游目的地是旅游供应链的终端，旅游目的地的发展是旅游业存在的价值所在（Ritchie 和 Crouch，2003）。旅游目的地的旅游资源和旅游服务是激发游客离开居住地外出旅游的原始动力，同时也是游客旅游需求得到满足的落脚点。各利益相关者的自我利益诉求助推旅游目的地的整体发展，旅游目的地的发展又为各利益相关者营造更好的经营环境和氛围。生态环境是旅游目的地存在的依托，旅游开发必须兼顾生态环境保护，形成相互协调的动态可持续发展。

过去，目的地旅游经营的计划、管理、营销和各主体间的协调是通过公共部门或者两两间的伙伴关系来实施（Cooper，2006）。然而，随着全球市场的形成和游客需求偏好的变化，旅游目的地需要更为细致地整合内部资源，为不同地区的旅游市场和个性化的游客需求提供更为及时、全面和准确的回应，所涉及的旅游目的地相关信息包括地理环境信息、文化信息、设施设备信息、主要景点信息和主要活动信息等。因此，在信息技术发展和旅游目的地需要的双重驱动下，旅游目的地管理系统（Destination Management Systems）应运而生，并迅速传播开来。

旅游目的地提供给消费者的信息越是及时、合适和准确，旅游目的地被游客选择的概率越大。信息技术正是能够满足顾客对信息快速传递需要的有效工

具，对其合理使用能够促进旅游目的地的发展，增强旅游目的地的竞争力（Jiang 和 McCabe，2021）。旅游目的地大多数旅游产品和服务提供者均为中小旅游企业，这些中小旅游企业没有能力自己建立一套网络机制同合作伙伴进行有效的沟通与交流，即便建立起来也难以获得切实的经济效益。于是，中小旅游企业渴望在目的地范围内建立起信息平台，与合作伙伴共享资源和信息、共担发展和运营成本。资源、信息的共享和成本、风险的共担有助于中小旅游企业克服自身能力的限制，实现一定程度上的规模效益。

具体来讲，旅游目的地管理系统通过计算机集成有关旅游目的地的各类信息，具体包括各类景点的信息、设施设备的信息、交通信息、地理环境信息、天气信息等。另外，旅游目的地管理系统还可以进行旅游产品和服务的预订。在我国，旅游目的地管理系统通常由地方政府部门负责筹建和管理。各级旅游行政主管部门是传统意义上的旅游目的地的"代言人"，通过大众媒体、与民间的交流等来宣传旅游目的地。随着信息技术和旅游业的快速发展，各级旅游行政主管部门同样希望更为快速、准确、全面地宣传旅游目的地，促进旅游目的地的发展。旅游目的地管理系统能够简化行政管理部门的工作，应对持续增长的旅游市场和行业需求。信息技术能够从质和量上改进旅游目的地相关信息的可获得性，为游客提供多种旅游目的地行程选择，使游客的搜索成本最小化。因此，旅游目的地管理系统有助于旅游产品和服务的柔性化，形成特制的、综合的旅游产品，满足游客对个性化旅游体验的需求（Jiang 和 Li，2017）。

旅游目的地管理系统能够整合旅游目的地的各类利益相关者甚至整个旅游供应链，并以相对较低的成本来实现全球化的营销。它通常包括旅游服务和产品数据库、游客市场数据库和营销渠道数据库。旅游目的地管理系统所提供的功能和服务包括：目的地信息搜索（包括地理环境、天气、交通等）、游客行程安排及预订、消费者数据库管理、市场研究和分析、图像库、新闻公关材料、电子和传统出版渠道、事件规划和管理、市场优化和收益管理、数据编辑和管理、财务管理、管理信息系统和绩效评估、经济影响分析等。

各旅游目的地均意识到信息技术革命将为旅游发展带来机遇，"毫无疑问，负责旅游目的地市场营销的相关部门应当充分利用信息技术和互联网，没有理由能够拒绝这样做"（WTO，1999）。然而，许多旅游目的地投入了大量资金进行先进信息系统的建设却并没有换来游客人数和旅游收入的增加，这是值得深思的问题（Jiang 和 McCabe，2021）。从 20 世纪 90 年代开始，许多的旅游目的地都建立了自己的旅游目的地管理系统，但在旅游目的地管理系统的运行过程中存在着许多困难，只有少数旅游目的地能够获得预期的收入。许多旅游目的地没有吸引到社会资本和政府部门的重视，无法为旅游市场提供切实有效的产品或服务。究其原因，具体包括缺乏战略导向、无法强化地方行业的竞争力、一味强调技术领先而忽略了市场营销战略、缺乏旅游供应链的整合、地理环境的限制、缺乏标准化和兼容性、一味追求产品导向而不是需求导向。由此可见，信息技术的投入需要与整体战略或策略以及商业行为合理配合，才能有效地发挥其功能和作用；否则，反而是对资源的浪费，同时又阻碍其他环节的发展。众多旅游目的地项目均只关注信息建设，而忽视了旅游产业链上的其他重要环节，如合作、交易、营销等。

第四节　智慧旅游目的地与耗散结构

一、信息技术集成应用与智慧旅游目的地

信息技术的强劲发展改变了传统的旅游业发展框架，并为旅游目的地带来了智慧化。尽管智慧旅游目的地的概念仍在发展中，但越来越多的文章致力于这个问题（Boes等，2016；Jiang和McCabe，2021）。根据上述文献，可以得出结论，智慧旅游目的地是以知识为基础的，其中信息技术被用来提供一个技术平台，在这个平台上可以立即交流与旅游有关的信息和知识。有学者认为，有几种信息技术集成应用对建立智慧旅游目的地至关重要，尤其是云计算和物联网（Neuhofer等，2015）。云计算服务旨在提供通过特定网络访问网络平台和数据存储的便捷方式。云计算意味着通过互联网而不是电脑硬盘存储和访问数据和程序。它激发了信息共享，对智慧旅游目的地的运营具有重要意义。例如，一个复杂的导游系统可以为大量游客提供服务，而无须实际安装在任何个人设备上。此外，通过各类供应商提供的云服务，游客可以通过使用手机或便携式设备获得信息。物联网技术在连接到互联网的真实世界物体之间产生自动实时交互，从而缩小了真实世界和数字领域之间的差距。物联网在旅游业的实施意味着游客可以简单地使用手机，通过现场数据收集和报告来探索旅游目的地景点（Buhalis，2020）。

旅游目的地网络由旨在创造支持合作和知识共享的数字环境的技术基础设施补充。技术和社会环境的动态变化导致旅游目的地系统结构的变化，旅游目

的地系统的结构变得更加复杂，但也更加有效，这是通过纳入新的利益相关者并改善他们之间的信息/知识交流，增强游客的体验等方式实现的（Buhalis，2020）。为了全面看待智慧旅游目的地的结构和功能，需要强调以下两个组成部分的重要性：智能体验和智慧商业生态系统。智能体验部分意味着游客的技术中介体验，他们不仅消费，而且创建可以提高体验质量的数据（如通过在社交媒体上上传与某个目的地相关的照片）。智慧商业生态系统实现了旅游资源的交换和旅游体验的共同创造，涉及动态互联的利益相关者、核心业务流程的数字化、组织技能、领导力、愿景等。看起来，智慧商业生态系统是随着时间的推移而演变的，具有持续的评估和变化过程（Boes等，2016）。

最近，社交媒体对智慧旅游目的地的发展越来越重要，对消费者和供应商的行为产生了影响。消费者通常将社交媒体作为在旅行计划过程中做出决策的重要工具。除了社交媒体对决策过程的影响，游客还将社交媒体作为交流经验和知识的渠道。与此同时，社交媒体在旅游目的地管理中发挥着重要作用，特别是在促销、产品分销和研究职能方面（Law等，2014）。社交媒体作为旅游目的地营销战略的一个要素越来越重要，为旅游目的地管理/营销组织提供了一种无须花费大量资金就能触达全球受众的工具。因此，旅游目的地管理者和利益相关者面临着巨大的挑战，他们应该全面了解社交媒体带来的新技术和商机。

与旅游目的地营销组织通过广告、新闻、传单、活动推广、城镇地图等与游客进行单向沟通不同，智慧旅游目的地意味着旅游目的地营销组织具有更高的运营能力。因此，它们的作用应该集中在通过社交媒体与游客进行对话，以便与游客建立双向和即时的沟通。旅游目的地营销组织应该利用社交媒体查看游客的意见、建议和评论，并对他们的问题给出即时回答，以更完全地满足游客的需求，从而成为旅游目的地的共同创造者。随着时间的推移，通过双向沟通，游客对旅游目的地营销组织有了更多的信心，并更倾向于披露一些个人信息，这些信息对于旅游目的地营销组织和其他利益相关者设计充分满足游客需求的产品至关重要。

可以预见，在未来一段时间内，信息技术的持续进步将鼓励游客和旅游目的地利益相关者之间加强沟通与合作，有助于实现双方的目标，为旅游目的地利益相关者获取成功的商业成果。将智能带入旅游目的地还可以促进生产和消费之间的融合进程，并加强供应商和消费者之间的联系。因此，网络已经成为游客和旅游目的地利益相关者互动和合作的媒介，可以促进信息和知识的交流，达成共同愿景。从关注纯生产（大众旅游）和消费（体验）向生产和消费一体化（共同创造）的转变，在数字环境中可能更容易实现。

二、信息技术应用与旅游目的地系统耗散结构

（一）耗散结构理论与负熵

对于如何解决管理熵增，任佩瑜等（2013）基于耗散结构的思想提出了组织管理中的管理耗散和管理耗散结构理论，用于抑制和对冲组织管理中管理熵的增加。普里高津（I. Prigogine）提出了研究开放系统的耗散结构理论，运用非平衡的观点，研究有机、无机以及社会和经济系统中的熵增现象，提出在开放系统中，负熵的流入可以补偿系统内熵的增加（任佩瑜等，2000）。耗散结构理论被认为是解决封闭系统熵增现象的强有力工具。管理耗散是指当一个远离平衡态的复杂企业组织，不断地与环境进行能量、物质和信息的交换，在内部各单元之间的相互作用下，负熵增加，使组织有序度的增加大于自身无序度的增加，形成新的有序结构和产生新的能量的过程。而管理耗散结构就是管理耗散过程中形成的自组织和自适应企业组织系统（任佩瑜，2013）。管理耗散理论认为，当复杂系统的外部条件和内在参数的改变量达到一定阈值时，可以使系统发生突变，从而将开放系统远离均衡的状态转换为存在有序的时间、空间和功能的状态。在管理熵增的趋势里，复杂组织可以通过完全开放进行自我改造，不断地与环境进行物质、能量、信息的交换，在耗散结构各要素的相互作用下逐渐克服混乱，通过协同和突变，使组织整体实现负熵流入来促使组织有序地发展，提高管理效率。

（二）信息技术促进旅游目的地耗散结构形成

那么，旅游供应链管理中的负熵应该从何而来呢？针对这一问题，任佩瑜等（2000；2001；2013）认为，影响组织产生负熵的因素有新的技术、新的有效市场、新的有效政策、新的有效组织层级和功能结构、新的有效制度、新的有效管理层、新知识学习、全体职工积极行为等。

信息技术是一门专门处理数据、信息和组织内外部交流的技术，对于信息高度密集的旅游产业来讲，信息技术的运用具有重要的作用和价值。

一方面，对于旅游供应链本身，信息技术能够将原本松散的、分布范围广的、行业跨度大的旅游供应链网络结构中的各部分、各环节紧密地联系起来，缩短信息在成员之间传递的时间，提升信息在成员之间传递的效率。信息技术能够增加旅游目的地商业生态系统中合作伙伴之间的透明度，增进相互之间的了解和信任，增强对合作伙伴的责任心，从而形成长期性的、战略性的合作关

系，避免商业决策中的道德风险和逆向选择。进一步，将此种信任、责任和战略合作扩展到整个旅游目的地商业生态系统，形成系统层面新的共同行为规范、惯例，以及成员间的协商机制，同时促使各参与成员根据行业标准来调整自身的组织结构、部门设置、软硬件系统，根据行业标准来设计和实施自身的旅游服务活动，最终形成新的符合现实行业和市场环境的组织层级和功能结构。尤其是信息技术能够让地方社区和居民更全面地了解旅游目的地开发的现状和发展趋势，提升地方社区和居民在旅游开发中的参与度和对旅游开发的支持度，为旅游目的地带来正面的、积极的能量。这样，信息技术能够促进旅游商业生态系统内部各要素之间的物质、能量和信息交流以及相互作用，带来能够抵消内部管理熵的管理负熵的增加。

另一方面，信息技术能够提高旅游目的地商业生态系统内部成员同外部环境之间信息交流的及时性、准确性和全面性，能够让旅游目的地系统内部成员员工（尤其是管理人员）更有效地掌握行业和市场动态，更好地把控政治、经济、文化等宏观环境和竞争对手的战略意图和手段，形成有效的管理层。旅游目的地商业生态系统内外部信息的交流还能进一步带动物质和能量的交流。例如，让外界充分地了解目的地的特色资源和旅游开发优势，吸引更强有力的旅游企业到旅游目的地投资，吸引更多的旅游开发人才、管理人才、营销人才到旅游目的地服务，吸引更多的科研机构同旅游目的地展开各领域的合作，从而更新旅游目的地商业生态系统和各条旅游供应链的资源和能量，填补旅游目的地服务中存在的缺陷。此外，信息技术的运用还可以促进系统成员之间以及系统成员与外部环境之间的知识和经验交流。通过借鉴和利用其他行业的有效知识和经验，并结合自身实际情况，系统成员能够创造出新的知识和旅游服务，从而提升游客的旅游体验质量。最后，信息技术能够让全球更多的潜在游客更好地了解目的地旅游服务和产品，从而拓展旅游目的地在全球范围内的游客市场，变更多的潜在游客为到目的地消费的游客。

综上，信息技术可以加速旅游目的地商业系统内部各单元和组织之间信息交流的及时性和准确性，可以增加从系统外部吸收来的信息，促进系统有序地升级。根据王西星和任佩瑜（2009）的观点，信息和熵是互补的，信息可以看作系统内部熵的消除。如此，信息技术能够促进旅游目的地商业生态系统内部各要素同外部环境之间的物质、能量和信息交流和相互作用，带来外部的管理负熵的增加。

同时，任佩瑜（2013）还认为管理耗散和管理耗散结构是存在前提条件的，具体包括：组织是远离平衡态的开放系统；组织内部各要素之间存在着非线性的相互作用；组织外部环境条件变化达到一定的阈值；组织内部同环境不断地进行能量、物质、信息的交换，从而使组织的总熵为负。进而，任佩瑜教授团队基于管理熵和信息技术设计了低碳景区的信息技术管控平台（如图2-4）。

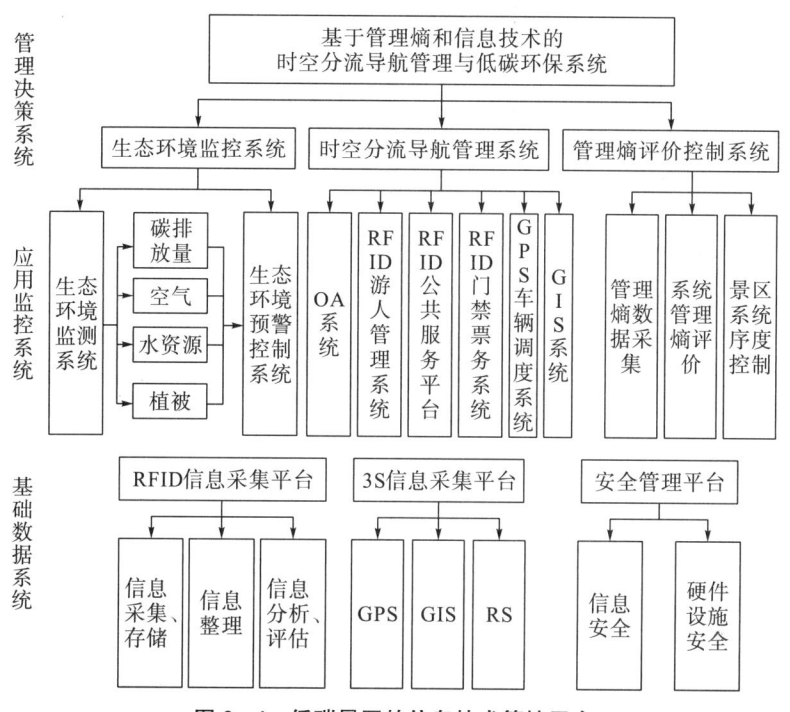

图2-4 低碳景区的信息技术管控平台

在现实的旅游供应链中，旅行社、旅行运营商、旅游目的地服务提供者等利益相关者在信息、权利、任务、分工、利益等各方面存在分歧，出于对自身利益的考虑，即使长期的合作伙伴之间，也在不断地就各因素进行动态博弈，使自身获得更多的旅游资源，在同上下游伙伴协商时能够有更多的话语权。同时，旅游供应链中的各成员也在不断地寻求外部资金、企业和其他力量的支持，等待机会对其他成员进行兼并、收购，扩展自身的业务范围，赢得更多的利益，从而使自身在旅游供应链中处于更为有利的位置。成员间这种兼并与反兼并、收购与反收购的动态博弈过程，使得旅游供应链系统内存在众多可逆的过程和状态。其中，最典型的例子是旅游目的地方社区和居民、外来开发商和地方政府之间于权利、责任、参与、利益等众多层面的动态博弈。由此可知，旅游供应链系统本身就是一个远离平衡态的开放系统。进一步地，在信息技术的帮助下，成员获取、分析、传递数据和信息的能力大大加强，旅游供应链系统对外界的开放程度会加深，其远离平衡态的程度也会加深。

如前文所述，旅游目的地商业生态系统具有跨地区、跨行业的特性，具有众多的利益相关者和中间环节，也具有众多的子系统，总体上讲，整个旅游系统的宏观属性（利润率、劳动生产率、员工素质等）是以众多子系统的平均统计值作为依据的，但现实运营中，某旅游企业的利润水平在某时间段内可能会高于或低于整个行业的利润水平，这种现象是经常可见的，正常情况下不会对整个旅游目的地商业生态系统的运行造成大的影响，其他企业会进行相应的调整，来抵消该企业的利润相对于行业平均利润的偏差。但信息技术的运用，能够加快旅游供应链内部各成员、各环节、各要素同外部环境之间的物质、能量和信息的交流，使得旅游系统内部各要素始终处于非常活跃的状态，各系统控制参数始终处于动态的变化之中。当这些系统控制参数的变化达到临界点时，系统的偏差（涨落）将持续作用于整个系统，并且其作用效果会被不断放大，迫使系统内大量存在的非线性机制对这些偏差（涨落）产生抑制作用，从而使旅游目的地商业生态系统达成新的稳定的结构。因此，在某种程度上讲，信息技术能够强化旅游目的地商业生态系统的远离平衡状态，能够强化旅游目的地商业生态系统的对外开放状态，能够强化旅游目的地商业生态系统内部同外部环境之间的信息和能量交流，能够强化旅游目的地商业生态系统内部各环节之间的非线性关系，能够增加旅游目的地商业生态系统的各系统控制参数达到阈值（临界值）的可能性，从而放大旅游系统内各要素涨落的作用，使旅游系统性质发生突变，产生新的、稳定的、有序的耗散结构。

综上所述，信息技术的运用，能够让旅游目的地商业生态系统内部各成员更紧密、更直接地联系起来，推动它们相互之间的交往与合作，提升旅游目的地商业生态系统内部各成员同外部利益相关群体的信息交换速度和质量，推动旅游目的地商业生态系统成为一个远离平衡态的开放系统，从而促进系统中负熵流入和管理耗散的产生，形成管理耗散结构。

第三章 信息技术应用与旅游服务提供者需求预测质量

第一节 游客与旅游市场

一、游客需要与偏好

游客出行决策以及在旅游目的地的行为，究其根本，受到游客内在需要的影响。需要是指一种不太满意或在某种程度上缺乏的心理状态，整体上可以分为有意识需要和无意识需要。其中，有意识需要可以很容易地被察觉和被行为所反映，而无意识需要则难以被行为主体和外界所观察和联系。无意识需要会影响到人们无意识的动机、信念和态度，从而促使个体做出与其相符合的实际行为。对于游客需要，大部分学者都基于马斯洛需求层次理论进行了探讨，并取得了相当丰富的成果。享乐和放松是人们最常见的旅游需要，海滩度假、草原驰骋、风景名胜区观光都是为了满足这类需要。然而，随着时代的发展，驱动人们外出旅行的内在需要越来越丰富，由此所呈现出的旅游产品和形态也逐渐多样化，包括生态旅游、遗产旅游、体育旅游、探险旅游、红色旅游、社会旅游等。游客需要在一定时空内呈现出相对的稳定性，但长期来看是动态变化的，并且也受到生活阶段、性别、教育、收入、婚姻状况、生育状态、个人经历的影响。例如，女性更有可能受到文化、家庭纽带和声望的激励。更有经验的游客寻求更高层次需要的满足，如归属感和尊重，而经验不足的游客更有可能被更低层次的需要所占据，如食品和安全。近年来，进化心理学逐渐被旅游学者所认可和接受（如图 3-1）。例如，Kock 教授团队基于进化心理学深度解析了影响游客态度和行为的心理机制（Kock 等，2018）；蒋奇杰和 Scott McCabe 专注于黑色旅游领域，提出了影响游客出行并同灾害和死亡相关的黑色旅游目的地的内在需要，包括关爱、探索、社交、地位和利他（Jiang 和 McCabe，2021）。

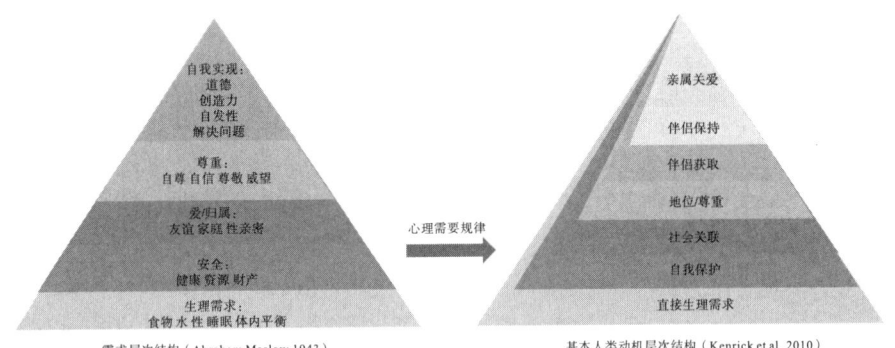

图 3-1　从马斯洛需求层次理论到进化心理学

游客偏好是一系列受到游客内在需要和动机影响的倾向性选择，因此通常被认为是游客需要和游客行为之间的中介变量。受到不同需要驱使的游客偏好，会影响游客对出访目的地的选择。例如，偏好冒险旅游的游客会选择在不寻常、具有异国情调、偏远或荒野的目的地进行活动，冒险旅游既是对外部世界的探索，也是对个人挑战、自我感知和自我掌控的追求。对冒险有高度偏好的游客希望访问不同寻常的异国目的地，以获得新的体验，享受独特的环境或挑战自身技能。偏好文化旅游的游客会选择那些能够描绘一个国家及其人民之美的地方，体验当地的传统、艺术形式和庆祝活动。这类人群希望扩大他们对艺术的参与度，增加接触艺术家的机会，甚至通过投资来保护和推广当地的文化资源。偏好生态旅游的游客会根据一个地区的生态、社会和经济资源选择旅游目的地，他们希望欣赏和了解环境和自然历史。偏好黑色旅游的游客会选择那些同（自然或人造的）灾难、死亡、痛苦紧密相关的地方作为旅游目的地，因为他们想要通过这种方式去纪念和缅怀逝者、回顾人生和反思自我，以此达到心理的平衡和治愈。

二、旅游市场特征

（一）旅游市场的季节性

受到旅游资源特征、游客生理和心理特征，以及外界经济社会环境的综合影响，旅游市场呈现出明显的季节性。在世界范围内，大多数游客都选择在旅游旺季出行。这通常会导致旅游目的地在这段时间内拥挤不堪，但在一年中剩余的大部分时间里都会出现客容量过剩的情况。这种季节性还迫使旅游业经营者严重依赖旺季的收入，这反过来又使这些经营者容易受到可能对旺季旅游活动产生负面影响的事件的影响，如能源价格飙升、恶劣天气。许多旅游企业家在获得资本、将旅游业视为一种可行的经济活动、招聘和留住全职员工以及实现可接受的投资回报时，也会因季节性而面临困难。

（二）旅游市场的差异性

旅游市场的差异性主要体现在以下两个方面：一是由游客需要和动机导致的对不同类型旅游目的地偏好的差异性。例如，关爱心理较强的游客，可能更倾向于去经历过自然灾害的旅游目的地；猎奇心理较强的游客，则更倾向于火山、森林等充满神秘和未知的旅游目的地；想要通过旅游彰显自身地位的游客，则会更倾向于选择一些奢华的出行方式以及更能带来享乐和安逸的旅游目的地。二是选择同一旅游目的地的游客，他们的出行动机、途径和行为也会存在差异。例如，有些游客去往黑色旅游目的地的动机可能是纪念和缅怀逝者、见证灾难现场、感受大自然的力量、自我反思；有些游客会选择同家人一起出行以在特殊环境和情感体验中增进家人之间的感情；有些游客更倾向于单独出行，以结识具有共同特征、偏好、属性的朋友。

（三）旅游市场的动态性

旅游市场的动态性主要是指游客需要和出访动机，以及由此导致的态度、偏好都会随着时间和环境的变化而发生改变。根据马斯洛的观点，当人们的低层次需要（如安全、生理）得到满足后，会更倾向于追求更高层次的需要（如权力、地位），由此会使游客对旅游目的地的偏好和选择产生改变。因此，当人们在秦始皇陵兵马俑体验过"比肩接踵"的感觉后，可能会在下一次出行决策时更倾向于空旷开阔的旅游景点。随着个人收入水平和社会地位的提升，游客会倾向于选择能够提供更优质服务旅游目的地。基于进化心理学，人们的基本动机并非都处于激活状态，而是会随着环境线索的刺激而变化，即最终影响到人们行为模式的主要基本动机会随着个体成长和环境刺激而有所不同，这也导致同一个人会在不同的时间和环境中做出差异化的决策。

三、旅游需求预测

市场需求是商业企业运营及其产品供应链运转的重要驱动因素（Jiang 和 Li，2017）。需求预测是指对本单位所提供的产品和服务于未来一段时间的顾客需求情况进行估计和判断。这种需求情况具体包括客户需要的产品和服务的数量及其带来的销售总额，产品和服务的质量及其需要时间。旅游需求预测是旅游相关利益主体对未来一段时间内的游客量及相应的服务和产品需求量的预测。旅游产业中的私营部门行为者需要准确的旅游预测，以便在定价和运营战略等问题上做出管理决策。旅游需求预测在旅游业中发挥着重要作用，它为目的地决策者和旅游从业者提供了重要启示。具体而言，准确的旅游需求预测有利于中长期营销和旅游战略的制定、定价政策、投资计划和战略以及有限资源的分配。

旅游需求预测中应用了多种方法，最常用的方法包括时间序列模型、计量经济学方法和基于人工智能的方法。经典的时间序列模型包括朴素模型、指数平滑模型、自回归－移动平均（ARMA）模型和结构时间序列模型（Peng等，2014）。计量经济学方法是在旅游需求变量及其影响因素之间关系的基础上进行的，其最广泛使用的模型是自回归分布滞后模型（ADLM）、恐怖校正模型、向量自回归模型、时变参数模型（TVP），以及引入了空间自回归固定效应模型的VAR模型（Song等，2012）。近年来，由于更先进的预测技术的可用性和对旅游需求更准确预测的要求，人工智能模型也被用于预测旅游需求，如人工神经网络、支持向量机（SVM）、深度学习和核极限学习机。也有学者将搜索查询和在线评论数据纳入旅游需求预测，提出了四步骤模型（Li等，2019）。学者们普遍认为，没有一种方法能够在所有情况下始终优于其他方法。

第二节　需求预测对旅游企业的重要性

在任何行业和市场中，企业都无法完全掌控自身所处的行业和市场环境情况，都存在着众多干扰企业运营的不确定因素，而需求预测的目的就在于更好地应对商业活动和决策过程中的不确定因素，减少它们可能带来的负面影响（Song等，2012）。从某种程度上讲，需求预测是实施战略计划、资源分配和本单位订购决策的前提，因此，预测的准确性对于提升企业的商业运行效率、增加客户的产品体验满意度和增强市场竞争力尤为重要（Peng等，2014）。正是由于其在组织中扮演的重要角色，需求预测在多个行业和领域受到了实业界和学术界的双重关注，尤其是旅游业、电力行业、水资源利用行业和通信业。旅游业属于服务性行业，具有众多的信息源、高度密集的信息集和复杂的信息流，同时，随着人民生活水平的日益提升，游客对于旅游的需求偏好发生了较大的变化，追求独特线路、个性化体验的游客占比越来越大，这些特征决定了旅游市场的需求预测工作的重要性和艰巨性。旅游企业必须重点关注行业和市场的信息变化，采用先进的预测方法和技术，以更为合理的方式来判断未来一段时间的行业和市场动态，为进一步的企业决策和实践操作提供指导和支撑。就具体研究内容，学者们热衷于探索最优的预测模型和方法（Song 等，2012）。在旅游市场和行业中，旅游企业在进行需求预测时，不可能将所有的信息都纳入预测的体系中来，必然会筛选出一批关键性的影响因素，通过构建合理的数学模型来推断未来的走势。

具体来讲，旅游供应链由多个阶段的众多利益相关体组成，如游客、旅行社、运营商和服务提供者等（Jiang 和 Ke，2019）。相比于制造业，旅游业中的企业之间没有固定的实物产品交换，合作关系受到的束缚较少，企业更容易调整合作伙伴，形成新的战略联盟。因此，旅游供应链中各阶段成员之间的联系更具有动态性和易变性。同时，信息流成为旅游供应链中最核心的元素，信息对于旅游企业盈利和持续发展具有重要的战略意义，企业间会就信息的获取展开激烈的争斗。在此条件下，各成员间在需求信息传递过程中也更容易面临更严峻的牛鞭效应和信息不对称现象（Jiang 和 Ke，2019）。可以说，旅游业比制造业在需求的准确预测方面更为困难。

另外，随着信息技术的进步和旅游业的全球化发展，众多地区将旅游业作为刺激经济发展的重要领域，旅游服务和产品急剧增加，但同时，旅游目的地之间的竞争也更为严峻（Jiang 和 McCabe，2021）。在此背景下，时间逐渐成为组织在市场竞争中取胜的关键因素，并推动了及时商品化的出现。从某种程度上讲，企业响应市场变化的速度更快，取得的市场份额和利润回报越多，越能够长久地立足于激烈的市场竞争环境中。同时，社会的进步和收入的增加刺激了游客个性化需求的产生，游客的出行偏好正在经历从团队出游模式到散客出行模式的转变。团队出游模式严格规定了游客住宿、餐饮的形式，游览的时间和地点，不利于游客更好地感受和体验目的地的旅游服务和产品，正在被越来越多的游客所摈弃。相反，散客出行模式能够为游客提供其喜欢的景点、食品、酒店、娱乐方式和交通方式，并能够根据游客在旅游目的地已有的体验实时地进行调整，其灵活性和舒适度受到游客的青睐，且这一趋势在年轻人中更为突出。相比于年长者，年轻人更愿意进行弹性的行程安排，更想要经历一些特别的体验。

综上所述，旅游业需要更为科学的需求预测方式，如果需求预测的准确性难以得到保证，旅游供应链中各阶段主体的订货数量就容易偏离实际需求，从而造成许多负面影响，如旅游资源的浪费、旅游计划的受阻、旅游活动带来的外部不经济性、连续亏损引发的财务危机以及游客对目的地满意度和忠诚度的下降。因此，如何提升旅游供应链中各阶段利益主体的需求预测能力是一个重要的课题，值得深入研究（Jiang 和 Li，2017）。

第三节 需求预测准确性的影响因素

对于个体组织而言，要进行准确的需求预测，需要着重考虑两个方面的问题。

一是信息来源的渠道问题。信息来源渠道直接关系个体组织所获取的信息的完整性、准确性和及时性，这是进行未来需求预测的基础。对于任何组织而言，市场需求信息的来源渠道都包括自身同客户的直接交流以及通过合作伙伴的间接获取两种。以旅游目的地酒店为例，其可以在游客居住期间，同游客进行直接的交流，了解游客的居住习惯、饮食习惯等信息，或者通过互联网和移动网络主动地调查游客需求相关信息，还可以通过运营商等合作伙伴获取有用的游客信息，另外，专业的咨询机构和科研机构能够利用大数据、云计算等现代信息技术分析游客的偏好及其趋势，为酒店提供运营建议。

二是自身信息处理的能力。容易理解，信息处理的能力很大程度上依赖于个体组织拥有的信息处理人才和使用的信息处理技术。科学技术是第一生产力，对于信息高度密集的旅游业来说更是如此，需求的预测需要对巨量游客信息的分析和处理，信息技术的先进性一定程度上决定了数据拟合的精准性。同时，21 世纪人才的重要性越来越凸显，旅游单位进行需求预测时，需要专业性人才来把控整个流程。可见，旅游单位的需求预测既要保证信息渠道的畅通，又要注重信息技术及其相关人才的培养。而目前，许多学者在研究供应链中各阶段成员的需求预测时，更多地会集中考虑信息获取和信息共享对预测准确性的重要性。例如，Lee（1997；1997；2000），Jiang 和 Li（2017）等人的研究，都在关注信息来源同需求预测质量之间的关系。不可否认，信息来源的全面性、可靠性和及时性会对需求预测产生重要影响，但同时也不能忽略单位信息处理能力的关键作用。

第四节　跨组织旅游信息平台与信息共享

一、跨组织旅游信息平台

跨组织旅游信息平台是指跨越单个旅游组织范畴，基于数据和信息联结所有参与者并使其收益的开放式、共享式平台，它是旅游单位与供应链上下游单位一起合作，为获取共同竞争优势、实现共同发展而建立的信息平台。信息通信技术领域的研究已经证明了跨组织信息平台在技术开发和商业化中的共同创造价值方面的作用。跨组织信息平台促进了创新、软件开发和服务提供，并围绕平台将形成平台商业生态系统。平台商业生态系统可以理解为"一组参与者，作为一个单元，与软件和服务的市场互动，以及它们之间的关系"（Jansen 等，2009）。在旅游领域，存在着众多跨组织旅游信息平台，如旅游目的地管理信息平台、旅游问答平台、游客支持平台等，这些平台为协调各方利益、促进信息共享和共同发展做出了巨大的贡献。

跨组织旅游信息平台的治理机制涉及平台的开放程度、质量检查等控制机制，或使开发人员能够访问平台的边界资源，如标准化应用程序编程接口（API）。将这些资源和进一步的治理机制结合起来可以刺激第三方的贡献。在商业平台生态系统中，平台所有者利用治理机制来管理价值的共同创造，以获取尽可能多的产生价值（Jansen 等，2009）。在非营利平台生态系统中，治理是为了增加共同创造的价值和整个平台的社会影响。对于跨组织旅游信息平台，平台的运营者（地方政府、景区管理者或者旅游企业）也将通过各类机制的设置和完善，来不断提升平台生态系统内各利益相关者的信息共享程度，从而创造更大的价值。

二、信息平台与信息共享

本部分将以信息平台为切入点，研究信息平台同旅游企业需求预测能力之间的关系。平台是技术系统的交互中心，具备间接的网络效应，能够通过吸引用户并使交易双方获益来促进利益相关者之间的互动和信息交流（He 等，2022）。众多学者和研究已经证明了平台集聚、转移和分享信息的有效且高效的方式。从某种程度上讲，平台本身就是一个拥有信息获取能力和信息处理能力的结构，同时能够存储组织能力（He 等，2022）。在旅游业中，平台能够连接旅游供应链中所有的利益相关者，这有助于各阶段成员参与到旅游产品和服务的生产和销售过程，有助于各阶段成员获得充分的需求信息。因此，信息平台增加了旅游企业的信息获取渠道，有助于减少信息在传统旅游供应链上传递过程中造成的扭曲和损耗，从而提升旅游企业的信息获取能力。同时，信息平台本身就是信息技术、信息系统和信息处理人才的集聚中心，具有较强的信息处理能力，能够为旅游企业直接提供有用的市场需求信息，辅助旅游企业做出更为科学合理的战略和决策。信息平台为旅游供应链中各阶段成员的需求预测问题的研究带来了新的思路。下一节将主要以地方社区为例，建立数学模型来分析信息平台同旅游供应链各阶段利益相关者需求预测的相互关系。

第五节 数学建模及分析

在本节中，考虑一条由游客、旅行社（a）、运营商（o）、服务提供者（s）和地方社区（c）构成的旅游供应链，提前期 L 将被细分为若干离散的时间段。在提前期内，旅游供应链各阶段的利益相关者能够根据各自所获取的即时信息，持续灵活地调整它们对市场需求的判断和预测，从而减少预测结果与真实市场需求之间的偏离程度。这样不间断地调整和纠错，有助于实现对旅游供应链的动态需求管理。在建立数学模型时，为了更好地理解，笔者做出如下假设：

（1）假设 Q_t 是某一时间段 t 内游客市场的真实需求量，并且 Q_t 服从均值为 μ、标准差为 σ 的正态分布。Y_t^m 是旅游供应链各阶段利益相关者对 t 时间段内市场需求的预测值，ξ_t^m 表示各阶段利益相关者的预测误差，其中 $m \in (a, o, s, c)$。据此，可以得到

$$Q_t = Y_t^m + \xi_t^m \tag{3-1}$$

（2）假设各阶段利益相关者预测的市场需求量由两部分构成：一部分是根据实际订购情况确定的已经存在的需求量（d_{t-L}），另一部分是提前期内根据获取到的新的信息再次进行需求预测，并据此做出调整的需求量（D_t^m）。很容易理解，第一部分的（$t-L$）时间段内的需求量同 t 时间段内的真实需求量具有相同的分布特征。据此，已经存在的需求量 d_{t-L} 服从以 μ_d 为均值、以 σ_d 为标准差的正态分布。则 t 时间段内各阶段利益相关者对市场需求的预测值 Y_t^m

可以用数学公式表示为

$$Y_t^m = d_{t-L} + D_t^m \tag{3-2}$$

（3）在提前期 L 内，各阶段利益相关者根据及时获取的最新信息持续调整它们对游客需求的预测值。由于提前期 L 被细分为若干个独立离散的时间段，因此这些细分时间段内形成的调整值将构成数据序列。假设 $D_{t-L,i}^m$ 服从均值为 μ_D，标准差为 $\frac{1}{\lambda^m}\sigma_i$ 的正态分布。其中，$\frac{1}{\lambda^m}\sigma_i$ 表示预测准确性（其值越小，准确性越高），λ^m 代表各利益相关者的预测能力，则有

$$D_t^m = \sum_{i=0}^{L} D_{t-L,i}^m \tag{3-3}$$

基于上面的式（3-1）、式（3-2）和式（3-3），可以推导出各阶段利益相关者预测误差 ξ_t^m 的表达式

$$\xi_t^m = Q_t - Y_t^m = Q_t - d_{t-L} - \sum_{i=0}^{L} D_{t-L,i}^m \tag{3-4}$$

现在定义 σ_t^m 作为预测误差 ξ_t^m 的标准差。根据上文的假设易知，游客市场的真实需求量 Q_t、第一部分已经存在的需求量 d_{t-L} 和第二部分调整的需求量 D_t^m 之间相互独立，据此根据独立正态分布的特性，可以得到关于三个变量的方差的关系公式

$$(\delta_t^m)^2 = \delta^2 + \delta_d^2 + \left(\frac{1}{\lambda^m}\right)^2 \sum_{i=0}^{L} \delta_i^2 \tag{3-5}$$

（4）根据前文的分析，各阶段利益相关者的需求预测能力是信息获取能力（Q_I^m）同信息处理能力（α^m）共同作用的结果，且均正向作用于各利益相关者的需求预测能力（λ^m）。据此，可以得到旅游供应链各阶段利益相关者的需求预测能力的数学表达式

$$\lambda^m = \alpha^m \times Q_I^m \tag{3-6}$$

旅游供应链中进行需求预测的各阶段利益相关者（本研究中包括旅行社、运营商、服务提供者、地方社区），均会面临以下两种信息获取情况：一是不存在信息平台（即不存在信息共享）时，各利益相关者信息获取渠道包括自身同游客直接交流获取到的信息、从合作伙伴和其他机构处间接获取到的分散的、不完整的游客信息；二是存在信息平台（即存在信息共享）后，各利益相关者信息获取渠道包括自身同游客直接交流获取到的信息、从合作伙伴和其他机构处间接获取到的分散的、不完整的游客信息以及从信息平台处获取到的完整的、集成的市场需求信息。基于此，在游客市场需求预测方面，各利益相关者将面临三种情况：一是信息平台植入前，各阶段利益相关者的自我预测；二

是信息平台植入后，各阶段利益相关者的自我预测；三是信息平台基于自身信息获取能力和信息处理能力的平台预测。下面，将对这三种情况的需求预测进行比较分析。

信息平台植入前，旅游供应链中的信息是分散的，各阶段利益相关者将根据自身在提前期 L 时间段内获取到的信息来调整各自的需求预测值。结合前面文章的分析，可以得到各阶段利益相关者需求预测误差的方差表达式

$$(\sigma_{t,b}^m)^2 = \sigma^2 + \sigma_d^2 + \left(\frac{1}{\lambda_\sigma^m}\right)^2 \times \sum_{i=0}^{L} \sigma^2 \qquad (3-7)$$

在该等式中，$\sigma_{t,b}^m$ 表示信息平台植入前各阶段利益相关者需求预测误差值的标准差，λ_b^m 表示信息平台植入后各阶段利益相关者的需求预测能力，其中 $m \in (a, o, s, c)$，σ^2 是真实游客需求的方差，σ_d^2 为第一部分已经存在的需求的方差。

信息平台植入后，旅游供应链中各阶段利益相关者根据传统信息渠道和平台渠道获取的信息的集合来进行需求预测。在这种情况下，各阶段利益相关者的需求预测误差的方差能够做出如下表示

$$(\sigma_{t,f}^m)^2 = \sigma^2 + \sigma_d^2 + \left(\frac{1}{\lambda_f^m}\right)^2 \times \sum_{i=0}^{L} \sigma^2 \qquad (3-8)$$

在该等式中，$\sigma_{t,f}^m$ 表示信息平台植入后各阶段利益相关者需求预测误差值的标准差，λ_f^m 表示信息平台植入后各阶段利益相关者的需求预测能力，其中 $m \in (a, o, s, c)$，σ^2 是真实游客需求的方差，σ_d^2 为第一部分已经存在的需求的方差。

对于信息平台本身，旅游供应链各阶段的信息均汇聚到信息平台，平台充分利用其专业人才优势和信息处理技术优势对未来一段时间的游客需求进行预测。连接到信息平台的各利益相关者可以通过比较自身的预测情况和平台的预测情况来做出更为合理的需求预测和决策安排。于是，信息平台的需求预测误差的方差可以用数学公式表示为

$$(\sigma_p^m)^2 = \sigma^2 + \sigma_d^2 + \left(\frac{1}{\lambda^p}\right)^2 \times \sum_{i=0}^{L} \sigma^2 \qquad (3-9)$$

在该等式中，σ_p^m 表示信息平台的需求预测误差的标准差，λ^p 表示信息平台的需求预测能力，其中 $m \in (a, o, s, c)$，σ^2 是真实游客需求的方差，σ_d^2 为第一部分已经存在的需求的方差。

接下来，通过比较这三种情况的需求预测误差的方差，可以很容易找出最优的需求预测方式。根据上述公式，可以分析三种情况下各阶段利益相关者的信息获取能力和信息处理能力。下面以地方社区为例进行分析，地方社区在以上三种情况下的需求预测能力可以分别表示为

$$\begin{cases} \lambda_b^c = \alpha^c \times Q_{I,b}^c \\ \lambda_f^c = \alpha^c \times Q_{I,f}^c \\ \lambda_p^c = \alpha^c \times Q_{I,p}^c \end{cases} \quad (3-10)$$

首先，分析三种情况下地方社区的信息获取能力。为了便于理解，现在用 X 表示地方社区在不存在信息平台时所获取到的信息集合，用 Y 表示地方社区在有信息平台时从信息平台获取到的信息集合。于是，$Q_{I,b}^c$ 是信息集合 X 包含的信息数量，Q_I^p 是信息集合 Y 包含的信息数量。根据集合的运算规则，可以得到信息集合 X 和 Y 的关系如下

$$X \cup Y = X + Y - X \cap Y \quad (3-11)$$

由前面的分析可知，$Q_{I,a}^c$ 是信息集合 $X \cup Y$ 包含的信息数量。于是，很容易推断出下面两组关系：$Q_{I,a}^c \geqslant Q_{I,b}^c$ 和 $Q_{I,a}^c \geqslant Q_I^p$。另外，根据前文对旅游系统和信息流的分析，旅游供应链网络结构中存在着众多的信息节点和信息转移路径，容易在信息转移过程中造成大量的信息损耗和扭曲，而信息平台的植入能够将各利益相关者直接联系起来，从而减少了信息传递和转移的次数，降低了信息在转移过程中的损耗，有助于增加利益相关者获取到的信息总量。因此，可以推断出信息集合 Y 和信息集合 $X \cup Y$ 所蕴含的信息量的关系式：$Q_I^p \geqslant Q_{I,b}^c$。综合上面的分析，地方社区在三种情况下的信息获取量 $Q_{I,a}^c$、$Q_{I,b}^c$ 和 Q_I^p 之间的关系可以用数学公式表示为

$$Q_{I,a}^c \geqslant Q_I^p \geqslant Q_{I,b}^c \quad (3-12)$$

其次，分析三种情况下地方社区的信息处理能力。由于组织的信息处理能力同组织内在的知识系统和技术系统相关，具体可以由信息资源管理能力、商业过程的信息化能力、信息处理人才和组织文化共同决定。于是，地方社区的信息处理能力可以用数学公式表示为

$$\alpha^c = \sum_{k=1}^n w_k \times I_k \quad (3-13)$$

在该等式中，I_k 表示具体细分下的组织各方面的信息处理能力，w_k 表示具体细分下的各方面的权重，w_k、I_k 表示具体细分下的各方面对组织整体信息处理能力的绝对贡献。通常而言，信息平台是专门为了处理数据和信息而成立的组织，其集聚了大量的信息处理人才，并且依靠先进的信息处理软件进行信息的收集、储存、分析、整合、转移等。因此，相比于地方社区而言，信息平台在众多提升组织整体信息处理能力的驱动因素方面具有很大的优势，于是平台的信息处理能力和地方社区的信息处理能力之间的关系可以表示为：$\alpha^p > \alpha^c$。但是，这一结果并非适用于所有的利益相关者。例如，在旅游业中，运营商往

往处于整个旅游供应链的核心地位,在长期的发展过程中积累了大量的资本,可以吸引大量的专业信息人才,引入先进的信息处理系统。此条件下,运营商的信息处理能力有可能会等于甚至大于平台的信息处理能力。因此,本部分将针对以下三种不同的情况进行分析。

(1) 地方社区的信息处理能力弱于信息平台的信息处理能力,即 $\alpha^c < \alpha^p$ 时,基于以上的分析,可以得到关于不存在信息平台时的地方社区需求预测能力 λ_b^c、存在信息平台时的地方社区需求预测能力 λ_f^c 和信息平台的需求预测能力 λ_p 之间的关系如下

$$\begin{cases} \lambda_f^c \geqslant \lambda_b^c, \lambda_p > \lambda_b^c \\ \lambda_f^c \geqslant \lambda_p, \text{if} \left(\dfrac{Q_{I,f}^c}{Q_I^p}\right) \geqslant \left(\dfrac{\alpha^p}{\alpha^c}\right) \\ \lambda_p \geqslant \lambda_f^c, \text{if} \left(\dfrac{Q_{I,f}^c}{Q_I^p}\right) \leqslant \left(\dfrac{\alpha^p}{\alpha^c}\right) \end{cases} \quad (3-14)$$

易知三种不同情况下地方社区的需求预测的方差之间的关系如下

$$\begin{cases} (\sigma_{t,f}^c)^2 \leqslant (\sigma_{t,b}^c)^2, (\sigma_p)^2 \leqslant (\sigma_{t,b}^c)^2 \\ (\sigma_{t,f}^c)^2 \leqslant (\sigma_p)^2, \text{if} \left(\dfrac{Q_{I,f}^c}{Q_I^p}\right) \geqslant \left(\dfrac{\alpha^p}{\alpha^c}\right) \\ (\sigma_p)^2 \leqslant (\sigma_{t,f}^c)^2, \text{if} \left(\dfrac{Q_{I,f}^c}{Q_I^p}\right) \leqslant \left(\dfrac{\alpha^p}{\alpha^c}\right) \end{cases} \quad (3-15)$$

综上所述,当信息平台的信息处理能力强于地方社区的信息处理能力时,拥有信息平台时,地方社区需求预测误差的方差值小于没有平台时的相应方差值;同时,拥有信息平台时地方社区的需求预测误差的方差也小于地方社区没有信息平台时需求预测误差的方差值。该结果表示信息平台能够提升地方社区关于游客市场需求预测的准确性,信息平台本身的游客市场需求预测能力也强于没有信息平台时地方社区的需求预测能力。而对于信息平台需求预测误差的方差值和拥有信息平台后地方社区的需求预测误差的方差值之间的关系,还需要进一步根据地方社区和信息平台的信息获取量和信息处理能力之间的关系来确定。当地方社区通过传统的信息渠道和信息平台获取到的信息量总和同信息平台集成的信息量的比值,大于平台的信息处理能力同地方社区的信息处理能力的比值时,地方社区的需求预测误差的方差值小于信息平台的需求预测误差的方差值,意味着此时地方社区关于游客市场需求预测的准确性优于信息平台关于游客市场需求预测的准确性。相反,当地方社区通过传统的信息渠道和信息平台获取到的信息量总和同信息平台集成的信息量的比值,小于平台的信息

处理能力同地方社区的信息处理能力的比值时，信息平台的需求预测误差的方差值小于地方社区的需求预测误差的方差值，意味着此时信息平台关于游客市场需求预测的准确性优于地方社区关于游客市场需求预测的准确性。

（2）地方社区的信息处理能力强于信息平台的信息处理能力，即 $\alpha^c > \alpha^p$ 时，结合前面的分析，可以得到关于不存在信息平台时的地方社区需求预测能力 λ_b^c、存在信息平台时的地方社区需求预测能力 λ_f^c 和信息平台的需求预测能力 λ_p 之间的关系如下

$$\begin{cases} \lambda_f^c \geqslant \lambda_b^c, \lambda_f^c > \lambda_p \\ \lambda_p \geqslant \lambda_b^c, \text{if} \left(\dfrac{Q_I^p}{Q_{I,b}^c}\right) \geqslant \left(\dfrac{\alpha^c}{\alpha^p}\right) \\ \lambda_b^c \geqslant \lambda_p, \text{if} \left(\dfrac{Q_I^p}{Q_{I,b}^c}\right) \geqslant \left(\dfrac{\alpha^c}{\alpha^p}\right) \end{cases} \quad (3-16)$$

同理，将上式代入式（3-9）可以得到三种不同情况下地方社区的需求预测误差的方差之间的关系如下

$$\begin{cases} (\sigma_{t,f}^c)^2 \leqslant (\sigma_{t,b}^c)^2, (\sigma_{t,f}^c)^2 < (\sigma_p^c)^2 \\ (\sigma_p)^2 \leqslant (\sigma_{t,b}^c)^2, \text{if} \left(\dfrac{Q_{I,f}^c}{Q_I^p}\right) \geqslant \left(\dfrac{\alpha^p}{\alpha^c}\right) \\ (\sigma_{t,b}^c)^2 \leqslant (\sigma_p)^2, \text{if} \left(\dfrac{Q_{I,f}^c}{Q_I^p}\right) \leqslant \left(\dfrac{\alpha^p}{\alpha^c}\right) \end{cases} \quad (3-17)$$

据此可以得出以下结论：当信息平台的信息处理能力弱于地方社区的信息处理能力时，就地方社区的游客需求预测误差的方差而言，拥有信息平台时的预测误差的方差值将小于没有信息平台时的预测误差的方差值；同时，拥有信息平台时的预测误差的方差值也将小于信息平台本身对于游客需求预测误差的方差值。该结果意味着，信息平台的植入有助于提升地方社区对于游客需求预测的准确性，拥有信息平台后，地方社区对于游客需求预测的准确性也将高于信息平台对于游客需求预测的准确性。另外，信息平台对于需求预测误差的方差同没有信息平台时地方社区对于需求预测误差的方差之间，其数值大小难以一概而论，这取决于地方社区的信息获取能力和信息处理能力与平台的信息获取能力和信息处理能力之间的关系。具体来讲，当地方社区通过所有渠道（包括信息平台）获取的信息量总和同信息平台获取的信息量总和的比值，大于信息平台的信息处理能力同地方社区的信息处理能力的比值时，信息平台的需求预测误差的方差值小于地方社区的需求预测误差的方差值，信息平台关于游客市场需求预测的准确性要优于地方社区关于游客市场需求预测的准确性。相

反，当地方社区通过所有信息渠道（包括信息平台）获取的信息量总和同信息平台集成的信息量总和的比值，小于信息平台的信息处理能力同地方社区的信息处理能力的比值时，地方社区的需求预测误差的方差值小于信息平台的需求预测误差的方差值，意味着此时地方社区关于游客市场需求预测的准确性要优于信息平台关于游客市场需求预测的准确性。

（3）地方社区的信息处理能力等于信息平台的信息处理能力，即 $\alpha^c = \alpha^p$ 时，易得不存在信息平台时的地方社区需求预测能力 λ_b^c、存在信息平台时的地方社区需求预测能力 λ_f^c 和信息平台的需求预测能力 λ_p 之间的关系如下

$$\lambda_f^c \geqslant \lambda_p \geqslant \lambda_b^c \tag{3-18}$$

从上式可以得到，信息平台有助于提升地方社区对于游客需求的预测能力，且存在信息平台时地方社区的游客需求预测能力将强于信息平台自身对于游客需求的预测能力，但不存在信息平台时地方社区的游客需求预测能力将弱于信息平台自身对于游客需求的预测能力。进一步，将式（3-18）代入式（3-9）可以得到三种不同情况下地方社区的需求预测的方差之间的关系

$$(\sigma_{t,f}^c)^2 \leqslant (\sigma_p)^2 \leqslant (\sigma_{t,b}^c)^2 \tag{3-19}$$

简短地说，当信息平台和地方社区的信息处理能力相等时，拥有信息平台时地方社区的游客需求预测误差的方差值将同时小于信息平台自身的游客需求预测误差的方差值以及没有信息平台时地方社区的游客需求预测误差的方差值，信息平台对于游客需求预测误差的方差值将小于没有信息平台时地方社区对于游客需求预测误差的方差值。这说明，信息平台的植入能够有效提升地方社区对于游客需求预测的准确性，且拥有信息平台时地方社区的游客需求预测准确性在三种情况下最高。

综上所述，本节通过数学模型的方式分析了信息平台同旅游供应链中各利益相关体的游客需求预测之间的关系，同时考虑了信息获取渠道和信息处理能力两个关键因素。通过对信息平台植入前后的三种不同情境的分析，发现无论哪种情境，信息平台的植入都能够提升各利益主体对于游客市场需求的预测准确性，从而有力地支撑了本书关于信息技术和旅游供应链运行效率关系的假设。另外，根据研究结果，如果要充分发挥信息平台的功能，充分利用信息平台的价值，信息平台具有的信息处理能力必须足够强大。这要求信息平台从设计开始就考虑到专业的信息人才以增强信息资源的管理能力，考虑到利用先进的信息技术和信息系统以强化商业过程信息化能力，考虑到信息平台应建立积极有效的组织文化。

第四章　信息技术应用与旅游服务供应链运行效率

第一节　供应链管理与旅游供应链管理

随着经济的全球化发展,现代的竞争已经从单个企业与企业间的竞争转变为企业所在的供应链与同类供应链间的竞争(Jiang 和 McCabe,2021)。类似地,讨论旅游目的地竞争力的问题,不能拘泥于旅游目的地范围本身,还要关注同旅游目的地相连接的旅游供应链在游客市场的吸引力。同游客直接接触的并不是旅游目的地局部范围的单位,而是旅游供应链的多个线路和节点。旅游供应链的整体管理和运行越来越受到经营者的重视。因此,对于旅游目的地竞争力的研究重点也应当从旅游目的地局部范围转向服务于游客的以旅游目的地为核心的整个旅游供应链,即由地方社区、旅游目的地管理部门、航空公司、汽车公司、酒店、运营商、代理商等各阶段利益相关者组成的旅游服务网络。为了更深入地理解和研究旅游供应链的内涵和结构,有必要对供应链管理理论的研究现状和发展趋势进行梳理和归纳。

一、供应链管理的基本概念

供应链管理的概念最早于20世纪80年代初期由一些企业高级顾问提出,并立即引起了巨大的关注。然而,供应链管理直到90年代才逐渐成为学术界的热点。供应链管理不仅被用于解释企业内部物料、信息和物流活动的计划和控制,同样用于分析供应链中各个企业之间的关系;不仅用于描述战略性的组织间问题,还用于识别和选择具有合作潜力的供应商。供应链管理涉及对供应链及其成员的传统业务职能进行协调,其目的是改善企业及整个供应链的经营绩效。它是对从最终用户到原料提供商的所有商业过程的整合,通过产品、服务和信息的提供达到为消费者和其他利益相关者的价值增值目的。《中华人民共和国国家标准物流术语》（GB/T18354-2001）将"供应链管理"定义为：对供应链涉及的全部活动进行计划、组织、协调和控制。

二、供应链管理研究

（一）研究内容

就供应链管理研究的期刊发表情况而言，以供应链整合（Nurmilaakso 和 Kotinurmi，2004；Power，2005；Van der Vaart 和 Van Donk，2008；Chen，2010；Melnyk 等，2014；Tyagi 和 Agarwal，2014；Cao 等，2015）、可持续供应链（Fleischmann 等，1997；Carter 和 Rogers，2008；Carter 和 Easton，2011；Morgan 和 Gagnon，2013；Eskandarpour 等，2015）和供应链风险管理（Tang，2006；Rao 和 Goldsby，2009；Hintsa 等，2009；Tang 和 Musa，2011；Colicchia 和 Strozzi，2012；Simangunsong 等，2012；Sodhi 等，2012；Ho 等，2015）为主题的研究文献数量呈现持续稳定上涨的趋势，逐渐成为近十几年的一门显学。以供应链柔性（Stevenson 和 Spring，2007；More 和 Babu，2009；Fatemi，2010；Seebacher 和 Winkler，2013；Esmaeilikia 等，2014）、信息技术在供应链中的应用（Cutting-Decelle 等，2006；Kumar 等，2009；Sarac 等，2010；Peppa 和 Moschuris，2013；Jiang 和 McCabe，2021）和供应链运行效率（Shepherd 和 Gunter，2006；Gunasekaran 和 Kobu，2007；Wong 和 Wong，2008；Akyuz 和 Erkan，2010；Ntabe 等，2015）为主题的研究也相对较多并呈现增长趋势。此外，在信息共享（Huang 等，2003；Zhong 和 Ling，2013）、库存管理（Marques 等，2010；Govindan，2013）和供应链网络架构（Melo 等，2009；Melnyk 等，2014；Eskandarpour 等，2015）相关领域，也持续有较高质量的文献发表。

（二）研究方法

量化工具和技术被广泛应用于供应链管理研究（Brandenburg 和 Govindan，2014）。具体来讲，优化方法（Eskandarpour 和 Dejax，2015）、仿真方法（Wang 和 Fu，2010）和模糊理论（Kusi-Sarpong 和 Bai，2015）是用得最多的三种研究方法。优化方法是用于分析供应链相关成员及整体供应链如何做出更好的经营决策，仿真方法主要用于评估供应链内外部环境不确定性对各成员经营行为、经营绩效的影响以及测试新的供应链管理思路。同时，预测（Lin 和 Choy，2014）和线性规划（Bouzembrak 和 Allaoui，2013）长期以来受到学术界的青睐，持续有高质量的文献见刊。近年来，越来越多的学者将博弈论引入供应链管理的研究，主要关注供应链上下游成员之间的竞争、合作与冲突关系（Arthanari 等，2015）。多属性决策制定方法（Ghorabaee 等，2014）和多目标优化技术（Nooraie 和 Parast，2015）也开始被用于更好地预测相互冲突的目标和决策对供应链运行的影响。另外，系统动力学、神经网络、控制论、动态和非线性规划等也逐渐被引入供应链管理的研究。

（三）管理方法

供应链成员间的协同是现有文献关注得较多的内容，其研究如何加强上下游成员在信息共享（Huang 和 Lau，2003）、预测方法（Panahifar 等，2015）、订单和提前期（Sabitha 等，2016）等方面的协作，以减轻牛鞭效应、减少信息不对称，从而达到快速响应消费者需求和增强市场竞争力的目的。准时制生产、供应商管理库存和订单生产也受到学者的重视，用于分析供应链中的物流、信息流和资金流，探索如何更高效地提供市场需要的产品和服务。另外，精益生产用以消除供应链中的无效环节，敏捷制造用以帮助供应链快速响应变化中的市场需求，鲁棒性用以研究供应链面对外部风险和不确定性时所具有的弹性，稳定性用以确保供应链上下游成员间维持稳定的物流、信息流和资金流的合作关系。总体来讲，这些管理方法主要集中于通过减少中转时间、减轻库存压力、减轻信息不对称和牛鞭效应，以及提升需求反应速度和销售量来达到改善供应链整体绩效的目的。

三、旅游供应链管理研究

旅游供应链由游客、旅行社、旅游运营商和旅游供应商组成（Jiang 和 Ke，2019）。旅游供应商提供住宿、餐饮、购物等服务活动，旅游运营商整合这些服务并通过旅行社提供给游客。类似于传统的制造业供应链，旅游供应链的目的也是快速地响应最终顾客（游客）的需求并最大化供应链成员的利益。而相比于制造业供应链，旅游供应链具有一些独特性：旅游供应链成员之间的联系更具有动态性和易变性；利益相关者，尤其是供应链上游利益相关者会遭受更严峻的牛鞭效应和信息不对称（Lee，1997）；旅游供应链各阶段的成员均有能力直接提供旅游产品和服务给游客；运营商往往掌握着核心资源并获取更多的网络利润份额。

旅游供应链管理概念的提出可以追溯到 1975 年联合国世界旅游组织（UNWTO）发布的首份关于旅游产品分销渠道的报告。这种分销渠道实际上是旅游供应链的一部分（UNWTO，1975）。随后，广大学者借助不同理论从不同角度研究旅游供应链的各个方面。随后有学者将波特的价值链理论引入旅游供应链上下游成员生产和销售旅游产品和服务的研究中，并构建了衡量供应链运行绩效的评价模型。有学者利用博弈论的思想分析了酒店之间及其与互联网平台之间的博弈关系，并给出了最优的博弈结果，为酒店和网络平台等旅游服务商的经营决策提供意见和建议（Guo 等，2013）。从可持续发展的角度探讨旅游供应链管理对于旅游可持续开发和经营的意义，也是一个热门的研究话题。

对于国内学者而言，博弈论是常用于旅游供应链的研究工具。有学者研究了游客与旅行社、旅行社与运输公司之间的博弈关系并为各利益主体的最优决策提供建议（张晓明等，2008）。有学者分析了两个旅行社和单个主题公园构成的二级简单旅游供应链，构建了双寡头的竞争博弈模型，为该旅游类型的相关单位提供决策依据（杨树等，2009）。有学者分析了三种不同类型的游客来源——散客、旅行社和整合式旅行社，并据此构建博弈模型研究景区的最优资源保护型定价策略（郭强和董俊峰，2012）。有学者综合博弈理论和委托代理理论，分析了旅行社和导游构成的两级供应链中的激励机制问题（牛文举，2013）。有学者研究了低碳旅游供应链问题，通过构建数学模型分析了政府与企业、旅行社与酒店、旅行社与景区在低碳旅游思想下的最优决策和最优利润水平（陈喆芝，2015）。另外，也有学者研究了由游客、旅行社和功能性服务提供商构成的三阶段旅游供应链的需求预测问题（石园等，2013）。

第二节　信息传递过程中的牛鞭效应

一、牛鞭效应的概念

Forrestor 于 1958 年首次观察到企业面对的需求变化范围远大于市场的实际需求变化范围，并且这一问题将会随着供应链的延伸变得越来越严重（Forrestor，1958）。从那时起，许多学者得出了类似的结论。Sterman 于 1984 年第一次给出了牛鞭效应的定义：终极消费者的微小需求变化将导致供应链上游企业一系列较大的需求波动（Sterman，1984）。Lee 是该领域研究的集大成者。他认为，牛鞭效应是指供应链中产品订购数量的波动幅度远远大于产品和服务需求的实际变化幅度，并且这种不一致性将会沿着供应链的延伸变得越来越明显（Lee，1997）。学者们尝试从不同角度来研究牛鞭效应，有人从行业动态性出发来研究需求在供应链不同成员中的不稳定现象，有人基于控制论来探讨信息传递质量。Lee团队提出了一个简单但很有用的数学模型来描述供应链的组织结构和各阶段成员的优化选择。同时，他们总结了产生牛鞭效应的四类因素：需求信号的处理方式、批次订货行为、商品价格波动和短缺博弈（Lee等，1997；2000）。然而，目前关于服务供应链牛鞭效应的产生原因、影响及其应对方法的研究成果比较少。

二、旅游供应链中的牛鞭效应

尽管牛鞭效应是以制造业为基础提出来的，但正如前文所述，旅游业是高度信息密集的产业，旅游供应链由多个阶段的利益相关者构成，具体包括旅行社、运营商、服务提供者和游客等（Jiang和Ke，2019）。毫无疑问，旅游供应链中同样存在信息传递过程中的牛鞭效应，甚至相较于制造业，这一特性表现得更为突出（如图4-1）。整个旅游供应链需要更快速、更全面和更准确的信息转移以应对行业和市场的不确定性，从而满足游客个性化的需求。

图4-1 旅游供应链中的牛鞭效应（需求扭曲现象）

考虑到服务能力的协调，部分学者认为旅游企业应当应用服务能力来管理需求（Guo等，2014）。据此，可以这样理解旅游供应链中存在的牛鞭效应：当旅行社向运营商订购旅游服务时，会考虑一定额度的订购增量，以应对市场上游客需求的不确定性。类似地，运营商向旅游服务提供商订购产品，由于旅行社没有同运营商分享市场需求信息，将会导致更大的订购增量。最终，旅游目的地社区获取到的游客需求信息将同真实的市场情况产生巨大的差异。因此，旅游供应链上游的组织就会面临较大的订购数量波动。

三、牛鞭效应带来的负面影响

牛鞭效应将会导致多种负面影响，如供求的不平衡、资源的浪费、企业计划受阻、不经济性、财务危机、游客满意度和游客忠诚度下降等（Jiang和Ke，2019）。如何才能减轻信息在旅游供应链传递过程中的牛鞭效应，是摆在所有旅游企业和管理部门面前的难题。旅游系统的复杂性、利益相关者的多样性和高度的信息依赖性很容易在旅游供应链内部产生管理熵增现象。信息技术的运用，一方面能够提高信息在各阶段利益相关者之间传递的速度和质量，减少信息的损耗，从而减少管理熵的产生；另一方面能够促进旅游供应链内部系统同外部环境之间的物质、能量交换，带来管理负熵，综合的效应能促进整个旅游供应链信息的优化。Lee（2000）认为供应链的各阶段成员均应当运用先进的信息技术进行充分的信息共享。基于需求预测和订购提前期，Chen 和 Huang（2007）提出了供应链改进的系统性方法，并认为通过信息技术来聚集需求信息有助于规避供应链中的牛鞭效应。因此，通过信息技术实现信息共享是学术界公认的应对牛鞭效应的有效措施。本部分将以信息平台为例，通过数学分析来探索旅游供应链中信息传递质量变化的起因和特征，以及信息平台对牛鞭效应的影响。

第三节　平台理论及其在旅游中的应用

在一类定义口径下，平台是外部创新者用作创新和开发互补产品、服务或技术的基础产品、服务和技术（Gawer 和 Cusumano，2014）。许多研究人员也提到了另一个定义，即平台的架构是一张蓝图，包括平台和其互补模块集。根据 Gawer 和 Cusumano（2014）的说法，Wheelwright 和 Clark 首先使用"平台产品"一词来描述满足核心消费者群体需求的新产品，这些新产品能够通过添加、替换或删除功能来轻松转换为衍生产品。某种程度上，可以将平台描述为一组资产，包括多个产品共享的组件、流程、知识和人员，该平台是不同市场参与方所生产的一系列产品家族（即共享该平台并满足特定市场应用的一组产品）的核心和共同技术基础。此后，学者们引入了"技术平台"的概念，公司可以基于技术平台不断地向新应用和新市场拓展。基于技术平台创建工业领域的公司可以获得知识，以实现多样化。

公司内部平台的使用及其对企业集团或生态系统活动的中介作用已被广泛认可。谷歌（Google）、脸书（Facebook）、SAP、微软（Microsoft）和苹果（Apple）都是软件行业的公司，它们的行业平台激励了许多其他公司开发互补的产品和服务。早期的研究主要讨论了平台概念以及公司从使用平台提高新产品开发效率中获得的好处，这与将平台概念化为模块化技术架构的工程设计文献有关。近些年的研究显示了平台（产品、技术或服务的构建块）作为企业集群活动或生态系统（即行业平台）媒介的作用的演变（Kretschmer 等，2022）。

根据对现有研究的回顾，平台生态系统可以被视为一种不断发展的元组织形式，其特征是启用平台架构，并得到一套必要的平台治理机制的支持，以合作、协调和整合一系列不同的组织、参与者、活动和接口，通过定制平台服务为客户增加平台价值（Kretschmer 等，2022）。平台生态系统通常围绕拥有或赞助平台的中心公司组织。平台赞助商设计的平台架构描述了一个相对稳定的平台核心，具有特定的设计规则和一组不同的互补模块，允许利益相关者协调数据收集、数据存储、数据流、数据聚合和数据商业化。随着互联网和现代信息与通信技术的发展，数字化的平台生态系统受到了业界和学界越来越多的关注，主要关注的是数字平台利用自主主体生态系统共同创造价值（Hein 等，2020）。

平台理论以模块化为基础，它的出现是为了应对行业技术、市场需求和竞争者的动态的、不确定的信息波动。由于平台理论的易懂性和普适性，近年来受到越来越多来自理论界和实业界的重视。Hein 等（2020）认为平台是技术系统的交叉中心，具有间接的网络效应。能够给公司在生产、创新和交易等多个方面带来杠杆效应。Gawer 和 Cusumano（2014）是平台理论的集大成者和开拓者，他们认为平台是一个持续不断演化和改变着的组织，由多个旨在创造价值的利益相关体构成。平台是一种基于组织动态能力的结构，同时能够存储组织能力，能够让参与交易的各方获益，促进利益相关体之间的良性互动，最终有益于平台生态系统的发展。同时，他们也强调平台接口的开放性会推动平台从企业内部平台向供应链平台再向平台生态系统演进。

目前，平台已经被应用于生产生活的多个领域。这些实践证明平台有助于供应链的各阶段成员间的信息共享和交流，尤其对由大量利益相关体构成的复杂的网络系统有效。毫无疑问，由众多利益相关体构成的跨行业和跨地区的旅游供应链正属于复杂的网络系统，适合信息平台充分发挥效用（如图 4-2）。下一节将基于数学建模对这一观点予以证明。

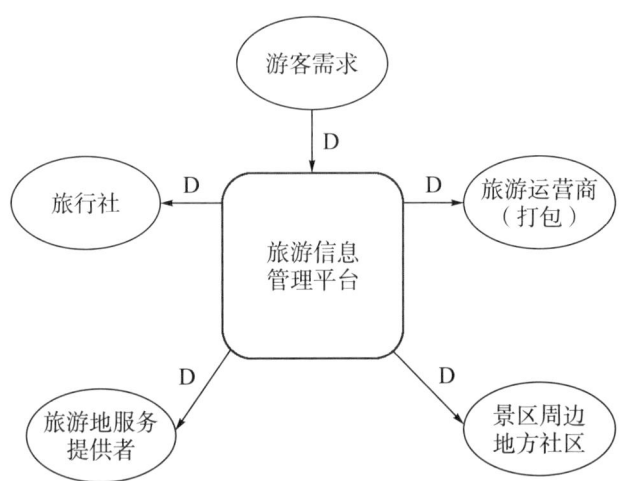

图 4-2 旅游信息平台对牛鞭效应的改善

第四节 数学建模及分析

在本节中，将考虑由旅行社、运营商、服务提供者和地方社区组成的四阶段旅游供应链平台，并以此来构建数学模型分析各阶段成员获取的游客需求信息。旅游服务和产品订购的逻辑为：运营商打包旅游服务和产品，接受旅行社订购旅游服务和产品，同时运营商将订单信息给服务提供者，服务提供者从地方社区购买一些旅游资源。在建立数学模型时，本部分做出如下假设：

（1）市场需求 d_t 服从简单平稳自相关时间序列，即 AR（1）模型

$$d_t = a + \omega \times d_{t-1} + \eta_t, t = 0,1,2,\cdots \quad (4-1)$$

式（4-1）中，a 是非负常数；ω 是自相关系数，表示在两个相邻的时间周期内消费者需求的相关性，假设 $|\omega|<1$。另外，η_t 是同分布的独立随机变量，表示市场需求的波动误差。η_t 的平均值为 0，方差为 δ^2。据此，可以得到市场需求 d_t 的平均值和方差

$$\begin{cases} E(d_t) = \dfrac{a}{1-\omega} \\ Var(d_t) = \dfrac{\delta^2}{1-\omega^2} \end{cases} \quad (4-2)$$

（2）旅游供应链上的各阶段利益相关者，包括旅行社、运营商、服务提供

者和地方社区将通过移动平均预测技术（Moving Average Forecasting Technology）来预测各自所面临的未来一段时间的服务需求。提前期为 L，需求量估计值 $\hat{d}_t^L$ 是基于游客需求量的函数。

$$\hat{d}_t^L = L \times \hat{d}_t = L \left(\frac{\sum_{i=0}^{p-1} d_{t-i}}{p} \right) \tag{4-3}$$

在式（4-3）中，$\hat{d}_t^L$ 代表提前期（L）内市场需求的估计值，p 是已经过去的需求周期的数量，用于计算需求量的平均值。

（3）旅游供应链上的各阶段利益主体将采用订货点策略（order-up-to）来安排各自对上游供应链单位的订货数量。通常认为订货点策略是应用于制造业企业的订货策略和库存管理策略，但旅行社同样存在向上游供应链的订货库存，旅行社为了避免游客数量和服务产品价格波动所带来的损失，通常会事先从运营商处购买一定量的旅游服务，这种无形的库存管理在思维层面存在同制造型企业的一致性。

$$y_t = \hat{d}_t^L + z \times \hat{\delta}_t^L \tag{4-4}$$

在式（4-4）中，y_t 是 t 时刻某成员的期望库存水平，该值是由历史数据决定的。$z \times \hat{\delta}_t^L$ 是安全库存水平，其中，z 是满足期望服务水平的常数，这里取值 0，$\hat{\delta}_t^L$ 是提前期（L）内总的需求预测标准差的估计值。基于以上分析，处于第一阶段的旅行社向第二阶段的运营商订购的旅游服务数量为

$$q_t = d_t + (y_t - y_{t-1}) \tag{4-5}$$

将式（4-3）和式（4-4）代入上面的等式可得 q_t 关于 d_t 的函数

$$\begin{aligned} q_t &= d_t + (\hat{d}_t^L - \hat{d}_{t-1}^L) = d_t + L \times \left(\frac{\sum_{i=0}^{p-1} d_{t-i}}{p} \right) - L \times \left(\frac{\sum_{i=0}^{p-1} d_{t-i-1}}{p} \right) \\ &= \left(1 + \frac{L}{p}\right) \times d_t - \frac{L}{p} \times d_{t-p} \end{aligned} \tag{4-6}$$

进一步，将式（4-1）代入式（4-6）可得

$$\begin{aligned} q_t &= \left(1 + \frac{L}{p}\right)(a + \omega \times d_{t-1} + \eta_t) - \frac{L}{p} \times (a + \omega \times d_{t-p-1} + \eta_{t-p}) \\ &= a + \omega \left[\left(1 + \frac{L}{p}\right) \times d_{t-1} - \frac{L}{p} \times d_{t-p-1} \right] + \left(1 + \frac{L}{p}\right) \times \eta_t - \frac{L}{p} \times \eta_{t-p} \\ &= a + \omega \times q_{t-1} + \left(1 + \frac{L}{p}\right) \times \eta_t - \frac{L}{p} \times \eta_{t-p} \end{aligned} \tag{4-7}$$

为了便于理解和简化运算，分别定义 η_t' 和 θ' 如下

$$\begin{cases} \eta'_t = \left(1 + \dfrac{L}{p}\right) \times \eta_t \\ \theta' = \dfrac{L}{p+L} \end{cases} \quad (4-8)$$

进而可以分别求得 η'_t 的均值和方差

$$\begin{cases} E(\eta'_t) = 0 \\ Var(\eta'_t) = \left(1 + \dfrac{L}{p}\right)^2 \times Var(\eta_t) = \left(1 + \dfrac{L}{p}\right)^2 \times \sigma^2 \end{cases} \quad (4-9)$$

据此，将式（4-7）简化后可得到

$$q_t = a + \omega \times q_{t-1} + \eta'_t - \theta' \times \eta'_{t-p} \quad (4-10)$$

可以求得 q_t 的期望值和方差如下

$$\begin{cases} E(q_t) = \dfrac{a}{1-\omega} = E(d_t) \\ Var(q_t) = Var(a + \omega \times q_{t-1} + \eta'_t - \theta' \eta'_{t-p}) \end{cases} \quad (4-11)$$

将式（4-11）移项简化后，可以得到下面的等式

$$(1-\omega^2) \times Var(q_t) = \left(1 + \dfrac{2L}{p} + \dfrac{2L^2}{p^2}\right) \times \sigma^2 - 2\omega\theta' Cov(q_{t-1}, \eta'_{t-p}) \quad (4-12)$$

由于 $p \geq 1$，所以很容易推导出下面的等式

$$Cov(q_{t-1}, \eta'_{t-p}) = \omega^{p-1} \times \left(1 + \dfrac{L}{p}\right) \times \sigma^2 \quad (4-13)$$

将式（4-13）代入式（4-12）可得

$$Var(q_t) = \left[1 + \left(\dfrac{2L}{p} + \dfrac{2L^2}{p^2}\right)(1-\omega^p)\right] \times Var(d_t) \quad (4-14)$$

如此，旅游供应链中第一阶段成员旅行社所面临的信息传递过程中的牛鞭效应可以用数学公式表示为

$$\dfrac{Var(q_t)}{Var(d_t)} = \left[1 + \left(\dfrac{2L}{p} + \dfrac{2L^2}{p^2}\right)(1-\omega^p)\right] \quad (4-15)$$

目前为止，分析可得：当旅行社面临的市场需求是简单平稳自相关时间序列 AR（1）时，如果其通过移动平均预测技术来预测游客在某时间段内的订购数量，通过订货点策略来决定其向上游运营商的旅游服务订购数量，则该订购数量将满足随机过程 ARMA（1，P）。由于在本研究的假设中，旅行社直接面向游客市场，其需求信息是直接来源于游客购买旅游服务的数量，其向运营商的服务购买量会高于实际的游客购买量，但信息在旅游供应链上的共享与否并不会对其订购数量产生影响。下面的分析中，将分别考虑信息平台植入前、信息平台植入后旅游运营商、服务提供者和地方社区所面临的信息传递过程中

的牛鞭效应,并对信息平台植入前后的牛鞭效应进行比较。

一、信息平台植入前需求信息传递质量

信息平台植入前,假设旅游供应链的各阶段成员不存在信息共享。也就是说,旅行社不会将它们掌握的真实的游客服务购买信息提供给上游运营商,运营商也不会将自己掌握的来自旅行社的订购信息分享给服务提供者,服务提供者也不会让地方社区和居民知道它们所掌握的旅游服务订购信息。

类似于旅行社,旅游运营商同样使用移动平均预测技术来预测来自旅行社的订单信息。同样,运营商使用订货点策略来决定向服务提供者订货的数量。于是可以得到运营商的需求估计值和订购数量

$$\begin{cases} \hat{d}_t^{(2)} = \dfrac{\sum\limits_{i=0}^{p-1} q_{t-i}^{(1)}}{p} \\ q_t^{(2)} = \left(1 + \dfrac{L_2}{p}\right) \times q_t^{(1)} - \dfrac{L_2}{p} \times q_{t-p}^{(1)} \end{cases} \quad (4-16)$$

很容易知道,运营商在$(t-1)$期向服务提供者订货的数量为

$$q_{t-1}^{(2)} = \left(1 + \dfrac{L_2}{p}\right) \times q_{t-1}^{(1)} - \dfrac{L_2}{p} \times q_{t-p-1}^{(1)} \quad (4-17)$$

进而,运营商在t期向服务提供者订货的数量为

$$q_t^{(2)} = a + \omega \times q_{t-1}^{(2)} + \left(1 + \dfrac{L_2}{p}\right) \times (\eta_t^{(1)} - \theta^{(1)} - \eta_{t-p}^{(1)}) -$$

$$\dfrac{L_2}{p} \times (\eta_{t-p}^{(1)} - \theta^{(1)} \times \eta_{t-2p}^{(1)}) \quad (4-18)$$

为了便于理解和简化运算,分别定义$\eta_t^{(2)}$和$\theta^{(2)}$如下

$$\begin{cases} \eta_t^{(2)} = \left(1 + \dfrac{L_2}{p}\right) \times (\eta_t^{(1)} - \theta^{(1)} \times \eta_{t-p}^{(1)}) \\ \theta^{(2)} = \dfrac{L_2}{L_2 + P} \end{cases} \quad (4-19)$$

进而运营商向服务提供者订货的数量表达式(4-18)可以简化为

$$q_t^{(2)} = a + \omega \times q_{t-1}^{(2)} + \eta_t^{(2)} - \theta^{(2)} \times \eta_{t-p}^{(2)} \quad (4-20)$$

如此,类似于旅行社,运营商对服务提供者订货的数量$q_t^{(2)}$也是一个随机过程ARMA(1,P)。于是可以计算出$\eta_t^{(2)}$的平均值和方差

$$\begin{cases} E(\eta_t^{(2)}) = 0 \\ Var(\eta_t^{(2)}) = [1 + (\theta^{(2)})^2]\left(1 + \dfrac{L_1}{p}\right)^2 \left(1 + \dfrac{L_2}{p}\right)^2 \times \sigma^2 \end{cases} \quad (4-21)$$

结合式（4-20）和式（4-21）可求得运营商所面临的信息传递过程中的牛鞭效应的数学表达式

$$\frac{Var(q_t^{(2)})}{Var(d_t)} = \left[1 + \left(\frac{2L_1}{p} + \frac{2L_1^2}{p^2}\right)(1-\omega^p)\right]\left[1 + \left(\frac{2L_2}{p} + \frac{2L_2^2}{p^2}\right)(1-\omega^p)\right] +$$

$$2\left(\frac{L_1}{p} + \frac{L_1^2}{p^2}\right)\left(\frac{L_2}{p} + \frac{L_2^2}{p^2}\right)(1-\omega^{2p}) \tag{4-22}$$

结合类似的推导，可以得出服务提供者和地方社区所面临的信息传递过程中的牛鞭效应的数学表达式如下

$$\begin{cases} \dfrac{Var(q_t^{(3)})}{Var(d_t)} = \prod_{i=1}^{3}\left[1 + \left(\dfrac{2L_i}{p} + \dfrac{2L_i^2}{p^2}\right)(1-\omega^p)\right] + 2(1-\omega^{2p})\prod_{i=1}^{3}\left(\dfrac{L_i}{p} + \dfrac{L_i^2}{p^2}\right) \\ \dfrac{Var(q_t^{(4)})}{Var(d_t)} = \prod_{i=1}^{4}\left[1 + \left(\dfrac{2L_i}{p} + \dfrac{2L_i^2}{p^2}\right)(1-\omega^p)\right] + 2(1-\omega^{2p})\prod_{i=1}^{4}\left(\dfrac{L_i}{p} + \dfrac{L_i^2}{p^2}\right) \end{cases}$$

$$\tag{4-23}$$

观察旅行社、运营商、服务提供者和地方社区的牛鞭效应的数学表达式，可以发现它们之间存在一定的规律，整理后可以推导出在信息平台植入前，旅游供应链的各阶段成员所面临的牛鞭效应的一般数学表达式

$$\frac{Var(q_t^{(k)})}{Var(d_t)} = \begin{cases} 1 + \left(\dfrac{2L_1}{p} + \dfrac{2L_1^2}{p^2}\right)(1-\omega^p), k=1 \\ \prod_{i=1}^{k}\left[1 + \left(\dfrac{2L_i}{p} + \dfrac{2L_i^2}{p^2}\right)(1-\omega^p)\right] + 2(1-\omega^{2p})\prod_{i=1}^{k}\left(\dfrac{L_i}{p} + \dfrac{L_i^2}{p^2}\right), k=2,3\cdots n \end{cases}$$

$$\tag{4-24}$$

二、信息平台植入后需求信息传递质量

信息平台植入后，游客需求信息能够在各利益相关体中实现共享，市场信息能够快速地传递给旅游供应链的各阶段成员。假设在信息传递过程中没有信息的损耗。因此，旅游运营商、服务提供者和地方社区均能够基于实际的市场需求来进行预测。以运营商为例，假设使用移动平均预测技术来预测未来一段时间的游客需求信息，用订货点策略来决定自身的服务订购数量，运营商的期望库存数量（$y_t^{(2)}$）和提前期 L 时间段内的市场需求的估计值能够做出如下表示：

$$\begin{cases} \hat{d}_t^{F_2} = \dfrac{L_2}{p} \times \sum_{i=0}^{p-1} d_{t-1} \\ y_t^{(2)} = L_2 \times \hat{d}_t \end{cases} \tag{4-25}$$

于是，可以得到运营商向服务提供者订货的数量为

$$q_t^{(2)} = q_t^{(1)} + y_t^{(2)} - y_{t-1}^{(2)} = q_t^{(1)} + \frac{L_2}{p} \times \left(\sum_{i=0}^{p-1} d_{t-i} - \sum_{i=0}^{p-1} d_{t-i-1}\right)$$

$$= \left(1 + \frac{L_1}{p} + \frac{L_2}{p}\right) \times d_t - \left(\frac{L_1}{p} + \frac{L_2}{p}\right) \times d_{t-p} \quad (4-26)$$

同理，可以得到服务提供者向地方社区订货的数量 $q_t^{(3)}$ 以及地方社区决定的旅游资源生产数量 $q_t^{(4)}$

$$q_t^{(3)} = q_t^{(2)} + y_t^{(3)} - y_{t-1}^{(3)} = q_t^{(2)} + \frac{L_3}{p} \times \left(\sum_{i=0}^{p-1} d_{t-i} - \sum_{i=0}^{p-1} d_{t-i-1}\right)$$

$$= \left(1 + \frac{L_1}{p} + \frac{L_2}{p} + \frac{L_3}{p}\right) \times d_t - \left(\frac{L_1}{p} + \frac{L_2}{p} + \frac{L_3}{p}\right) \times d_{t-p} \quad (4-27)$$

$$q_t^{(4)} = q_t^{(3)} + y_t^{(4)} - y_{t-1}^{(4)} = q_t^{(3)} + \frac{L_4}{p} \times \left(\sum_{i=0}^{p-1} d_{t-i} - \sum_{i=0}^{p-1} d_{t-i-1}\right)$$

$$= \left(1 + \frac{L_1}{p} + \frac{L_2}{p} + \frac{L_3}{p} + \frac{L_4}{p}\right) \times d_t - \left(\frac{L_1}{p} + \frac{L_2}{p} + \frac{L_3}{p} + \frac{L_4}{p}\right) \times d_{t-p}$$

$$(4-28)$$

据此，可以推断出各阶段成员的旅游服务订购数量 $q_t^{(k)}$ 的一般数学表达式为

$$q_t^{(k)} = \left(1 + \frac{1}{p} \times \sum_{i=0}^{k} L_i\right) \times d_t - \left(\frac{1}{p} \times \sum_{i=0}^{k} L_i\right) \times d_{t-p}, k = 1,2,3,\cdots$$

$$(4-29)$$

于是可以求得各阶段成员的旅游服务订购数量的方差表达式如下

$$Var(q_t^{(k)}) = \left(1 + \frac{1}{p} \times \sum_{i=1}^{k} L_i\right) \times Var(d_t) - 2\left(1 + \frac{1}{p} \times \sum_{i=1}^{k} L_i\right)\left(\frac{1}{p} \times \sum_{i=1}^{k} L_i\right) \times$$

$$Cov(d_t, d_{t-p}) + \left(\frac{1}{p} \times \sum_{i=1}^{k} L_i\right)^2 \times Var(d_t)$$

$$= \left[1 + \frac{2}{p} \times \sum_{i=1}^{k} L_i + \frac{2}{p^2} \times \left(\sum_{i=0}^{k} L_i\right)^2 - \frac{2\omega^p}{p} \times \sum_{i=1}^{k} L_i + \frac{2\omega^p}{p^2} \times \left(\sum_{i=1}^{k} L_i\right)^2\right] \times Var(d_t)$$

$$(4-30)$$

移项整理后，能够得到信息平台植入后旅游供应链的各阶段成员所面临的信息传递过程中的牛鞭效应的一般数学表达式

$$\frac{Var(q_t^{(k)})}{Var(d_t)} = 1 + \left[\frac{2}{p} \times \sum_{i=1}^{k} L_i + \frac{2}{p^2} \times \left(\sum_{i=1}^{k} L_i\right)^2\right](1 - \omega^p), k = 1,2,3,\cdots,n$$

$$(4-31)$$

三、信息平台植入前后需求信息传递质量的比较

本部分将以运营商为例,对比分析信息平台植入前后供应链各阶段成员所面临的信息传递过程中的牛鞭效应。比较的对象是牛鞭效应的绝对值。用 W 代表信息平台植入前运营商所面临的信息传递过程中的牛鞭效应,用 W' 代表信息平台植入后运营商所面临的信息传递过程中的牛鞭效应。据此可以得到信息平台植入前后运营商所面临的信息传递过程中的牛鞭效应的差值

$$\begin{aligned} W' - W &= 1 + \left[\frac{2}{p} \times (L_1 + L_2) + \frac{2}{p^2} \times (L_1 + L_2)^2\right](1 - \omega^p) - \\ &\quad \left[1 + \left(\frac{2L_1}{p} + \frac{2L_1^2}{p^2}\right)(1 - \omega^p)\right]\left[1 + \left(\frac{2L_2}{p} + \frac{2L_2^2}{p^2}\right)(1 - \omega^p)\right] - \\ &\quad 2\left(\frac{L_1}{p} + \frac{L_1^2}{p^2}\right)\left(\frac{L_2}{p} + \frac{L_2^2}{p^2}\right)(1 - \omega^{2p}) \\ &= \left[\frac{2L_1 \times L_2}{p^2} \times (\omega^p - 1) + \frac{2L_1 \times L_2^2 + 2L_2 \times L_1^2}{p^3} \times (\omega^p - 3) + \right. \\ &\quad \left. \frac{2L_1^2 \times L_2^2}{p^4} \times (\omega^p - 3)\right](1 - \omega^p) \end{aligned}$$

(4-32)

如前述假设,$|\omega| < 1$,于是可以得到关于 ω 的几个公式

$$\begin{cases} (\omega^p - 1) < 0 \\ (1 - \omega^p) > 0 \\ (\omega^p - 3) < 0 \end{cases} \tag{4-33}$$

结合式(4-32)和式(4-33)可以知道

$$W' - W < 0 \tag{4-34}$$

综上所述,信息平台植入后运营商所面临信息传递过程中的牛鞭效应小于信息平台植入前的牛鞭效应,即信息平台的植入(信息共享)的确有助于降低旅游供应链中信息传递质量。

四、参数对旅游供应链牛鞭效应的影响

了解各参数同牛鞭效应的关系,有助于更好地理解牛鞭效应的性质,从而采取适当的方式来更好地应对牛鞭效应,减轻其对各利益相关者的负面影响。本部分将通过求偏导的方法来具体分析各参数对信息传递质量的影响。为了简化运算,分别定义 A、B、C 如下

$$\begin{cases} A = 2L_1 \times L_2 \\ B = 2L_1 \times L_2^2 + 2L_2 \times L_1^2 \\ C = 2L_1^2 \times L_2^2 \end{cases} \quad (4-35)$$

进而，信息平台植入前后牛鞭效应的差值可以表达为

$$W' - W = \left[\frac{A}{p^2} \times (\omega^p - 1) + \frac{B}{p^3} \times (\omega^p - 3) + \frac{C}{p^4} \times (\omega^p - 3)\right](1 - \omega^p) \quad (4-36)$$

在此，ω 是自相关系数，表示在两个相邻的时间周期内消费者需求的相关性。在市场中，游客的需求往往呈现出一定的规律，如季节的波动规律、节假日的波动规律等，但同时，游客越来越追求个性化的旅游体验，其决策过程的自主性越来越强，这导致各时期 p 的数值的不同。这里假定其取值区间为 $-1 < \omega < 1$。p 是已经过去的周期的需求数量，用于计算需求量的估计值，其取值大于 0 且是由人决定的。针对式（4-36），两边均对 ω 求偏导可得

$$\frac{\partial(W' - W)}{\partial \omega} = (-p \times \omega^{p-1})\left[\frac{A}{p^2} \times (\omega^p - 1) + \frac{B}{p^3} \times (\omega^p - 3) + \frac{C}{p^4} \times (\omega^p - 3)\right] +$$

$$(1 - \omega^p)\left[\frac{A}{p} \times \omega^{p-1} + \frac{B}{p^2} \times \omega^{p-1} + \frac{C}{p^3} \times \omega^{p-1}\right]$$

$$= \omega^{p-1} \times \left[\frac{2A}{p} \times (1 - \omega^p) + \frac{2B}{p^2} \times (2 - \omega^p) + \frac{2C}{p^3} \times (2 - \omega^p)\right] \quad (4-37)$$

当 $0 < \omega < 1$ 时

$$\frac{\partial(W' - W)}{\partial \omega} > 0$$

当 $\omega = 0$ 时

$$\frac{\partial(W' - W)}{\partial \omega} = 0$$

当 $-1 < \omega < 0$ 且 $p = 2n$ 时，$n \in \{1, 2, 3, \cdots\}$

$$\frac{\partial(W' - W)}{\partial \omega} < 0$$

当 $-1 < \omega < 0$ 且 $p = 2n - 1$ 时，$n \in \{1, 2, 3, \cdots\}$

$$\frac{\partial(W' - W)}{\partial \omega} > 0$$

因此，信息平台减弱运营商所面临的信息传递过程中牛鞭效应的能力将随着 ω 和 p 的变化而增加或减少。具体来讲，当 $0 < \omega < 1$ 时，信息平台对牛鞭效应的减弱能力将随着 ω 的减少而增加；当 $\omega = 0$ 时，信息平台对牛鞭效应的

减弱能力将仅同 p 相关,且随着 p 值的增加而减少;当 $-1<\omega<0$ 且 p 是一个偶数时,信息平台对牛鞭效应的减弱能力将随着 ω 值的增加而增加;当 $-1<\omega<0$ 且 p 是一个奇数时,信息平台对牛鞭效应的减弱能力将随着 ω 值的减少而增加。同理,可以推断出服务提供者和地方社区具有类似的变化趋势。旅游企业应当更好地了解自身所面临的需求的内在规律,处理好 ω 和 p 之间的关系,以更好地应对信息传递过程中存在的牛鞭效应。

订货提前期又称为订货周期,属于同一概念从两个不同角度的理解。订货提前期是站在客户的角度,从发出订单到收到产品的时间段,订货周期是站在供货方的角度,从签订销售订单到完成交货的时间段。有人可能会有疑问:旅游服务属于无形的产品,如何像有形的产品一样计算出无形产品的提前期?实际上,服务行业的提前期和制造业的提前期的内涵具有一致性。以运营商为例,订货提前期为从游客向服务提供者发出订单到游客享受到该项服务的时间间隔。在旅游供应链中,各阶段利益相关者通常具有不同的提前期,但难以进行运算和比较。为便于理解,笔者假设旅游供应链上的各阶段成员的提前期均为 L,这样式(4-36)可以简化为

$$W' - W = \left[\frac{2L^2}{p^2} \times (\omega^p - 1) + \frac{4L^3}{p^3} \times (\omega^p - 3) + \frac{2L^4}{p^4} \times (\omega^p - 3)\right](1 - \omega^p) \tag{4-38}$$

两边均对 L 求偏导可得

$$\frac{\partial(W' - W)}{\partial L} = \left[\frac{4L}{p^2} \times (\omega^p - 1) + \frac{12L^2}{p^3} \times (\omega^p - 3) + \frac{8L^3}{p^4} \times (\omega^p - 3)\right](1 - \omega^p) < 0 \tag{4-39}$$

结合 ω 和 p 的取值区间和式(4-33),可以很容易判断出对 L 做偏导的正负。如式(4-39)所示,其对 L 的偏导为负,表示对于运营商而言,信息平台的植入对其信息传递过程中牛鞭效应的减弱能力将会随着提前期 L 的增加而增加。从这个角度来看,提前期越长,运营商遭遇的信息传递质量损耗就越少。但应当注意到,提前期的增加意味着从发出订单到游客体验的时间段加长,该过程中所面临的不确定性也会增加。

此外,值得注意的是,在对式(4-37)中的 p 做偏导时,得出的结果太过复杂以至于无法归纳出 p 值同牛鞭效应之间有规律的关系,这里将不再展开讨论。综上所述,可以得到如下结论:信息平台的植入能够带来旅游供应链各利益相关体间的信息共享,能够减少旅游供应链中信息传递过程的牛鞭效应,并且信息平台对牛鞭效应的这种减弱能力同 ω、p 和 L 的取值相关,从而

证明了本节初始提出的观点。

五、算例分析

在上文的分析中，已经通过数学分析的方式说明了信息共享对旅游供应链中信息传递牛鞭效应的减弱能力，本部分将结合前面的研究，给出虚构的数据，分析 ω、p 和 L 同各阶段利益相关者面临的牛鞭效应的关系。首先，针对需求的相关系数 ω 及其对牛鞭效应的影响进行分析，现假设需求周期数量 p 值为 3，各阶段利益相关者的提前期均相等，为 $L_1=L_2=L_3=L_4=2$，两个相邻时间周期内游客需求的相关系数 ω 值分别为 0.7、0.8 和 0.9。据此，可以得到表 4-1。

表 4-1 ω 及其对牛鞭效应的影响

	$\omega=0.7$			$\omega=0.8$			$\omega=0.9$		
	W	W'	W_d	W	W'	W_d	W	W'	W_d
旅行社	2.46	2.46	0	2.08	2.08	0	1.60	1.60	0
运营商	8.23	5.09	3.14	6.17	4.04	2.13	3.73	2.69	1.04
服务提供者	17.31	8.88	8.43	11.08	6.86	4.22	5.40	4.25	1.15
地方社区	39.31	13.85	25.46	21.13	10.54	10.58	8.02	6.30	1.72

根据表 4-1 可以得出如下结论：首先，无论 ω 值的大小，无论是否存在信息共享，旅游供应链各阶段成员面临的信息传递过程中的牛鞭效应将从旅行社到上游旅游服务供应单位呈现逐渐增加的趋势。①当 ω 为 0.7 且不存在信息平台时，旅行社对应的牛鞭效应为 2.46，运营商为 8.23，服务提供者为 17.31，地方社区为 39.31。②信息平台植入后存在信息共享时，旅游供应链中各阶段成员面临的信息传递过程中的牛鞭效应将减少（在本文的假设条件下，旅行社除外）。例如，当 ω 从 0.7 增加到 0.8 时，运营商对应的牛鞭效应从 6.17 减少为 4.04，服务提供者对应的牛鞭效应从 11.08 减少为 6.86。③当 ω 从 0.7 逐渐增加到 0.9 时，信息平台植入前后旅游供应链各阶段成员所面临的信息传递过程中的牛鞭效应的差异值呈现逐渐减少的趋势。以地方社区为例，当 ω 值为 0.7 时，信息平台植入前后的差异值为 25.46；当 ω 值为 0.8 时，差异值降低为 10.58；当 ω 值为 0.9 时，差异值进一步降低为 1.72。④在同等条件下，信息平台植入前后旅游供应链各阶段成员所面临的信息传递过程中的牛鞭效应差异值将从旅行社到地方社区逐渐增加。此例可以说明几个问

题：一是旅游供应链中的确存在信息传递质量现象，二是信息共享的确有助于减弱信息传递质量，三是两个相邻时间段游客需求的相关水平的确会影响到信息共享对牛鞭效应的减弱效应。

其次，针对订货提前期 L 及其对牛鞭效应的影响，假设需求周期数量 p 值为 3，ω 值为 0.9，各阶段利益相关者的提前期 L_i（$i=1$，2，3，4）分别为 2，3，4（$L_1=L_2=L_3=L_4$）。据此，可以得到表 4-2。

表 4-2 L 及其对牛鞭效应的影响

	$L=2$			$L=3$			$L=4$		
	W	W'	W_d	W	W'	W_d	W	W'	W_d
旅行社	1.60	1.6	0	2.08	2.08	0	2.69	2.69	0
运营商	3.72	2.69	1.03	5.50	4.25	1.25	8.37	6.30	2.07
服务提供者	5.40	4.25	1.15	10.34	7.50	2.84	20.67	11.84	8.83
地方社区	8.02	6.30	1.72	20.29	11.84	8.45	53.50	19.31	34.19

很容易观察到，类似于需求相关系数 ω 的情况，无论提前期 L 取值大小如何，旅游供应链从旅行社到地方社区各阶段成员所面临的信息传递过程中的牛鞭效应将逐渐增加。信息平台植入后，除旅行社外，其余各阶段利益相关者所面临的牛鞭效应值均有所减小。例如，当 L 值为 3 且不存在信息共享时，旅行社、运营商、服务提供者和地方社区所面临的信息传递过程中的牛鞭效应差异值分别为 2.08、5.50、10.34 和 20.29；信息共享后，各利益相关者对应的牛鞭效应差异值分别为 2.08、4.25、7.50 和 11.84。此外，随着提前期 L 值从 2 增加到 4，信息平台植入前后旅游供应链中各阶段成员所面临的信息传递过程中的牛鞭效应差异值同样呈现增加的趋势。例如，对于地方社区而言，当 L 值为 2 时，信息平台植入前后其所面临的信息传递质量差异值为 1.72；当 L 值变为 4 时，该差异值增加到 34.19。同样条件下，信息平台植入前后旅游供应链中各阶段成员所面临的信息传递过程中的牛鞭效应差异值从旅行社到地方社区逐渐增加。此例可以说明以下两个问题：一是在链条式的旅游网络结构中，信息无法实现完全共享，信息传递所呈现的牛鞭效应是一个必然现象；二是即便信息完全共享，但由于各利益相关者的文化、制度和行为习惯的不同，牛鞭效应也难以完全消除。

最后，在上文的数学分析中，由于式（4-38）对 p 做偏导时所呈现的结果太过复杂，而无法归纳出需求周期数量 p 同信息共享对牛鞭效应减弱能力之间的关系。这里将通过算例的方式来查看两者之间的关系。假设需求相关系数ω值为0.9，提前期$L_i(i=1,2,3,4)$为2，需求周期数量p值分别为2，3，4。据此，可以得到表4-3。

表4-3 p及其对牛鞭效应的影响

	$p=2$			$p=3$			$p=4$		
	W	W'	W_d	W	W'	W_d	W	W'	W_d
旅行社	1.76	1.76	0	1.60	1.60	0	1.52	1.52	0
运营商	5.85	3.28	2.57	3.72	2.69	1.25	2.94	2.38	0.56
服务提供者	10.95	5.56	5.39	5.40	4.25	2.84	3.96	3.58	0.38
地方社区	20.60	8.60	12.00	8.02	6.30	8.45	5.64	5.13	0.51

在该例子中，当p值为2且不存在信息平台时，运营商、服务提供者和地方社区面临的信息传递过程中的牛鞭效应差异值分别为5.85、10.95和20.60；信息平台植入（即存在信息共享）后，上述各利益相关者对应的牛鞭效应差异值分别为3.28、5.56和8.60。因此，信息平台的植入降低了各阶段成员面临的信息传递质量，减少量分别为2.57、5.39和12.00。另外发现，当p值为3时，信息平台植入前后各阶段成员所面临的信息传递过程中牛鞭效应的差异值分别为1.25、2.84和8.45；当p值为4时，此类差异值分别为0.56、0.38和0.51。由此可知，该例子中，旅游供应链各阶段成员所面临的信息传递过程中的牛鞭效应差异值随着p值的增加逐渐减小。同时值得注意的是，当p值为4时，服务提供者和地方社区在信息平台植入前后所面临的信息传递质量的差异值均小于运营商的差异值，这同ω和L的情况不同。关于需求周期数量p对信息共享的牛鞭效应减弱能力的影响，应当具体问题具体分析，此算例仅仅能够说明该特定的情况下，信息共享的牛鞭效应减弱能力同p呈现负相关的关系。

综上所述，基于供应链管理理论，本部分构建了数学模型来分析旅游供应链中各阶段利益相关者所面临的信息传递过程中的牛鞭效应，同时还分析了各参数同牛鞭效应之间的关系，并给出了算例进行验证。研究发现，信息平台（信息共享）能够很好地减弱信息在旅游供应链传递过程中的牛鞭效应，并且这种减弱能力同需求相关系数ω和提前期L的取值呈现出有规律的关系，同需求周期数量p没有固定的联动趋势。

第五章　信息技术应用与旅游目的地商业生态系统有序性

旅游目的地商业生态系统是一个复杂的非线性动态系统。由于系统的复杂性和动态性，现有的评价方法难以准确评价其运行有序性。本章试图将热力学中熵的概念引入组织管理中，希望建立一种从管理角度评估目标系统有序性的非线性动态评价方法；结合信息熵公式和旅游目的地的特点，分析旅游目的地商业生态系统中的熵流和负熵流；然后构建熵评价指标，结合层次分析法（AHP）和主成分分析法（PCA）计算各具体一级指标和二级指标的权重；最后，以九寨沟为例，对非线性动态评价方法进行了测试和改进。非线性动态评价方法不仅强调旅游目的地商业生态系统的整体运行状态和过程，而且考虑了目的地内部要素之间的非线性关系，有助于克服传统评价方法的缺陷和不足。

第一节　系统有序性及其评价方法

一、系统有序性

系统有序性（也可称之为反混沌性）是指系统内部各模块、各要素在一定的时间、空间以及相互运动中的有规则、有秩序、合规律的属性。它是维持系统的基本特征，反映了系统所具备的结构能够实现系统功能的程度，是保证系统生存和发展、衡量系统内在质量的重要指标。系统有序性的反向概念是系统无序性，通常用熵来测度。系统越混乱、越无序，系统熵值越大；系统越有序，则熵值越小。在熵理论的研究和发展过程中，克劳修斯、薛定谔、维纳、香农、哈肯等学者做出了巨大贡献。随着熵理论影响力的提升，其也逐渐引起了管理学界的重视。管理系统通常是由若干相互联系、相互作用的子系统（包括自然系统和人造系统）组成的复杂系统，各子系统相互作用、相互协调，以保持整个管理系统的有序性。随着管理系统的演进，其结构和状态也将发生变化，从而引发整个系统熵的增减变动，通过对这种熵的增减变动进行测量，可以判断出管理系统运行状态的好坏。顾昌耀、邱菀华、阎植林、任佩瑜、胡明明、蒋奇杰等国内学者在管理系统运行有序性的研究上做出了一些贡献。例如，邱菀华将熵理论应用于群决策过程，提出了群决策负熵模型（邱菀华，2008）；任佩瑜和蒋奇杰运用熵和信息熵，探讨了旅游景区管理系统的有序性问题（Jiang 等，2022）。

二、管理系统运行评价

现行的管理绩效评价方法包括关键绩效指标管理（Key Performance Indication）、目标管理（Management by Objective）、投资回收管理（Return on Investment）、六西格玛管理（Six Sigma Management）和平衡计分卡管理（Balanced Score Card）等，但这些传统的组织绩效评价方法在实践中存在着许多的问题。例如，传统方法主要是运用静态和线性技术对管理对象进行评价，并不能动态地反映出评价对象的现状和发展趋势（冯刚和任佩瑜，2010）；它们往往专注于组织中的某个特定方面（如人力资源管理、财务管理和市场营销管理），而忽略了组织内部各要素之间的相互作用关系和组织整体的运行状态。王西星和任佩瑜（2009）对现有组织绩效评价方法进行了系统的回顾和梳理，并认为组织的绩效评价应当从只有财务指标转向能够反映组织运行状态的综合指标，应当从只专注于组织运行结果的评价转向更多地强调对组织运行过程的评价。

近些年来，熵理论和耗散结构理论逐渐受到了我国学者的重视，并将其应用于管理系统运行有序性的评价中。例如，王振宇等（2022）基于系统的资源输入、转换、输出和外部环境四个要素构建科技人才政策水平评价指标体系，建立了科技人才政策的系统熵模型，并通过关联熵和运行熵来评价系统内部结构的有序性和系统运行的有序性；谭春辉等（2021）基于熵理论构建虚拟学术社区的熵流指标体系，通过测评系统有序度判定虚拟学术社区的健康状态，并预测了该虚拟学术社区的运行趋势；王翠琴等（2021）以耗散结构理论与养老保险熵变模型体系为基础，实证分析 1998—2018 年城镇职工基本养老保险系统运行状况；王成和龙卓奇（2020）通过分析乡村生产空间系统的耗散结构特征，建立了系统熵模型，运用关联熵和运行熵，从系统的主体（多元主体）、客体和环境三要素入手构建指标体系，讨论系统内部结构和运行状态的有序性；冯刚和任佩瑜（2010）基于管理熵和管理耗散理论探讨了九寨沟景区的综合绩效评价方法；吴玲等（2004）将熵理论应用于管理系统，探讨了利益相关者框架下企业综合绩效的熵值评估法。

三、基于信息熵的复杂动态系统评价

考虑 Itô 型随机非线性动力系统如下

$$dx(t) = f[x(t)dt + d\eta(t)] \tag{5-1}$$

其中，$x \in \mathbf{R}$ 和 f，η 属于标准的维纳过程，并且满足以下条件

$$\begin{cases} E[\eta(t)] = 0, E[\eta(t+s) - \eta(s)] = 0 \\ E\{[\eta(t+s) - \eta(s)]^2\} = 2Q_t \\ E\{[\eta(t_2) - \eta(t_1)] \cdot [\eta(s_2) - \eta(s_1)]\} = 0 \end{cases} \tag{5-2}$$

其中，$Q > 0$，$t_1 < t_2 \leqslant s_1 \leqslant s_2$。如果系统有解，那么 $x(t)$ 应该服从马尔可夫分布，其概率密度函数 $p(t)$ 将满足以下方程

$$\frac{\partial p(t)}{\partial t} = -\frac{\partial [f(x)p_t]}{\partial x} + Q \frac{\partial^2 p_t}{\partial x^2} \tag{5-3}$$

在能量有限的边界条件且不能变异的情况下，$\lim_{x \to \pm\infty} p_t = 0$ 和 $\lim_{x \to \pm\infty} \frac{\partial p_t}{\partial x} = 0$，因此可以得到稳态解

$$p_\infty = C \exp\left[\frac{1}{Q} \int_{x_0}^{x} f(\theta) d\theta\right] \tag{5-4}$$

其中，C 是归一化常数，由如下公式确定

$$\int_{-\infty}^{+\infty} p_\infty dx = 1 \tag{5-5}$$

进一步，如果 $x(t)$ 具有初始的概率密度函数 $p[x(t_0)] = \delta(x - x_0)$，我们可以得到稳定态的概率密度函数

$$p(x) = \int_{-\infty}^{+\infty} p_\infty p[x(t_0)] dx(t_0) = p_\infty \tag{5-6}$$

因此，可以获得系统中的稳态香农信息熵

$$H(x) = -C \int_{-\infty}^{+\infty} \left[\ln C + \frac{1}{Q} \int_{x_0}^{x} f(\theta) d\theta\right] \exp\left[\frac{1}{Q} \int_{x_0}^{x} f(\theta) d\theta\right] dx \tag{5-7}$$

因此，系统中的信息熵是根据 $f(x)$ 的不同而变化的，可以用来评估自然和社会系统的有序性。在下一节中，我们将解释如何用熵和信息熵进行这种评估，并以旅游目的地商业生态系统为例进行分析。

第二节　旅游目的地商业生态系统有序性评价原理

旅游目的地商业生态系统是一个复杂的巨系统，是一个远未达到平衡的开放系统。在演化过程中，系统不仅受到自身结构和内部因素的影响，还受到外部不确定环境和危险物质的影响。这些因素使系统的平衡状态不断被打破，总是从一种平衡状态转变为另一种平衡状态。其复杂性表现在：首先，系统中存在众多跨地区、跨行业、跨层级、跨文化的利益相关者，如游客、旅行社、运营商、地方社区和管理部门，它们都有自己的利益诉求、战略方向和管理模式。其次，所有利益相关者都面临严重的内外部不确定性，游客偏好、政治环境、交通环境、自然环境、技术环境等内外部环境的变化会对主体活动带来持续、动态的干扰。最后，旅游供应链各环节主体之间信息传递过程中的信息严重不对称，容易导致预测、决策、控制等活动的非线性，使得难以准确把握行业和市场环境。因此，不能简单地用局部的、静态的方法来对系统进行评价，因为系统整体的性质和功能，并不是由个体线性叠加而形成的（任佩瑜等，2001）。基于复杂性科学和复杂性问题而形成的管理熵综合绩效评价方法，能够更多地强调组织的整体运行状态和组织的运行过程，考虑到了组织内部各要素之间的非线性关系，能够有效地克服传统评价方法的缺陷和不足。

熵的概念源于热力学第二定律，由克劳修斯首先提出，用于评价系统的无序程度，是学术界研究复杂系统的主要理论基础之一。熵描述了一个系统的能量转换方向，即封闭系统的能量只能在衰减方向上不可逆地变换。香农将熵理论扩展到系统中组织间的信息交换，提出了信息熵的概念来度量信息来源的不确定性，从而解决了信息的量化度量问题。任佩瑜将熵的思想引入管理科学，提出了管理熵的概念，为组织的有效管理和评价提供了新的思路。

管理熵反映的是组织在一定时间和空间范围内，其运动和发展过程中的混乱和无序状态。管理耗散反映的是组织在一定条件下，从无序到有序、从较低有序到较高有序的过程。基于管理熵和管理耗散理论可以得到组织的管理效率递减规律和管理效率递增规律。具体来讲，管理效率递减规律是指组织在相对封闭（缺少同外界物质、能量和信息的交流）的情况下，总是会表现出组织管理中有效能量的逐渐减少而无效能量不断增加的过程，并且该过程是不可逆的（任佩瑜等，2013）。管理效率递减体现为组织管理熵值的增加，管理熵用

MS_1 表示。管理效率递增规律是指当组织处于远离平衡态时,其会形成管理耗散结构,组织内部各要素不断地与外部环境进行物质、能量和信息的交流,从而带来管理中的负熵,以此抵消掉管理中存在的管理熵,使得组织有序度的增加大于自身无序度的增加,最终产生新的有序和能量(任佩瑜等,2013)。管理效率递增体现为组织管理负熵值的增加,管理负熵用 MS_e 表示。

组织的管理总熵值(MS_T)为反映组织无序程度的管理熵值和反映组织有序程度的管理负熵值的总和,用数学表达式表示为

$$MS_T = MS_1 + MS_e \tag{5-8}$$

由上文的分析可知,当 $MS_T > 0$ 时,表示通过组织与外界环境交流所产生的负熵流 MS_e 小于组织内部所产生的熵流 MS_1,此时负熵流所带来的组织有序性无法抵消掉内部熵流所带来的组织无序性,组织的总体管理熵为正,组织处于无序和混乱状态。当 $MS_T < 0$ 时,表示通过组织与外界环境交流所产生的负熵流 MS_e 大于组织内部所产生的熵流 MS_1,此时负熵流所带来的组织有序性能够抵消掉内部熵流所带来的组织无序性,并且还能够促使组织朝着更为有序的方向运行。值得注意的是,只有在 $MS_T < 0$ 时才能形成组织的管理耗散结果。当 $MS_T = 0$ 时,表示通过组织与外界环境交流所产生的负熵流 MS_e 等于组织内部所产生的熵流 MS_1,此时负熵流所带来的组织有序性刚好能够抵消掉内部熵流所带来的组织无序性,组织既不会走向混乱,也不会走向有序,而是会维持现状。

这里需要指出的是,组织的负熵流并非都来自组织的外部环境,其可能的来源有两个:一是组织通过与外部环境的交流,内部要素之间相互作用,运行效率得到提升,从而带来组织内部的负熵;二是组织直接接收从外部环境流入的负熵。这两个来源构成了组织总的负熵流。另外,组织的正熵也并非都产生于组织的内部,也可能是直接从外部环境流入的正熵,同组织内部自然过程产生的熵以及管理过程中产生的熵共同构成了组织的熵流。

旅游目的地商业生态系统是一个复杂的远离均衡状态的开放系统,既有能够使系统管理无序的熵流目的地,又有能够使系统管理从无序到有序的负熵流。其中,熵流来源于以下几个方面:旅游目的地商业生态系统内部管理制度不能满足行业和时代发展的需要,从而造成成员间协调的低效化;各旅游供应链网络组织结构运行效率降低,造成目的地和游客市场的脱节;旅游信息在旅游供应链中无法快速、准确地传递,形成信息阻塞;旅游供应链网络的鲁棒性和重构能力不足,外部政治、经济、安全环境的变化会导致原有的旅游供应链的失效甚至消失;系统内的参与者及其管理人员不能很好地处理自身利益同行

业整体利益的关系，往往追求短期的效益而忽视了行业和目的地整体的发展；目的地旅游文化不能适应全球化发展的需要，变得僵化、故步自封，从而形成文化熵增。

旅游目的地商业生态系统负熵流的来源有很多，如新的游客市场的产生、新的管理部门有效的政策和旅游从业人员对于新知识的学习等。本部分专注于信息技术方面，探讨信息技术在旅游目的地商业生态系统中的应用对目的地管理效率和竞争力的影响。具体来讲，通过管理熵公式计算各个旅游目的地商业生态系统的管理熵值，并实证分析目的地的管理熵值、目的地信息技术应用情况以及目的地竞争力的表现之间的关系，可以找出信息技术的应用对目的地系统管理"有序"的影响，以及目的地管理层面的"有序"对目的地竞争力的影响。如果发现信息技术应用程度高的目的地具有相对较高的管理有序度，则证明整体上信息技术的应用的确能够正面促进目的地管理能力的提升，进而促进目的地持续竞争力的提升。

第三节 旅游目的地商业生态系统有序性评价指标

一、评价指标体系构建

管理熵研究的是组织管理运行中的整体状态，其评价的落脚点应该是组织的管理过程，而不是组织的管理结果。前面提到的关键绩效指标评价和投资回收评价都是仅针对组织运行结果的评估；目标管理和六西格玛管理尽管能够体现出对组织管理过程的评估，但仅能体现出组织的目标和产品质量层面，无法反映出组织的整体运行状态；平衡计分卡包括对组织财务、顾客、内部管理、学习与成长四个方面的考核和评估，尽管兼顾了组织的运行结果和状态，但对于非变革过程中的组织作用并不明显，并且平衡计分卡考虑的范围和指标过于复杂，需要大量关于组织经营各个领域和环节的一手资料，会给组织的评价带来极大的困难。因此，本部分对旅游目的地商业生态系统管理熵的评价，将只会专注于组织的内部管理这一最能体现出组织运行效率的维度，并据此构建目的地管理熵综合绩效评价的指标体系。

关于旅游目的地商业生态系统内部管理的运行状态，基于前文关于目的地动态能力及其与信息技术和目的地竞争力关系的实证研究，笔者将从跨组织动态协调、跨组织动态整合和旅游供应链运行效率三个方面来进行评估,即每个目的地系统的管理熵都可以通过跨组织动态协调的管理熵、跨组织动态整合的管理熵和旅游供应链运行中的管理熵三个方面来进行体现和反映。结合前文中的实证研究,可以设置旅游目的地商业生态系统管理熵综合评价的指标体系(如表5-1)。

表5-1 旅游目的地商业生态系统管理熵综合评价指标

旅游目的地商业生态系统管理熵 ME	具体评价指标
跨组织动态协调管理熵 ME_{DC}	$X11$:信任合作伙伴
	$X12$:遵守对合作伙伴的承诺
	$X13$:长期合作意愿
	$X14$:重要信息及时交流
	$X15$:定期对伙伴运行状态的评估
跨组织动态整合管理熵 ME_{DI}	$X21$:旅游目的地商业生态系统内的信息整合
	$X22$:旅游目的地商业生态系统内的系统整合
	$X23$:旅游目的地商业生态系统内的机制整合
	$X24$:旅游目的地商业生态系统内的商业行为整合
	$X25$:系统内参与者同系统外利益相关者的信息整合
	$X26$:系统内参与者同系统外利益相关者的系统整合
	$X27$:系统内参与者同系统外利益相关者的机制整合
	$X28$:系统内参与者同系统外利益相关者的商业行为整合
旅游供应链运行效率管理熵 ME_{SCP}	$X31$:信息传递质量
	$X32$:供应链网络的鲁棒性
	$X33$:需求预测准确性
	$X34$:决策质量
	$X35$:服务提供柔性

二、评价公式解释

任佩瑜等(2001;2013)在克劳修斯状态熵公式的基础上,提出了组织管理过程中的管理熵的数学表达式

$$MS = \sum_{i=1}^{n} K_i S_i \qquad (5-9)$$

其中，i 为影响组织整体管理熵值的各种因素；n 代表因素的个数，在这里具体表现为跨组织动态协调、跨组织动态整合和旅游供应链运行效率三个方面；K_i 为对组织进行管理熵评价时，各类具体因素的权重，权重的总和为1；S_i 为各种影响因素所产生的熵值。需要指出的是，这里各具体因素相对于组织总体管理熵的权重会采用层次分析法（Analytic Hierarchy Process，AHP）权重判断矩阵来进行确定，各具体指标相对于各因素的权重将根据前文的主成分分析来确定。进一步，各具体因素的熵值表达式为

$$S_i = -K_B \sum_{j=1}^{m} P_{ij} \ln(P_{ij}) \qquad (5-10)$$

其中，K_B 为管理熵系数，含义为组织所处的行业中，每增加一单位的收益，行业组织所需要追求的平均成本值，该系数用于对处于不同行业的组织的管理熵的比较，即行业转换系数；j 表示管理熵的每个影响因素的具体观测指标的个数。在这里，影响因素跨组织动态协调的观测指标有5个，影响因素跨组织动态整合的观测指标有8个，影响因素旅游供应链运行效率的观测指标有5个；P_{ij} 为每个子因素影响组织熵值变化的概率，满足 $\sum P_j = 1$。根据以上两个数学公式，可以计算出每个旅游目的地商业生态系统各影响因素的管理熵值以及整体的管理熵值。

三、指标权重确定

各具体评价指标相对于旅游目的地商业生态系统管理熵值的权重由两部分构成：一部分是三类一级评价指标（跨组织动态协调的管理熵、跨组织动态整合的管理熵和旅游供应链运行效率的管理熵）相对于旅游目的地商业生态系统整体管理熵的权重；另一部分是各具体评价指标相对于各对应的一级评价指标的权重。两部分权重的乘积则为各具体指标对于目的地整体管理熵的权重，如信任合作伙伴对目的地管理熵的权重＝信任合作伙伴对跨组织动态协调管理熵的权重×跨组织动态协调管理熵对目的地管理熵的权重。

1. 一级指标权重

首先，使用AHP的判断矩阵来刻画各一级指标相对于目的地管理熵的权重。AHP是著名运筹学家萨蒂（Thomas L. Satty）于20世纪70年代提出来的，它是一种定性和定量相结合的能够应用于多目标、多层次、多要素、多准则的分析和决策方法，自提出以来被学术界和实践领域广泛地用于指标的层次

权重分析。具体来讲,其计算步骤为:

(1)建立层次结构模型(如图5-1)。即将研究和决策中涉及的概念按照相互之间的关系划分为最高层、中间层和最底层,这里仅是针对一级评价指标的权重进行分析,因此需要考虑的结构模型有两层,最高层即目标层,为旅游目的地商业生态系统中的整体管理熵,最底层为因素层,即跨组织动态协调、跨组织动态整合和旅游供应链运行效率。

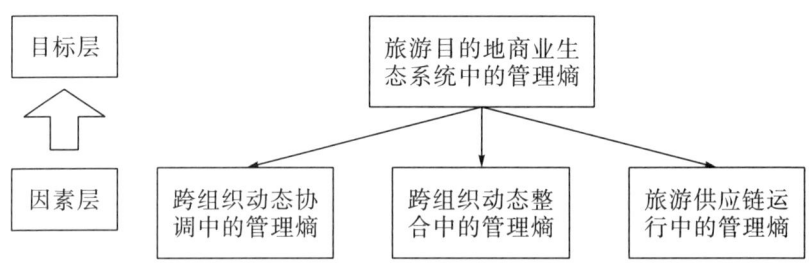

图5-1 层次分析法建立的结构模型

(2)构造判断矩阵。根据萨蒂的意见,对所有因素进行两两比较,比较时采用相对尺度,以减少性质不同因素相互比较的困难性,从而提高权重分析的准确性。具体来讲,比较两个因素相对于决策目标重要性时,可以按照下述标度进行赋值:1代表相比于上一层指标,两个指标同等重要;3代表两个指标相比于上一层指标,前者比后者稍重要;5代表两个指标相比于上一层指标,前者比后者明显重要;7代表两个指标相比于上一层指标,前者比后者强烈重要;9代表两个指标相比于上一层指标,前者比后者极端重要;另外,2、4、6、8表示上述标度值之间的中间值。本研究中两两因素之间的对比评价值由本研究组成的专家团队讨论得到,具体赋值情况见表5-2。

表5-2 一级评价指标两两重要性赋值情况

一级评价指标	ME_{DC}:跨组织动态协调	ME_{DI}:跨组织动态整合	ME_{SCP}:旅游供应链运行效率
ME_{DC}:跨组织动态协调	1	1	1
ME_{DI}:跨组织动态整合	1	1	1
ME_{SCP}:旅游供应链运行效率	1	1	1

根据专家赋值情况可知,三类影响因素在对应于目的地管理熵上均具有相同的重要性。由此,可得到一级指标的成对比较矩阵如下

$$A = \begin{Bmatrix} 111 \\ 111 \\ 111 \end{Bmatrix} \quad (5-11)$$

接着，计算判断矩阵的特征向量和指标权重。具体来说，我们对矩阵的列求和，每列的值为 3。然后我们对每列进行规范化，即将每列中的特定数字除以每列的总和。计算公式如下

$$B_{ij} = \frac{A_{ij}}{\sum A_{ij}} \quad (5-12)$$

其中，$\sum A_{ij}$ 是每列的数量之和，归一化矩阵可以计算为

$$B = \begin{Bmatrix} \frac{1}{3} & \frac{1}{3} & \frac{1}{3} \\ \frac{1}{3} & \frac{1}{3} & \frac{1}{3} \\ \frac{1}{3} & \frac{1}{3} & \frac{1}{3} \end{Bmatrix} \quad (5-13)$$

观察归一化矩阵 B，我们可以得到所有列的总和为 1。然后，矩阵的特征向量，即包含三个数字的纵向量，可以通过对归一化矩阵 B 的每一行求和来获得。此外，通过归一化特征向量可以获得目的地熵的三个因子的权重。

进一步，通过一致性检查验证了所获得的 3 个因子权重的有效性。例如，如果因子 X 比因子 Y 更重要，因子 Y 比因子 Z 更重要，则因子 X 应该比因子 Z 更重要。否则，赋值矩阵不具有内部一致性，并且无法使用权重。具体来说，需要计算判断矩阵的最大特征值，计算公式如下

$$\lambda_{\max} = \sum \frac{(AW)_i}{nW_i} \quad (5-14)$$

其中 AW 是判断矩阵 A 乘以权重矩阵 W，很容易知道 AW 是一个有三个数字的列向量，每列的值为 $1\left(1 \times \frac{1}{3} + 1 \times \frac{1}{3} + 1 \times \frac{1}{3}\right)$。而 n 是判断矩阵的阶数，是 3，对应的权重是 $\frac{1}{3}$。因此 nW_i 等于 1，计算过程见表 5-3。

表 5-3 最大特征值的计算过程

W	AW	nW_i	λ
$\frac{1}{3}$	1	1	1

续表

W	AW	nW_i	λ
$\frac{1}{3}$	1	1	1
$\frac{1}{3}$	1	1	1

根据公式，判断矩阵的最大特征值为 3，具体指标为一致性指标 $C.I.$、平均随机一致性指标 $R.I.$ 和一致性比例 $C.R.$。具体计算公式为

$$C.I. = \frac{\lambda_{\max} - n}{n - 1} \tag{5-15}$$

很容易知道，一致性指标 $C.I.$ 是 0。此外

$$C.R. = \frac{C.I.}{R.I.} \tag{5-16}$$

其中，$R.I.$ 是本研究中的三阶判断矩阵。三阶 $R.I.$ 值可以在刻度中找到，为 0.52（见表 5-4）。综上所述，$C.R.$ 为 0，小于 0.1，说明本研究的判断矩阵通过一致性检验。

表 5-4 维度和 $R.I.$

维度	1	2	3	4	5	6	7	8	9
$R.I.$	0	0	0.52	0.89	1.12	1.26	1.36	1.41	1.46

注：$R.I.$ 值为 1000 次重复计算后的结果

2. 二级指标权重

本研究试图通过主成分分析（PCA）确定各二级指标相对于相应因素的权重。具体来说，PCA 是将大量相互关联的观测指标通过线性组合的方式分解为若干个相互独立的新变量，有助于以相对较少的主成分反映尽可能多的信息，达到合理简化分析和讨论研究问题的目的。具体来讲，是利用 SPSS 20.0 对动态协调的五个观测变量进行因子分析。结果表明，其 KMO 为 0.792，符合小于 0.6 的标准，仅产生一个大于 1 的特征值。相应的方差解释为 70.905%。根据各指标的因子载荷和特征值计算各观测指标主成分对应的系数。指标系数为因子负荷同特征根开方的比值，即如果从协调到信任的因子负荷为 0.848，特征根值为 3.545，系数的取值将为 0.45。类似地，可以计算其他指标的系数。值得注意的是还应考虑每个特征值的方差解释（VI），考虑方差解释后，各系数的计算方法为

$$C_{VI} = \frac{\sum C \times VI}{T_{VI}} \qquad (5-17)$$

其中，C_{VI}为考虑方差解释的系数，T_{VI}为总的方差解释量。

例如，在考虑主成分的方差解释量后，从协调到信任的系数将为 $\frac{0.45 \times 70.905\%}{70.905\%} = 0.45$。同样，也可以得到其他评价指标的相应系数。需要指出的是，所有评价指标的权重之和为1，因此有必要在上述系数的基础上对数值进行归一化。最后，配位因子评价指标的权重可以得到表5-5所示结果。

表5-5 跨组织动态协调指标的权重计算

指标	因子负荷	考虑特征根	考虑方差解释	归一化处理后
$X11$	0.848	0.450	0.450	0.202
$X12$	0.892	0.474	0.474	0.212
$X13$	0.870	0.462	0.462	0.207
$X14$	0.797	0.423	0.423	0.189
$X15$	0.798	0.424	0.424	0.190

使用相同的方法，还可以计算出跨组织动态整合的八个评价指标和旅游供应链运行效率的五个评价指标的权重（见表5-6和表5-7）。

表5-6 跨组织动态整合指标的权重计算

指标	因子负荷		考虑特征根	考虑方差解释	归一化处理后
	1	2			
$X21$	0.689	−0.459	0.331，−0.424	0.170	0.076
$X22$	0.740	−0.374	0.356，−0.347	0.206	0.092
$X23$	0.797	−0.335	0.383，−0.310	0.235	0.105
$X24$	0.796	−0.264	0.383，−0.244	0.249	0.111
$X25$	0.725	0.317	0.349，0.292	0.337	0.151
$X26$	0.695	0.495	0.334，0.457	0.360	0.161
$X27$	0.715	0.511	0.344，0.472	0.371	0.166
$X28$	0.718	0.182	0.345，0.168	0.308	0.138

表 5－7 旅游供应链运行效率指标的权重计算

指标	因子负荷	考虑特征根	考虑方差解释	归一化处理
$X31$	0.780	0.399	0.399	0.179
$X32$	0.838	0.430	0.430	0.192
$X33$	0.908	0.466	0.466	0.209
$X34$	0.923	0.473	0.473	0.212
$X35$	0.904	0.463	0.463	0.208

因此，每个指标相对于目标熵的权重可以通过将一阶权重乘以二阶权重来计算。例如，从动态协调到信任的权重为 0.202，从目标熵到动态协调的权重为 $\frac{1}{3}$，因此从信任到目标熵的综合权重约为 0.0673。很容易观察到，从承诺到协调的权重和从决策质量到灵活性的权重值最大 (0.0707)，从内部信息集成到集成的权重最小 (0.0253)。

3. 评估价值的确定

通过将组织在该指标上的具体绩效与行业参考值（即行业在该指标上的平均值）进行比较，可以得到评价值，用实际观察值同参考值的比值来计算。

这些年来，笔者调查了 279 个不同的旅游目的地，通过计算每个目的地在该指标上的平均值，可以确定参考值

$$\frac{\sum_{i=1}^{279}(X11)}{279} = \frac{881}{279} \approx 3.1577 \tag{5-18}$$

第四节　案例分析

一、案例地介绍

九寨沟自然风景区（以下简称九寨沟景区）位于中国西南部，距成都约 400 千米，被列入"世界自然遗产""人与生物圈保护区""绿色环球 21"，成为具有独特科学和审美价值的世界级旅游胜地。九寨沟是我国较早一批进行智慧化（数字化）建设的旅游景区。早在 2001 年，九寨沟景区管理部门就开始

进行"数字九寨"的建设，相继开通了网上订票、客流智能监控、智能环境监测、观光车卫星定位等多个数字化工程。"数字九寨"的突出特点在于创新性地建立了"资源保护数字化、运营管理智能化、旅游服务信息化、产业整合网络化"集成应用体系。2009年，四川大学工商管理学院（现为商学院）任佩瑜教授团队开始承担一项科技部重点项目，积极探索九寨沟景区的智慧化道路，包括智慧门禁系统、智慧导览系统、智慧监控系统等。因此，九寨沟景区是较为理想的案例分析对象。

二、案例地商业生态系统熵的计算

九寨沟景区的管理层与笔者的团队合作约 10 年，帮助笔者获取相关信息和数据。笔者在 2019 年 10 月 10 日至 10 月 20 日进行了调查，熵的计算过程可以在表 5-8 中观察到。结果表明：跨组织动态协调管理熵为 -0.0547，跨组织动态整合管理熵为 -0.018，旅游供应链运行效率管理熵为 0.0038，九寨沟景区综合熵为 -0.0689，说明九寨沟景区正朝着有序方向发展。

表 5-8 九寨沟景区旅游目的地商业生态系统管理熵计算

因子	指标	综合权重	观察值	参考值	评估值	熵
跨组织动态协调管理熵	X_{11}	0.0673	4	3.1577	1.2667	-0.0202
	X_{12}	0.0707	4	3.0824	1.2977	-0.0239
	X_{13}	0.0690	4	3.0430	1.3145	-0.0248
	X_{14}	0.0630	3	3.4803	0.8620	0.0081
	X_{15}	0.0633	3	3.3405	0.8981	0.0061
跨组织动态整合管理熵	X_{21}	0.0253	3	4.0430	0.7420	0.0056
	X_{22}	0.0307	4	3.9176	1.0210	-0.0007
	X_{23}	0.0350	5	4.1971	1.1913	-0.0073
	X_{24}	0.0370	5	4.0896	1.2226	-0.0091
	X_{25}	0.0503	5	3.6810	1.3583	-0.0209
	X_{26}	0.0537	3	3.6989	0.8110	0.0091
	X_{27}	0.0553	3	3.6057	0.8320	0.0085
	X_{28}	0.0460	4	3.7491	1.0669	-0.0032

续表

因子	指标	综合权重	观察值	参考值	评估值	熵
旅游供应链运行效率管理熵	$X31$	0.0597	3	3.0251	0.9917	0.0005
	$X32$	0.0640	3	3.1039	0.9665	0.0021
	$X33$	0.0697	3	2.9140	1.0295	−0.0021
	$X34$	0.0707	3	3.0180	0.9941	0.0004
	$X35$	0.0693	3	3.1326	0.9577	0.0029
总值		1				−0.0689

本研究将熵函数应用于旅游目的地商业生态系统评价，建立综合熵指数来评价非线性动态旅游目的地系统的有序性。与传统方法相比，熵评价具有一些优势。例如，熵研究组织运行的整体状态，它的评价侧重于管理过程而不是结果。熵函数的应用不仅强调了旅游目的地商业生态系统的整体运行状态和过程，而且考虑了目的地内部要素之间的非线性关系，有助于克服传统评价方法的缺陷和不足。更重要的是，它可以很容易地被用于组织管理实践中，以评估即时的运营状况。

第六章 信息技术对旅游目的地竞争力的作用机制

第一节 旅游目的地竞争力与动态能力理论

一、旅游目的地竞争力基本概念

近年来,旅游业的迅猛发展给许多旅游目的地带来了大量直接旅游收入,同时也促进了旅游目的地经济结构的转型升级和社会的发展。正是看到了区域发展的机会,众多地区都积极开发旅游资源,以便吸引更多的游客、获取收益,提升旅游目的地的竞争力,但往往忽略了旅游市场的真正需求和自身旅游资源的挖掘。国内众多旅游目的地的开发和管理存在众多的问题:旅游目的地市场化程度较低,旅游目的地开发经营模式不合理,大量雷同的旅游服务和产品造成了目的地之间的恶性竞争。这些问题警示我们,真正认清一个旅游目的地的竞争力构成、来源和驱动力,对于旅游目的地的开发和管理极为重要。因此,旅游目的地竞争力成为实践领域和学术领域都关注的主题,对此的研究具有重要的理论和现实意义。

d'Hauteserre(2000)认为,旅游目的地竞争力指某个旅游目的地能够在较长的一段时间内维持甚至提升其市场地位和市场份额的能力。该定义仅仅焦距于旅游目的地的市场表现,而忽略了旅游目的地其他利益相关者的发展,如地方社区、旅游企业和自然环境。众多学者认为,旅游目的地竞争力应当综合反映旅游目的地在为游客提供旅游服务时的综合能力。具体来讲,旅游目的地竞争力指通过协调相关者利益、整合多种资源快速响应市场需求的能力,相较于竞争对手对游客具有更强吸引力的能力,为当地社区、政府和相关利益主体持续创造财富和福利的能力,以及保证旅游生态环境持续性发展的能力(Crouch,2011)。但值得注意的是,目前大多数关于旅游目的地竞争力的研究主要强调旅游目的地范围内的各类因素，而忽略了整个营销渠道和旅游服务供应链的协调与整合（Jiang 和 McCabe，2021）。要实现旅游目的地的"又好又快"发展，必须转变发展思路，立足整个旅游供应链和旅游商业生态系统，提升旅游目的地的综合竞争力，实现各环节协同发展和旅游目的地可持续发展。同时，研究者需要重点关注旅游目的地如何才能改进旅游服务和产品，提升游客体验质量，以及为地方社区持续创造财富和收益。然而，现有研究在努力实现这些宏观经济层面的产出时，对与旅游目的地竞争力相关的管理要素没有给予应有的重视，这是本章将要关注的焦点问题，即如何从管理层面来理解旅游目的地竞争力的提升问题。

二、旅游目的地竞争力评价体系

竞争力评价体系是旅游目的地研究的关键领域，既为进一步的实证类研究做了铺垫，又能够指导旅游目的地的旅游管理实践活动，具有重大的理论和现实意义。知名旅游学者 Buhalis（2000）认为，旅游目的地的成功取决于六大关键性资源的发展状态，分别是旅游吸引物的状态（Attractions）、旅游目的地的可到达性（Accessibility）、旅游服务各要素的便利性（Amenities）、对旅游服务和产品的包装和整合能力（Available Packages）、各类旅游活动的实施能力（Activities）以及支持性服务的状态（Ancillary Services）。如果旅游目的地能够在这六个方面都做到高水平，那么该旅游目的地在旅游市场的竞争力将会得到很大的提升。

国内学者邵革军（2014）将旅游目的地竞争力指标分为指示性指标和分析性指标。其中，指示性指标包括目的地旅游业绩指数、游客满意度和目的地居民生活水平指数。进一步细分，旅游业绩指数包括旅游人数增长率、旅游收入和目的地旅游消费、市场份额等。目的地旅游消费包括途中的往返交通，行程日的食宿，目的地娱乐和购物等活动产生的费用。游客满意度是指目的地服务水平满足游客偏好的程度，具体还可以包括游客重游率、熟人推荐率、投诉率等。目的地居民生活水平指数具体包括旅游带来的就业率、外来投资额度、目的地对旅游发展的支持程度等。分析性指标包括居民的友好程度和目的地管理部门的管理水平。其中，居民的友好程度包括居民对待游客的态度、对旅游发展的态度、居民和游客沟通的难易度、居民对旅游活动的满意度；旅游目的地管理部门的管理水平包括旅游目的地的规划和开发、管理机构的组织与协调、监控和评估信息服务和环境保护。

黄松等（2017）从旅游经济发展竞争力、旅游科技创新竞争力、旅游发展潜力竞争力、旅游环境支撑竞争力和旅游发展保障竞争力五个维度,构建了我国智慧旅游城市的旅游目的地竞争力评价模型(BP 神经网络模型),并运用该模型对北京等 12 个城市的智慧旅游指数进行了计算和分析。

Mazanec 和 Ring(2011)系统地分析了旅游目的地竞争力的相关文献并归纳出旅游目的地竞争力领域现有的研究成果及未来的发展路径。他们认为,提升旅游目的地竞争力应当着重注意游客和地方社区的福利。地方居民生活水平和生活质量的提升是旅游目的地竞争力的重要体现(Dwyer 和 Kim,2003;Ritchie 和 Crouch,2003),这能够通过多类型旅游活动的开展,为游客提供满意的旅游体验和增加区域的财富创造来加以实现(Dwyer et al.,2009)。

由此,本章将从以下三个方面来分析旅游目的地竞争力的具体表现:一是旅游目的地在旅游市场上的吸引力能够为游客提供满意的旅游体验,保持良好的市场形象和名声,维持乃至增加游客数量,提高旅游收入(d'Hauteserre,2000)。Ritchie 和 Crouch(2000)认为,真正具有竞争力的旅游目的地是能够给游客提供一次满意的、令人难忘的经历,且有日益增长的吸引力。某种程度上讲,能够吸引目标市场的潜在游客并能提供相应的旅游服务和产品,以满足游客变动的偏好和多样化的需求,是旅游目的地竞争力的最终体现。因此,旅游目的地管理部门在规划和打造旅游目的地过程中,应当设身处地地考虑游客的需求和偏好,实时关注游客对旅游体验活动的偏好、感知和期望,以及时开发满足游客需求的产品,提升目的地市场形象(Ritchie 和 Crouch,2000)。

二是居民对待旅游开发的态度也是影响旅游目的地规划和政策考量的重要因素,会影响到目的地的持续发展、市场营销的效果以及现存的和未来的旅游项目。旅游目的地周边居民能够同游客面对面的交流,其对游客的友好态度和行为,会很大程度影响游客在旅游目的地的旅游体验质量和满意度。而且游客也愿意更多地同旅游目的地当地居民接触和沟通,了解当地民俗民风,因此,旅游目的地周边居民对旅游开发的态度必须引起足够的重视。Hwang 等(2012)认为,必须让居民全面了解目的地旅游开发活动的正面意义,其对旅游开发的支持会促进旅游项目的持续性。某种程度上讲,得到地方社区和居民支持的旅游目的地往往更具有亲活力和吸引力;得不到地方社区和居民支持的旅游目的地,其市场形象和持续竞争力会大打折扣。另外,旅游目的地管理具有三个基本任务:第一,旅游目的地在开发和运营中,要通过合理的计划、组织、指挥、协调和控制,给地方社区和居民带来一定的经济效益,以提升地方居民的生活质量和幸福感。第二,要通过对旅游目的地合理的规划,制定合适的战略措施,增强旅游目的地的可持续发展能力。旅游目的地开发很容易导致对当地社会文化和生态环境的破坏（Ritchie 和 Crouch，2000），因此，必须强调环境保护对于维持和提升旅游目的地竞争力的重要性（Mihalic，2013），必须强调旅游目的地环境的可持续发展。第三，旅游目的地开发不能仅仅着眼于旅游本身，还要放眼于旅游的支持产业，形成以旅游业为核心的带动相关产业发展的经济增长形式。

三是旅游目的地开发模式能够为旅游企业和相关服务单位带来持续的经济收益。旅游目的地管理部门通过计划、组织、指挥、协调和控制等职能来整合旅游目的地的各种资源，协调利益相关者和多种产品，高效地为地方政府和经营者创造更多的财富，使旅游目的地持续发展得到宏观和微观环境的双重支撑。企业是市场经济的基本元素，旅游目的地的旅游开发和经营并非仅是管理部门关心的问题，还有大量的从事旅游相关的企业共同为提升旅游目的地的市场竞争力而努力。旅游企业的活跃程度很大程度上决定着旅游目的地的旅游活跃程度，而旅游企业的活跃需要经济获益作为保障。因此，旅游企业的盈利能力应当被纳入目的地竞争力的重点考虑范畴。综上，本部分将选择游客（市场）、地方社区（居民）和旅游企业三个旅游目的地的核心利益相关者作为研究对象，以此来分析旅游目的地竞争力的表现。

三、动态能力对竞争力的重要性

对于旅游业来说，旅游供应链网络是一个复杂的动态系统（Jiang 和 McCabe，2021），由众多旅游服务提供商、运营商、代理商、游客和旅游社区等利益相关者组成，共同努力整合网络内部旅游资源和行为方式，为游客提供有价值的旅游体验。在整个过程中，存在着巨量的信息流和众多的不确定性，旅游目的地的战略管理如果仅局限于目的地本身范围，管理者以静态的眼光看待旅游发展的问题，将导致旅游目的地的服务同游客的需求脱节，不利于旅游目的地的长远发展。同时，游客需要的个性化和旅游企业外包业务的发展，促使旅游供应链必须快速应对市场需求和商业环境变化，提升动态能力，应对环境不确定性和风险（Merschmann 和 Thonemann，2011）。在很长一段时间里，游客同旅游目的地的旅游服务显得特别有距离，批量式的进进出出难以给游客带来更多深切的感受和体会，对每一位游客而言，其享受到的均是固定的旅游服务和产品，影响了游客的旅游体验质量。如今，千篇一律的旅游服务和产品已经让游客有所厌倦，市场期待一些新颖的、游客未曾感受过的旅游目的地，这也是越来越多的游客选择出境旅游的原因。如果国内的旅游目的地依然采用这种复制式的开发和经营模式，最终的结果只能是国内旅游市场整体的萧条。

因此，旅游目的地相关单位一定要时时刻刻保持同游客的接触和沟通，把握游客多样化的、快速变化的旅游需求，更新自身对旅游本身的认识和对游客的了解。

在选择组织竞争力形成的相关理论时，笔者考虑了资源基础理论和演化经济理论。从整体上讲，两者都提供了一个框架来分析组织如何获得相对于其他组织的竞争优势，但它们都没有解释组织如何在一个快速变化的、不确定性极高的环境中维持这种竞争优势，以快速提升整体组织绩效（Eisenhardt 和 Martin，2000）。鉴于旅游业属于高度信息密集的服务业，旅游供应链网络具有复杂性、易变性、无形性等众多特征，同时又面临着行业、技术和市场的高度不确定性环境，必须以动态的视角来看待旅游供应链各阶段成员合作的问题，以长远的眼光来看待旅游目的地竞争力发展的问题。因此，笔者尝试寻找一种更符合旅游业实际情况的理论作为研究的基础。

在快速变化的市场环境中（如消费者需求、生产和经营技术、竞争对手策略），组织如何才能赢得、维持和提升市场竞争力和竞争优势？动态能力理论对此给出了很好的回应。动态能力是指组织通过整合、建立和重构内外部资源以应对快速变化的市场环境的能力（Teece 等，1997）。具体来讲，这里的动态性强调组织能够不断创造出新的能力以适应快速变化中的商业环境，能力维度则强调战略管理在合理适应、整合和重构内外部组织技能中的关键性作用（Teece 等，1997）。动态能力理论综合了资源基础理论和演化经济理论的优势，专注于组织进步和创新的动态视角（Eisenhardt 和 Martin，2000），其目的在于解释组织应该如何调整他们的现有资源以适应行业环境和市场环境的变化，努力提供市场需要的产品并维持竞争力以提升组织绩效（Jiang 和 McCabe，2021）。

有很多学者在研究中将能力发展作为信息技术与组织运行的中间变量，认为能力是导致组织绩效和竞争力提升的直接动力，而信息技术有助于组织培育出多种能力（Buhalis，2020）。更具体地讲，信息技术将通过企业同合作伙伴的协调能力和整合能力来提升自身的绩效和市场竞争力。当某种能力能够很好地应对组织所面临的内外部环境变化，为组织提供动态的进步和战略的眼光时，就认为该种能力是动态的（Buhalis，2020）。尽管动态能力理论最初是用于研究单个公司成功与失败的原因，但由于其在理解组织运营绩效方面具有的突出理论意义，近年来被广泛应用于探索跨组织层面（供应链）的能力属性（Beske，2012；Beske 等，2014；Hong 等，2018）。如今，动态能力理论被很多学者用来作为信息技术的实施对组织绩效和竞争力影响的理论基础，如

Rajaguru 和 Matanda（2013）认为信息技术将通过供应链协调能力、整合能力来实现供应链运行效率和竞争力的提升。

旅游业是信息密集的行业，旅游目的地商业生态系统是跨地区、跨行业的囊括众多旅游参与者的高度复杂和动态的服务生产和供应链网络，面临着众多的内外部环境不确定性和潜在风险（Crouch，2011）。动态能力能够让组织不断进步和创新，不断调整组织运行规则和商业活动，以适应快速变化的内外部复杂环境。因此，将动态能力理论应用于旅游目的地管理既符合旅游行业特征，又是信息技术迅猛发展的要求。然而，现有的文献很少从管理的视角来理解旅游目的地商业生态系统中的动态能力内涵。笔者将以动态能力理论为基础，深入剖析信息技术与旅游目的地竞争力表现之间的作用关系，构建起管理视角的旅游目的地竞争力模型。

四、动态能力理论的内涵与构成要素

动态能力理论的发展为本研究提供了理论基础，它能够很好地克服旅游目的地竞争力内外要素的复杂属性。具体来讲，动态能力理论是建立在资源基础理论的基础上，同时吸收了演化经济理论的动态思想，已经被各领域学者广泛接受并用于探索组织的持续竞争力问题。例如，Teece 等（1997）指出，动态能力理论有助于解释看似微小的技术变化为何以及如何能够对组织的市场竞争力产生惊人的影响。毫无疑问，从管理科学的视角来看待旅游目的地竞争力问题，能够帮助我们更深入地理解和把握该问题带来新的思路。因此，本研究的目的就是要从管理的视角，分析影响旅游目的地竞争力持续发展的动态能力及其相互关系，并通过实证来予以检验和调整。

动态能力的内涵是丰富的，学者们从不同的角度来理解。基于资源的优化配置，Teece 等（1997）认为动态能力是组织获取、整合和重新配置内外部资源以适应快速变化的内外部环境的能力。从组织作业的角度，Eisenhardt 和 Martin（2000）认为动态能力表现为组织具有明确的作业流程和常规惯例，让每个成分都能各司其职，同上下环节进行合理的衔接，以有效应对不确定事件。如果从结果来进行评价，当某种能力能够为组织提供动态的进步和战略的眼光时，这种能力就可以被认为是动态的。供应链层面的动态能力，指能够根据组织自身情况并结合行业和市场变化，创造组织之间新的合作模式，以更好地应对供应链所面临的挑战的能力。Beske 是研究供应链层面动态能力的先驱。他认为供应链动态能力（Supply Chain Dynamic Capability）是供应链网络系统应对市场波动、参与快速创新竞争和处理内部复杂关系的能力（Beske，

2012;2014)。尽管现有文献关于动态能力的构成成分和要素的研究尚未达成定论,各自的表述有所不同,但这些概念有其内在的一致性,即动态能力是基于单位间的良好沟通、成员间的信任与承诺以及系统和机制的整合,而形成的能够很好地应对内外部环境不确定性以维持组织竞争力的战略能力。

进一步,关于动态能力的构成要素,Cao 和 Ramesh(2007)强调成员间信息共享和协调,认为其是组织及时响应市场需求以赢得和维持竞争优势的基础。旅游业具有众多的跨地区的利益相关者,也就具有众多的信息源和信息传递过程,因此,信息流是旅游供应链的重要核心。如果多个信息节点之间的信息传递不畅通,将严重影响到旅游单位(尤其是旅游供应链上游单位)的市场预测和决策制定的准备性。在散客时代,信息传递的及时性、准确性和完整性极大影响到旅游目的地服务和产品的提供能力和满足游客个性化需求的能力。据此,旅游目的地商业生态系统中的动态能力必然强调成员间的信息共享和跨组织协调。Petroni(1998)则认为整合能力是形成组织动态能力的基础,通过整合组织间相关资源、信息和知识,能够有效提升组织竞争力和绩效。旅游目的地商业生态系统并非具有独立法人资格的组织,而是由众多实行自负盈亏、自我发展的具有独立法人资格的旅游单位构成的概念性的商业网络。在该网络中,如果各独立参与者都有自己独特的组织架构、管理模式和行为方式,将严重地影响商业系统内部的有效沟通与交流,阻碍商业系统的快速、持续发展。同时,如果网络系统内部成员同网络系统外部成员的商业运营和管理模式存在很大的差异,也会影响到旅游目的地商业生态系统同市场、政策等外部环境的有效沟通。因此,旅游目的地商业生态系统中的动态能力必然强调成员间的跨组织整合以及成员同系统外部相关者的跨组织整合。

另外,Eisenhardt 和 Martin(2000)认为动态能力是一系列能力的动态集合,除了跨组织协调能力和跨组织整合能力,还要包括重新配置资源的动态能力以及获取和让渡资源相关的动态能力。Devaraj 等(2007)持有类似观点,认为组织间的整合有助于形成一种跨组织的战略性资源,该战略性资源可以促进组织间相互学习,不断地创新旅游产品和服务,给游客以更好的旅游体验,维持市场形象和竞争力。从事物的相对运动层面来理解,动态能力不能仅仅集中于整合和重构现存的内外部资源,还需要集中于获取新的资源以及创造新的程序。而这种新的资源和程序或者通过外界引进,或者通过自身学习被用于自主创新。Teece 等(1997)也着重强调了组织的学习能力以及重构与转变能力,以便组织能够快速地应对行业和市场环境的不确定性问题。在供应链层面,学习和创新能力的出现要求所有成员在能够很好地进行信息共享和软硬件设备设施整合的基础上，准确预测市场需求，减少信息传递过程中的牛鞭效应和不对称现象，让每个成员都能够做出相对较优的决策，使得供应链具有较好的抗风险能力，以及能够柔性地为市场提供产品和服务（Tachizawa 和 Thomsen，2007）。"柔性"涉及组织的多个层级和众多领域，被公认为是组织能够屹立于激烈的竞争环境的战略能力，既能帮助组织培养出竞争力，还能进一步帮助组织维持核心竞争力。在某种层面上讲，具备了柔性的组织，就能够在同上游供应商、下游顾客以及最终顾客的交流中，不断吸收、学习和创新，能够更好地应对组织内外部环境的不确定性。此外，Cao 和 Ramesh（2007）以及 Teece 等（1997）都研究了组织如何才能长期维持其在市场中的竞争优势地位，认为及时响应、快速和具有柔性的产品创新以及协调和重新调配（整合）组织内外部资源的能力是组织维持竞争优势的三个关键要素。

旅游业由于自身的行业属性，其目标市场往往是全球性的，游客往往距离旅游目的地较远，需要同运营商和航空公司等中间商建立良好的关系，需要更加注重各部门、各环节之间的协调，需要更加注重旅游供应链中信息流、资金流的整合，以实现市场需求快速响应和提升游客旅游体验质量的目的。

五、旅游目的地的动态能力

Teece 等在研究公司动态能力时提出了多种类型的动态能力，整体来讲它们涉及三个方向：组织和管理过程，技术和智力等资源禀赋，战略选择和调整（Teece 等，1997）。但由于旅游目的地商业生态系统的特殊属性，如旅游服务生产和消费过程的无形和主观性（McCabe 等，2012；Crouch，2011），加上旅游目的地商业生态网络并非独立法人和经营实体，不能直接将这些能力套用于旅游目的地管理中。笔者提出旅游目的地商业生态系统内含的动态能力存在于跨组织的管理活动和流程中，具体包括跨组织的动态协调能力、动态整合能力，以及供应链整体运行效率。下面将针对每个动态能力的内涵及其细分维度进行深入探讨，并基于已有文献提出各动态能力相互之间及其与目的地竞争力和信息技术之间的关系假设，从而形成管理视角下旅游目的地竞争力的概念模型。

（一）跨组织动态协调能力

构建卓越的供应链必然需要跨组织信息、活动和利益的高度协调，唯有如此，服务和产品供应商、中间商及最终消费者才能从中获益。Teece（2007）认为，跨组织的协调和联结活动是动态能力形成的基础和重要体现。旅游供应链通常是跨地区、跨行业的多属性网络组织，包括了众多的独立旅游组织，具有各自的目标、战略和利益诉求，处于供应链不同的商业环节，共同协作为游客提供旅游服务体验（Guo等，2013；Guo等，2014；Huang，2018）。基于此，跨组织的协调活动在强化独立旅游组织之间的伙伴关系、改进服务流和信息流的过程中扮演着重要的角色，更有助于促进单个旅游组织和整个旅游目的地的共同进步与持续发展（Haugland等，2011）。具体来讲，供应链层面的跨组织协调指信息能无缝地、顺畅地在供应链网络中传递，减少因信息失真而导致的过量生产和库存的现象，使整个供应链能合理地联结和调整行为、目的、决策、信息、知识和资金等方面，以实现目标客户的需求。

如前文所述，旅游供应链是一个跨地区、跨行业的、包含多个阶段的众多利益相关者的、复杂的网络系统。信息传递在该网络中极易发生扭曲和损耗，必须强调旅游供应链的跨组织动态协调能力。这里的跨组织动态协调能力主要强调两点：首先，旅游目的地单个旅游组织获取的信息、各成员的资源配置和运营安排需要同目标市场的需求信息及其变化保持动态的一致性，旅游业迅猛发展的同时也在不断地进行着各种变化，尤其是游客需求偏好的多样化和追求旅游体验的个性化，具体关涉出行方式、饮食方式、体验方式等，旅游供应链上各阶段成员都要及时掌握游客需要的动态，在旅游服务和产品上做出相应的调整和创新，以赢得游客的青睐，提升游客在整个旅行过程中的体验满意度。其次，要妥善处理旅游供应链上的各阶段成员之间的动态协调问题。旅游目的地商业生态系统是众多独立旅游组织通过订立合约所形成的松散的群聚网络，而并非真实存在的具有独立核算能力和实施自负盈亏的法人组织（Guo等，2013）。在此背景下，自我利益将是各旅游组织制定战略和实施商业活动的出发点和首要考虑点，这往往会导致旅游目的地范围内组织间在众多领域的冲突和争端，如社会责任的承担、商业活动开展的范围、利益的分配等。这些矛盾点将极大影响旅游目的地的持续繁荣和发展，必须引起足够的重视，争取在自身利益、合作伙伴利益、旅游目的地利益、游客利益之间达成动态的协议。具体来讲，旅游供应链上下游成员间，旅游目的地地方社区与旅游开发商之间，游客与地方居民之间，以及地方运营商与外来运营商之间都应当保持动态的利益平衡。

要实现动态协调的两点内容，Jiang和Li（2017）强调成员间的信息共享与战略合作将有助于应对供应链的复杂问题，有助于维持单个组织和整个供应链的竞争力。供应链协调的实现必然要求成员间的信息共享、经常性的正式或非正式的交流与沟通以及联合计划，在大方向上达成一致。其中，供应链成员间的信息协调是供应链协调的核心内容之一，也是其他方面协调的基础。Chen（2003）强调多组织间信息共享的重要性，并认为信息共享是实现跨组织动态协调的重要驱动因素。可以说，信息共享是该领域学术界的研究热点，大量的研究表明信息共享能够显著提升成员间的协调水平，促进各成员及整个供应链竞争力的提升（Stevenson 和 Spring，2009；Jiang 和 Ke，2019）。具体来讲，成员间的信息共享包括需求信息共享、库存信息共享、研发信息共享、生产计划共享、营销计划共享、需求预测共享和物流运输共享等，涉及企业的各层级和各部门，以此来实现顾客需求的快速响应。信息共享有助于优化各成员及各部门的计划决策质量，并降低成员决策中道德风险出现的可能性，减轻信息传递过程中的牛鞭效应，降低延期交货的频率，提升服务及产品销量。信息流是旅游供应链和旅游目的地生态系统的血液和内核，能为目的地众多旅游组织提供养分和成长动力，而信息共享有助于信息流的畅通与信息传递质量的提升，让各类旅游组织能够及时、完整和准确地获取旅游市场和行业的有用信息，推动旅游目的地的整体发展（Wu 等，2014；Costantino 等，2015）。旅游供应链连接了旅游目的地、游客市场，以及运营商、旅行社等中间商，成员间信息的快速交流与共享尤为重要，是成员间建立良好合作关系的基础，有助于形成新的具有战略导向的旅游供应链管理能力。

此外，Zhou 等（2017）认为，供应链的协调是由众多成员间的合作构成的，即合作是协调的基础。还有许多学者对供应链层面的合作伙伴关系进行了研究。同样，成员间的合作也涉及单位的各层级和各部门，相互协调地安排各环节、各阶段的生产经营活动，以实现整个供应链层面的最大利润。供应链管理层面的协调就是供应链各阶段成员从战略的高度考虑成员间资源、技术和制度上的协调，即通过建立一定的合作机制来将供应链作为一个有机的整体对待。旅游供应链存在众多的利益相关者，也就存在众多的合作问题，这些成员间的合作问题如果处理不当，将会成为整个旅游供应链的软肋和弱点，最终会影响游客的体验质量和旅游目的地对游客的吸引力。旅游单位间的战略合作是跨组织协调的基本构成形式，也是供应链层面高度协作的基础（Lambert 和 Enz，2017）。具体来讲，战略合作是要让成员间在重要的方向性问题方面保持最基本的一致性，避免出现重要问题，故而战略合作应该受到旅游供应链各阶段成员的重视。旅游生态系统内部的合作应当具有高度的包容性和多个商业阶段的跨层级性（Pastras 和 Bramwell，2013；Haugland 等，2011）。从管理层级上看，旅游供应链的动态协调要做到企业战略层面的动态一致、运营层面的动态一致和具体操作层面的动态一致，从思想到行动都实现充分的交流、合作。企业战略层面的动态一致即要树立长期合作的意愿，要努力朝着实现可持续发展的方向前进，要充分考虑到合作伙伴的利益诉求，形成共同的目标和战略，建立长期稳定的商业伙伴关系；运营层面的动态一致是指合作伙伴间对接的部门在根据战略目标制订业务计划和安排时，要进行充分沟通，合理进行资源的配置，减少浪费和不必要的消耗，联合制订商业计划，以推动跨组织部门之间的相互支持；具体操作层面的动态一致是指在为游客提供旅游产品和服务时，尽可能减少游客的等待时间和不满情绪，实现作业和活动上的无缝衔接，行动高度对接统一，以保证游客体验过程的连续性。旅游供应链各阶段成员加强需求预测和商业计划的合作，共享需求信息和计划信息，更多考虑到合作伙伴的利益，才能形成牢固的整合。总体上讲，信息共享与战略合作密不可分，两者相辅相成，共同促进供应链层面的动态协调。

另外，作为建立和维持具有竞争力的战略伙伴关系的重要因素，主体间的信任和承诺都应当受到高度重视（Morgan 和 Hunt，1994；Hashim 和 Tan，2015）。

具体来讲，信任是当问题出现时，本单位对合作伙伴的决策和行为展现出信心，相信合作伙伴具有契约精神，会履行职责内的义务，采取有益于维持相互关系的措施（Fynes 等，2005）。从某种程度上讲，信任是一种肯定的期待，期待合作伙伴能够站在本方的立场思考问题，期待合作伙伴能够在关键问题上同本方进行沟通与交流，期待合作伙伴将关系本方的重要信息及时地传递过来。信任是对合作伙伴经常交往的员工或伙伴的整体性和可靠性的信心，一个单位会根据过往的交易和合作经验来评判合作伙伴的整体行为以及合作伙伴某关键员工的行为，以此确定对合作伙伴的信任程度。如果合作伙伴过去对本单位有过不利的行为，或者合作伙伴的某员工做出了有损于本单位的事例，将会降低单位对合作伙伴的信任感，降低合作伙伴顺利完成未来合作计划的信心。

进一步，成员间的相互信任有助于培养组织间的协同文化，当出现问题时，合作伙伴能够站在对方的角度来思考和看待问题，以便更高效地解决问题。具体来讲，信任可以分为两种类型，一是相信合作伙伴能够带来信心、确信、期待等正面成果，即合作伙伴能够按时、按量甚至提前、超量地完成分工；二是相信合作伙伴不会做出有损于双方长期合作的行为。同时，面对日益个性化的游客需求，旅游供应链成员间还有必要提高信息透明度（齐懿冰，2010），分享合作伙伴间掌握的用于计划和控制的供求信息，以确保产品和服务在供应链中的顺畅流通和转移，最终实现对游客需求的快速响应（Kim 等，2011）。而合作伙伴间的信息透明必然建立在相互拥有很好的信任度的基础上。

如果本单位对合作伙伴连基本信任都没有，必定难以将重要销售和订单预测等细节信息分享给他们，进而也无法确保产品和服务的顺畅流通和转移。信息在供应链流动过程中，难免会遇到各种各样的问题，如信息损耗、信息滞留、信息扭曲等，会造成合作伙伴之间的关系恶化，这时候信任的作用尤为凸显。姜泰元（2012）认为，为了实现供应链层面的成功协调，根本上应该以信任为基础来解决信息在供应链传递过程中遇到的各类问题。某种程度上讲，旅游供应链各阶段成员以相互信任为基础建立战略合作伙伴关系，能够有效地应对供应链内外的不确定性事件，有助于强化相互的适应能力，有助于维持长期的稳定供应关系。

承诺体现本单位对合作关系的一种归属感和忠诚度，使本单位在面临意料之外的问题时，自发采取积极措施来调解冲突和矛盾，以维持伙伴间的合作关系，并站在整个供应链的角度制定决策（Fynes 等，2005）。另外，姜泰元（2012）认为，承诺致力于供应链目标的维持和改善。某种程度上讲，供应链协调能力培养的关键在于确保成员间强有力的管理层承诺，即从管理层强化伙伴间的关系，按时按标准履行契约规定的内容和条款。

毫无疑问，承诺是维持稳定的供应链合作伙伴关系的重要前提，是顺利实施成员间契约的重要保证。值得注意的是，信任与承诺是相辅相成、缺一不可的，应综合起来看待两者的关系。信任以承诺为基础，只有当合作伙伴履行了自身的职责和义务的承诺时，本单位才会在未来的合作上给予其更多的信任。当合作伙伴根据本单位的承诺建立起对本单位的信任感时，本单位做出的努力才更有意义。同样，成员间的信任有助于提高整个供应链的信息交流与沟通效率，同时也是促进成员之间承诺履行的重要因素。Wisner 和 Stanley（2007）认为，信任与承诺均有助于构建有效且高效运行的供应链网络，维持长期的战略伙伴关系，促进产品创新、质量改进和成本降低。两者共同作用以改进独立旅游主体和整个旅游目的地商业生态系统的运行状态，赢得市场竞争力和竞争优势（Jiang 和 McCabe，2021）。

基于以上分析，跨组织的动态协调能力是旅游目的地商业生态系统获取和提升市场竞争力的重要推动因素，并且应当重点强调系统内的信息共享、主体间的战略合作，以及伙伴间的相互信任与承诺。

（二）跨组织动态整合能力

战略优势的形成需要跨组织活动与技术的整合，包括纵向的商业流程和环节的整合，横向的资源和能力的整合，以及水平的劳动分工与合作的整合

(Teece 等，1997）。供应链层面的跨组织动态整合是指组织同供应链上下游成员间战略性的合作，协同管理组织内部和跨组织的流程（Flynn 等，2010），以获得高效的产品流、服务流、信息流、资金流和决策流以及最大化信息杠杆的过程。供应链整合涉及物理节点、运输方式和整个供应链管理的物流活动。在旅游供应链中，物理节点表现为酒店和餐饮等旅游服务提供商、负责打包和整合旅游服务和产品的运营商、负责同游客直接沟通与交流的旅行社以及交通运输公司等，运输方式主要为航空运输和汽车运输，物流活动主要为游客从居住地到目的地并最后返回居住地的过程。通过整合原本分散的旅游资源、信息、知识和技能，有助于形成跨组织的战略资源，以创新管理技术、商业活动和旅游服务，能够优化服务流、信息流、资金流和决策流，为游客提供个性化的旅游体验项目，进而提升组织绩效和改进组织竞争力，毫无疑问，跨组织动态整合能力是目的地商业生态系统动态能力的重要组成部分。同时，旅游目的地商业生态系统内部主体间松散的组合关系缺少正式的组织结构作为依托，整合活动能够构建高效的网络结构，优化配置分散的旅游资源，以实现旅游服务和产品的价值增值。

供应链的主要整合方法为对供应链网络进行全面的过程设计，表现形式为同步计划和共同工作（Zhao 等，2011）。旅游供应链强调将供应链所有过程综合起来考虑相互之间的关系，因此供应链整合也被称为集成的过程设计或过程综合（Lambert 等，2017）。供应链整合涉及研发、采购、生产、物流、营销等多个部门，其理想状态是供应链上的成员能够以最低的材料采购成本、生产成本、储存成本和较少的缺货成本为最终顾客提供更多的质量更好的产品和服务。旅游供应链内跨组织整合的动态性主要体现在供应链各阶段合作伙伴的部门设置保持一致，软硬件系统具有较高的兼容性。如果部门设置不一致、软硬件系统兼容性较低，将会严重影响到部门之间合作的效率，造成资源的浪费。本研究关注的焦点在于旅游目的地，旅游目的地又从属于旅游供应链的一部分，而且在笔者看来是核心的部分。可以说，旅游目的地本身就是一个复杂的商业生态系统，涉及景点管理部门、地方社区和居民、住宿提供者、餐饮提供者、生态环境保护组织、科研组织等多种利益相关群体。因此，有必要将旅游目的地看作一个整体，共同参与旅游供应链，同其他利益相关体进行分工与合作。

关于跨组织动态整合能力的范围，基本的划分方式是单位各功能部门之间的内部整合和本单位同供应链上下游合作伙伴的外部整合（Narasimhan 和 Kim，2002），再细分供应链上游的供应商和下游的顾客。Flynn 等（2010）认为，供应链跨组织动态整合能力既包括组织同供应链上游供应商的动态整合，又包括同供应链下游顾客的动态整合，还包括组织内部的功能整合。Zhao 等（2011）持有相同的观点，认为应该将供应链跨组织动态整合划分为内部动态整合、顾客动态整合和供应商动态整合。其中，内部动态整合是指某单位内部各部门和功能之间，通过建立协同的、同步的组织管理惯例、程序和行为来满足消费者的需求。组织在开展有意义的外部整合之前必须先通过系统、数据和过程的整合开发内部动态整合能力。内部动态整合是供应链整合的重要组成部分（Flynn 等，2010），是供应链外部整合的重要补充（Sanders，2007）。供应商动态整合是指通过信息技术强化同供应商的信息交流，尽可能地建立快速订单系统，维持稳定的采购网络，在产品设计阶段提升供应商的参与水平，同时帮助供应商改善生产流程（Narasimhan 和 Kim，2002）。要注意到，本单位同供应商之间并非只有简单的买卖活动，本单位还应当主动地去了解供应商，主动地让供应商了解本单位，参与本单位的新产品研发和生产作业中来。类似地，顾客动态整合是指通过信息技术加强同主要顾客的联系程度，实现主要客户订单的电子化，建立同主要客户之间的快速订单系统，并建立有效的客户反馈系统（Narasimhan 和 Kim，2002）。本单位要积极主动地去了解客户的要求，并在力所能及且不损害自身利益的情况下满足这些要求。

旅游目的地本身作为旅游供应链上游终端，是旅游服务和产品的初始供应源，将其作为一个整体置于旅游服务供应链上，其已然处于整个旅游供应链的最上游位置，不存在更上游的供应商，仅有同下游运营商、交通运输公司和旅行社的动态整合。合作伙伴之间通过整合形成跨组织的战略、惯例、程序和行为，实施同步信息更新和同步惯例，能更好地为游客服务。值得注意的是，旅游目的地范围内各利益相关者之间（如地方社区、旅游开发商和地方政府）始终存在利益的博弈，需要进行各单位的动态整合。基于以上分析，笔者将旅游目的地商业生态系统的整合活动划分为旅游目的地商业生态系统内部参与者之间的整合，以及参与者同系统外部商业伙伴之间的整合。其中，旅游目的地商业生态系统内部整合表现为各利益相关者通过资源和能力的整合，形成协同的战略、行为规范、商业流程和现场活动，促使旅游目的地形成一个满足游客多样化需求的坚实整体。旅游目的地商业生态系统外部整合强调各利益主体同生态系统外部相关单位的资源和能力整合，这些外部单位包括科研机构、咨询公司和非营利机构等。

更进一步，对于跨组织动态整合的维度，Zhao 和 Huo（2011）强调单位内各部门之间以及本单位同合作伙伴之间的信息整合，并认为可以通过企业资源计划（ERP）、物流数据的搜索和不同功能活动的整合来予以实现。Leuschner 和 Rogers（2013）更强调跨组织信息整合的重要性，并认为信息整合强调跨组织信息转移过程的整合、跨组织沟通交流形式的整合以及所提供支撑的技术的整合。Kim 和 Lee（2010）也关注信息整合，认为信息整合是有关信息共享的跨组织管理整合活动，可以通过跨组织通信的协调以及支撑技术的协调来予以实现。除此之外，他们还关注组织间的系统整合，并认为系统整合要求各成员努力创造和维持彼此间交流系统的兼容性，以便更好地实施跨组织的预测和计划。系统整合包括硬件设备设施和软件系统装备（Rajaguru 和 Matanda，2013）。这里要注意区分信息共享同信息整合的概念。信息共享是成员将自身的信息以及自身获取到的外在信息共享给合作伙伴；信息整合是指成员间知识、技术和能力的整合，强调的是成员已经拥有的资源的整合。系统整合涉及各部门和组织之间的硬件系统和软件系统，部门之间的合理对接。在旅游业中，旅游服务提供商、景区管理部门、运营商和代理商都要有专门的市场管理部门，来管理游客的数据，处理相互间的信息往来，共同做出对游客需求的预测。在整个旅游供应链层面，要对各成员拥有的资源进行重新配置，以实现资源价值的最大化，更精准地定位各成员在旅游供应链中的位置。

此外，Mentzer 等（2000）强调主体间合作机制的整合，涉及激励约束机制、协商机制、绩效评估机制和利益分配机制。道德约束也是合作机制的重要组成部分。Lee（2000）也强调跨组织关系的整合实际上与机制整合属于同一概念，具体包括沟通渠道的整合、绩效评估机制和激励机制。因此，供应链各阶段成员应该共同合作，开发知识共享程序，以便伙伴间更有序地开展合作和创新实践，更好地共享新思想，发现新问题，找到改进措施。这种共享程序也是一种机制上的整合。另外，Leuschner 和 Rogers（2013）重点关注商业运营和活动执行层面的整合，成员间通过开展协同的联合活动，共同设计工作流程，共同制定战略和重大决策来实现。在具体操作层面，可以通过组建领导小组来协调商业流程和环节、采取联合的现场活动和共同创新旅游服务和产品。在促进供应链核心组织同上下游成员协同中扮演着重要角色的有形活动和技术包括电子数据交换、供应商管理库存、整合的产品计划、同步交货计划。Lee（2000）认为，各成员应该更多地考虑同上游供应商和下游客户之间的业务对接。在组织内部，应当建立跨部门的领导团队，在组织之间也要建立跨组织的共同合作领导小组，这样才能有助于信息和商业行为的动态整合。

基于以上分析，本书将从旅游目的地商业生态系统参与者之间的内部整合和系统内部参与者同系统外部商业伙伴之间的外部整合两个方面来综合考虑跨组织动态整合能力，并且每个方面都将进一步从信息整合、系统整合、机制整合和业务整合四个维度来进行考虑和分析。

(三) 旅游供应链运行效率

动态协调能力和动态整合能力刻画的是跨组织之间的活动和行为，旅游目的地商业生态系统运行效率是系统整体运行状态的反映。特别地，Teece (2007) 强调系统层面学习能力，有助于识别功能失调的元素和构件，预防市场决策和竞争中的战略盲点。部分学者将学习能力扩展为对知识的有效管理，具体包括知识获取与吸收以及知识培养与溢出 (Beske, 2012; Beske 等, 2014; Thomas 和 Wood, 2015)。毫无疑问，学习能力和知识管理能力都是跨组织运行状态的体现，更是旅游目的地商业生态系统整体能力的重要构成要素，对于旅游目的地的持续发展起着极其重要的作用。值得注意的是，系统的学习和知识管理涉及众多环节（如测试、反馈和评估），而这些环节的最终目的都是提升系统内各主体的市场预测能力和决策制定能力 (Oppewal 等, 2015; Tribe 和 Liburd, 2016; Pantano 等, 2017)。

"柔性"被公认为是具有竞争力的组织的共有属性，反映了组织有效应对内外部环境不确定性和风险的能力 (Slack, 1987)。柔性的供应链是供应链运行效率的重要体现，会对组织持续竞争力产生重大的影响，有助于供应链网络系统快速地响应市场波动，有效地应对竞争对手策略的转变。正因如此，许多学者将"柔性"视为动态能力的重要内涵 (Gimzauskiene 等, 2015; Teece, 2007; Hong 等, 2018)。游客需求的个性化和外包业务的发展，促使旅游供应链必须学会快速应对市场需求和商业环境变化，提供弹性来应对环境不确定性和风险 (Merschmann 和 Thonemann, 2011)。供应链柔性是指供应链具备迅速调整产品和服务生产速度、数量和质量的能力 (Duclos 和 Lummus, 2003)，提高伙伴间买卖关系的鲁棒性以及灵活改变合作伙伴、快速低成本重构供应链网络系统的能力 (Das 和 Abdel-Malek, 2003)，以期能够在每一环节快速、高效地响应消费者的个性化需求和应对竞争者的非预期变化，并保证较高的运营绩效 (Qrunfleh, 2012)。毫无疑问，"柔性"涉及旅游供应链各阶段的所有成员，关系旅游供应链的所有环节，拥有柔性的旅游供应链才能更好地屹立于激烈的竞争环境，才能帮助旅游目的地建立起竞争力。"柔性"可以帮助旅游供应链更好地获知行业和市场变化，更好地应对行业和市场变化，更好地适应行业和市场变化，以及主动地创造出新的变化。

旅游业是信息高度密集的服务行业，其所提供的产品具有无形和主观的特性，于是柔性的旅游供应链网络在提升旅游企业和旅游目的地整体竞争力方面扮演着极其重要的角色，并已经成为旅游学科研究的重要领域（Becken，2013；Orchiston 等，2016）。进一步讲，最初有关组织柔性的研究集中于两个方面：一是柔性的产品供应，可以通过生产工艺的创新（研发柔性）、产品规格规模定制（质量柔性）、投入资源按需调整（数量柔性）来予以实现；二是组织对市场不确定性事件和不规则波动的快速感知和响应，如游客需求偏好的改变、竞争旅游目的地战略和策略的调整，以及信息技术的快速发展。Vickery 等（1999）从产品和消费者角度划分了五种供应链柔性，分别是产品柔性、反应柔性、数量柔性、新产品柔性和分销柔性。其中产品柔性是指供应链定制产品以满足客户特定需求的能力，反应柔性是指供应链对目标市场的响应能力，数量柔性是指供应链调整生产能力以满足消费者需求数量变化的能力，新产品柔性是指供应链研发新产品的能力，分销柔性是指供应链分销产品范围。

　　随着全球化的发展，跨组织合作、战略协作和互助成为时代的主题。在此背景下，系统网络层面（如旅游供应链生态系统网络）的柔性受到学术界越来越多的关注和重视。例如，交易双方伙伴关系的稳定性及由此形成的合作系统网络结构的鲁棒性，进一步还有该网络结构的再重构的可能性问题（Das 和 Abdel-Malek，2003；Stevenson 和 Spring，2009；Gosling 和 Naim，2010）。Stevenson 和 Spring（2009）从供应链网络结构的角度划分供应链柔性，即鲁棒网络柔性、再重构柔性、合作关系柔性、物流柔性、组织柔性和信息系统柔性。齐懿冰将供应链柔性划分为信息柔性、物流柔性、鲁棒网络与再重构柔性以及运作柔性（齐懿冰，2010）。其中，鲁棒网络柔性反映现有网络结构应对内外部环境变化和不确定因素干扰的能力；再重构柔性反映现有网络结构在无法承受持续的环境干扰时，能够低成本地、有效地重构合作网络结构的能力。

　　旅游供应链柔性并不是简单的旅游服务生产和转移的过程，也不是节点旅游单位简单相加的过程，而是在保证核心旅游产品的同时，增加其附加功能，实现旅游服务价值增值的过程。旅游供应链柔性具有以下特征。①系统性。旅游供应链是一种包括众多地区、众多行业和众多利益相关者的功能性的网络结构，该网络结构又是一个不断调整、充满各种不确定性的商业生态系统，需要柔性来充当各利益相关者的润滑剂，来响应动态的行业和游客需求信息，因此旅游供应链柔性体现出一种系统性。②增值性。旅游供应链其本身概念就是建立在为游客服务的基础上，是相对于游客需求的旅游服务和产品供应，供应链上的每一个环节都要有其存在的意义，并不是节点企业的简单相加，而应当不断地为游客增加旅游体验的价值。③营利性。旅游业是服务性行业，参与旅游业的旅游企业最终目的都是获取一定的利润，分享目的地旅游开发的成果，各旅游企业在考虑为游客提供服务时，以及在考虑同上下游成员进行合作时，都会以自身的利润为根本出发点。④时间性。在企业内部的柔性要强调产品的提供速度，同理在旅游供应链柔性中也要强调产品时间性，强调整个旅游供应链网络的敏捷性。此处的时间性体现在两个方面，一是感知行业和游客信息变动的时间，二是响应行业和游客信息变动的时间。⑤多维性。柔性具有多种维度，旅游供应链柔性也不例外，除了柔性本身具备的时间、接口范围、速度，还有供应链层面的伙伴关系、产品协作等。这在下面的内容中会做详细的阐述。⑥鲁棒性。任何系统在面临内外部环境刺激的时候，都具有一定的抗干扰能力，能够保持其系统功能的正常运行，这种能力就是系统的鲁棒性。供应链层面的鲁棒性是旅游供应链柔性研究的核心问题，是产品柔性、运输柔性、响应柔性的基础。

旅游供应链柔性主要体现在产品运作和合作伙伴关系两个方面。具体来讲，产品运作柔性是供应链配置资源和运营的能力（Duclos 和 Lummus，2003），通过改变设备、原料、人力的投入，调整产品规格、数量、组合和进行产品创新来满足顾客和市场需求。需求响应是，产品运作柔性的重要体现，是供应链能够以最小的成本快速感知和适应消费者需求和市场变化的能力（Vickery，1999；Qrunfleh，2012）。需求响应的敏捷性是响应柔性的重要体现，即整个供应链能够快速响应需求和供给的短期变化以及顺利处理外部干扰的能力。考虑到旅游服务的无形性和游客偏好的多变性，旅游供应链的市场响应速度显得尤为重要（Zhang 等，2009）。进一步讲，旅游业中的产品运作柔性包括新的旅游体验服务的提供柔性，即根据游客的个性化需要进行旅游服务规格的调整，根据游客的时间偏好进行的旅游服务提供时间安排，根据游客的需要将不同的旅游服务和产品进行结合。产品运作柔性是柔性的最基本的内涵，柔性的概念对应着市场需求，为市场消费者提供满意的产品是柔性的根本体现。供应链层面亦是如此，也要强调供应链对应市场消费者的产品运作柔性。同时还要关注供应链的特殊性，强调成员间的合作，即关注合作伙伴关系。合作伙伴关系柔性是指供应链具有动态的、扁平的网络结构，本身具有一定的抗风险能力，面临问题时能保持其系统功能，同时能够在必要时通过快速变更合作伙伴以及建立柔性的伙伴关系来适应行业和游客环境变化的能力，即供应链的再重构能力。供应链是一种动态的网络结构，需要形成一种有机的结构，以应对供应链内外部环境的多种不确定性。产品运作柔性能够为组织和供应链提供较强的市场竞争力，赢得竞争优势；合作伙伴关系柔性有助于组织和供应链建立和维持竞争力，始终保持优势地位。

鉴于以上的讨论，笔者认为可以从组织预测能力、组织决策制定能力、目的地旅游服务供应柔性和参与者之间的关系柔性几个方面来具体思考旅游目的地商业生态系统的整体运行效率。

基于前面的理论分析，竞争力是通过动态能力来获取和维持的，信息技术究竟能否有助于旅游目的地竞争力的提升，就要看信息技术是否能够在旅游目的地商业生态系统中形成动态能力，进而更好地满足最终消费者的需要，赢得市场声誉和市场竞争力。本章将依据前人的研究成果，对涉及的各核心概念之间的关系进行假设，构建信息技术对旅游目的地的作用路径概念模型，为后面的实证研究做铺垫。具体来讲，本章将先探讨信息技术与旅游目的地竞争力之间的直接关系，进而深入地分析旅游目的地商业生态系统与动态能力的主要内涵及其相互之间的关系，再探讨信息技术与各类旅游系统中的动态能力之间的关系，最后分析这些动态能力同旅游目的地竞争力之间的关系。

第二节　信息技术应用与旅游目的地表现

信息技术在旅游业中的应用是近年来学术界的研究热点，涉及旅游业中使用的增强现实技术（AR）、自动控制技术（AC）、车辆追踪系统（VTS）和射频识别技术（RFID）等。对于信息技术同旅游目的地竞争力之间的关系，学术界普遍认为，信息技术（包括具体的信息技术、信息系统、信息平台和通信技术等硬件和软件设备设施）的投资和运用有助于旅游目的地竞争力的提升以及相对于其他同类型旅游目的地的竞争优势的建立（Law 等，2014）。另外，Buhalis（2000）从理论层面深入地研究了信息技术在旅游业中的应用以及信息技术对旅游目的地竞争力的影响，认为信息技术的应用有助于建立智慧的充满竞争力的旅游目的地。进一步讲，Neuhofer 等（2015）认为建设智能化的旅游目的地，有助于应对旅游目的地内外部的不确定性，更好地满足游客的需求和促进目的地的持续发展。Buhalis（2000）描述了能够促使旅游目的地取得成功的六大关键资源，并进一步认为信息技术在旅游业中的应用能够分别改善这六大关键资源，促进成员之间的相互沟通与协作，促进旅游资源的整合并实现优势互补，最终优化游客的体验、增强目的地获益能力。对旅游企业而言，可以通过信息技术的使用创造独特的、难以复制的组织能力从而实现服务的差异化，赢得竞争优势。旅游目的地商业生态系统内的利益相关者还可以将信息技术作为一种战略性期权，支持服务流程创新和知识转移，从而使整个旅游供应链更具敏捷性。

一、信息技术应用与游客体验

旅游目的地相关单位通过采用合适的信息技术，改变旅游业的运作和战略管理，促进旅游产品和服务更好、更快地满足市场的需求，为游客创造更高的价值、更多的精神享受和更好的旅游服务体验（Ritchie 和 Crouch，2000）。随着生活水平的提升，游客已经不想局限于走马观花式的游览，而想要更多接触式的、参与式的体验，想要亲身感受旅游目的地的自然风光和历史文化，想要经历一些同其他游客有差异的特别的旅程。在此背景下，旅游目的地如果不思进取、不求改变，依然遵循于"酒香不怕巷子深"的营销战略，会很快被游客所摒弃，被其他旅游目的地所代替。信息技术（例如互联网与移动网络）的应用能够让游客更方便、更全面地了解目的地的核心旅游资源及住宿、交通、餐饮等配套服务的提供情况，更有助于游客做出到目的地旅游的决策，从而增加目的地的游客量和旅游收入。同时，景区语音导览技术（Voice Navigation Technology）和增强现实技术等能够让游客享受听觉、视觉全方面的体验，加深游客对旅游目的地的印象，从而在刺激游客消费欲望的同时，提升游客的旅游体验满意度、重复游览概率和向周边人群推荐率。另外，信息技术本身作为先进的科学成果，可以展示旅游目的地风貌和历史，提升旅游目的地的服务档次，有助于在游客市场树立良好的形象，吸引更多的游客到旅游目的地。随着信息技术的飞速发展，尤其是近年来互联网和移动网络的普及与升级，信息技术正逐渐改变着游客的行为。例如，平板电脑、智能手机和其他手持终端设备等移动信息平台的使用促进了游客和服务及产品供给方的动态对话，实时的、直接的信息交流便于供给方随时掌握游客信息，方便为游客提供服务。Jordan 等（2013）探讨了来自比利时和美国的游客在旅行规划方面的网上搜索行为，发现比利时的游客倾向于花更多的时间在旅行之前的规划和决策上，而美国的游客花的时间相对较少。旅游目的地的网站及各种中间商网站，可以方便游客更全面地了解旅游目的地的主要景点和自然、历史、政治、经济状况，进而做出更好的旅游规划。例如，现在的游客通常倾向于接受网上消费，当网站能够提供较高的服务质量时，游客的购买欲望更为强烈。

智能手机在游客的旅游活动中起着越来越重要的作用。当旅游目的地信息系统建成后，游客可以通过智能手机等终端平台来获取各方面信息。智能手机能够帮助游客进行旅游规划，并通过即时信息的获取改变旅行的方式。同时，游客可以分享他们的体验和经验以及解决行程中遇到的问题。在线交流也是当今社会成员交流的重要形式，相关研究表明在线交流能够提高在线预订和采购电子门票的使用率。Liang（2017）发现，旅游网站能够对游客的购买决策产生较大的影响，高质量的旅游网站能够激发游客的购买欲望，助推游客的购买决策。

实证方面，Casalo 等（2010）研究了旅游公司主导的网络旅游社区对游客旅游决策的影响。他们发现，这些网络旅游社区对游客决定购买这些主导公司的旅游产品并将该公司产品推荐给身边朋友具有积极的影响。Kang 和 Gretzel（2012）探讨了博客音频对游客体验的提升，并认为旅游目的地正面的社会信息和有意义的人声交互能够带给游客一次好的体验。Tussyadiah 和 Zach（2012）分析了旅行中地理信息技术的使用，认为游客可以通过地理信息技术获取重要的地理信息并区分不同地区的特征来提升游客的旅游体验。Jeong 等（2012）探讨了信息搜索网站同旅游目的地市场形象之间的关系，发现旅行网站能够积极促进旅游目的地整体形象的提升。Jalilvand 等（2012）研究了网上交流、目的地形象、旅游态度和旅行意愿之间的结构关系。他们发现，正面的网上评论对旅游目的地形象、旅游态度和旅游意愿有积极的促进作用，同时，旅游目的地形象和旅游态度也会正向作用于网上评论。McCabe 等（2012）研究了基于场景的设计技术，认为其有益于为旅游目的地提供旅游服务开发新的思路，以更好地满足游客的需求，同时还有益于供应链成员克服合作障碍。

二、信息技术应用与旅游企业运营

旅游单位采用先进的信息技术有助于员工提高生产效率，长期来看，还能够通过游客的增量来降低单位服务成本，从而为旅游单位和旅游目的地创造更多的财富和利益（Boes 等，2016）。信息技术的应用让旅游企业可以更直接地同游客沟通与交流，建立关于游客信息的数据库，掌握并分析游客的偏好和需要的动态变化，并据此制定相应的应对措施来更好地满足游客的需要，刺激游客市场的扩大，以此稀释信息技术投资所带来的单位成本增加，并通过游客数量的持续增加来增加旅游单位的利润水平。同时，单位员工可以利用信息技术在单位时间内处理更多的数据和资料，从而提升工作效率。这两方面的相互作用，共同为旅游单位创造更多的福利。Buhalis（2020）研究发现，信息技术能够帮助旅游目的地解决不同营销部分的独特要求，进而根据各利益相关方拥有的资源情况进行合理的分工，共享旅游目的地旅游开发所带来的经济成果。Dolnicar 和 Ring（2014）持有类似的观点，认为互联网的应用有助于旅游目的地的市场细分，帮助旅游目的地管理部门更好地进行市场定位，提供有针对性的产品满足多样化的游客需要。Kim 等（2011）认为，旅游目的地商业生态系统内部的所有参与者都能够通过信息技术（尤其是跨组织信息系统）有效连接起来，共同生产和创造有价值的活动和获取更多的商业利润。

在实证方面，Nam 和 Pardo（2011）对云计算和物联网在旅游业中的应用进行分析，表明旅游目的地所有相关事物都可以相互连接，共同创造价值，为游客带来更好的体验，同时成员间的利益和偏好也可以得到协调，以确保所有利益相关者都受益于旅游开发和经营活动。Chathoth 和 Law（2011）从交易成本的视角，研究了信息技术与酒店服务质量之间的关系，发现信息技术的运用能够显著正面促进顾客在酒店的体验质量。Nilashi 等（2015）研究了协同过滤系统，认为该系统使得游客的形象更为具体，通过这些网上系统，公司能够收集到更多的市场和行业信息，从某种程度上讲，数据的分析方式将决定公司的竞争力。Mills 等（2010）分析了生物识别技术在旅游业中的应用，并认为这些技术在消费者便利、运行效率和安全性等方面有益于旅游企业运营。

三、信息技术应用与地方社区发展

除了旅游产业本身，合适的信息技术建设还能带动旅游目的地周边社区相关产业的发展，增强旅游目的地相关产业的竞争力（Crouch，2011）。信息技术具有极高的外部经济性，在旅游业中应用必然会对旅游目的地周边的农业和制造业产生相当程度的正面效应。随着管理信息系统等相关信息技术的应用，乡村旅游目的地的居民能够更直接地同游客进行沟通和交流，了解游客在食物方面的偏好，并据此有针对性地安排农作物生产，从而避免出现农作物丰收但滞销的现象，促进旅游目的地农业的发展和农民经济收入的提高。

此外，大多数旅游目的地在提供无形的旅游体验服务的同时，还会为游客提供有旅游目的地地方特色的产品，供游客购买作为纪念。例如，九寨沟自然风景区的沟口两边，都有较为繁荣的集市，销售九寨沟周边的副食产品和加工制品，这种方式带动了旅游目的地的制造业的发展，既可以解决旅游目的地居民就地就业的问题，又可以增加旅游目的地居民对游客的接触与了解，促进文化的交流与融合。在国内，全域旅游成为一个热门的概念受到众多学者的关注和研究。究其目的，就是充分利用旅游业的多行业和跨地区属性，充分发挥旅游业的经济外溢效应，带动地方社区经济、社会的全面发展。

基于以上分析，笔者提出关于信息技术与旅游目的地竞争力表现的研究假设 H1：信息技术在旅游目的地商业生态系统中的应用能够对旅游目的地竞争力产生正面的促进作用。

第三节　信息技术应用与旅游目的地动态能力

本节从供应链管理的视角出发，探讨信息技术是如何通过影响旅游目的地商业生态系统内部的动态能力（供应链因素），进而作用于旅游目的地竞争力。为了建立该影响路径模型，有必要探讨信息技术与旅游目的地动态能力之间的关系，并据此做出相应的研究假设。有学者就这方面进行过研究，例如，Rajaguru 和 Matanda（2013）开展实证研究发现，跨组织信息系统的有效使用（成员间信息技术的兼容性）对供应链管理能力具有积极的正面促进作用。Gunasekaran 和 Ngai（2004）持有相同的观点，认为跨组织的信息系统的使用能够增加供应链管理的有效性。具体讲，近年来信息技术在旅游业中的发展已经表明，信息技术改变了旅游业的运作和战略管理以及游客和供应商之间的交互方式的重塑（Law 等，2014）。另外，跨组织的信息系统在供应链成员间的应用，能够增加成员间的可视性（Lee 等，2014）。Saeed 等（2011）基于 39 个成功企业的案例研究，发现跨组织信息系统在企业中的应用能够有效地提升企业的供应链过程管理能力。但多数的研究停留在理论推演和个体案例分析层面，缺少数学的基础分析和大样本量的实证研究。本部分将首先通过数学建模的方式分析信息技术的应用对旅游目的地动态能力的影响，进而梳理已有的研究成果，构建信息技术作用于旅游目的地各动态能力的研究假设，为后面的结构方程模型检验做好铺垫。

一、信息技术与跨组织动态协调能力

关于信息技术与跨组织动态协调能力之间的关系，众多学者给出了自己的观点。Fawcett 和 Wallin（2011）基于 702 份以公司管理层为对象的调查数据，发现公司对信息技术的投资能够有效地提升供应链成员间和成员各部门间的协调能力。具体来讲，信息技术是供应链合作的助推器，有助于强化成员间的沟通、交流与互助，提供实时的信息共享以增加整个供应链的信息透明度，

促进供应链各成员和各环节的协调（Kim和Lee，2010）。随着全球化的进一步发展，旅游业普遍对应着全球游客市场，相比于过去，旅游业面临着从游客居住地到旅游目的地的更为宽泛的、复杂的过程网络，信息技术的运用有助于不同行业、不同区域成员间的相互沟通、交流与互助，能够降低过程网络的复杂性。作为典型的服务行业，信息流是旅游供应链中的核心元素，信息技术的应用能够很大程度上改善供应链网络的信息流，进而协调各阶段成员间的服务流和产品流。大多数学者认为，信息技术的运用能够使组织更有效且高效地同供应链上下游成员进行信息沟通与交流，使组织更为全面、及时、准确地把握行业和市场动态。尤其是跨组织的信息系统（IOS）的构建，能够充分调动各组织同类型部门之间的合作积极性，实现充分的信息共享，协调战略、计划和目标（Kumar和Van，1996）。

同样地，Boes、Buhalis和Inversini（2016）认为，在旅游业中，信息技术能够协调旅游供应链上的所有活动和服务，连接游客、地方居民和运营商等所有利益相关者，为他们提供实时的旅游服务信息。进一步，信息技术能够改变旅游业的运作和战略管理以及游客和供应商之间的交互方式，从而更快速、准确地响应游客个性化需求（Law等，2014）。通过云计算和物联网，旅游目的地所有事物都可以相互连接，共同创造价值，从而为游客带来更好的体验，同时成员间的利益和偏好也可以得到协调，以确保所有利益相关者都受益于旅游开发和经营活动。例如，McCabe等（2012）研究了基于场景的设计技术，认为该技术的应用给旅游目的地的开发带来了新的思路和方向，有助于供应链成员之间加强彼此了解，克服合作障碍。以上的分析表明，信息技术的使用能够加强旅游供应链各阶段成员间的沟通与交流，促进成员各部门之间的战略合作。跨组织的信息系统在旅游业中的应用，能够让各成员更清晰地定位自身发挥的功能和承担的职责，以最好的姿态参与旅游供应链的合作；能够更好地进行旅游供应链整体上的资源再分配，充分利用各类资源。更高水平的信息共享能增加旅游供应链成员间的信息透明度，也更能促进成员间的相互信任与长期合作。在过去的旅游业中，有关游客的信息随着游客本身的移动而传递，约定一个时间点和地点来转移游客，容易给游客带来较多的等待时间，影响到游客的旅游体验质量，现代的信息技术能够实现游客信息在旅游供应链各阶段成员之间的实时共享，增加整个旅游供应链的信息透明度，提升旅游供应链各成员和各环节的协调程度。

另外，Kumar和Van（1996）认为跨组织信息系统的构建能够强化供应链成员间的伙伴关系，增加伙伴间的相互信任。跨组织信息系统能够将旅游目的地各利益相关方以及旅游目的地同其他阶段利益相关方紧密地联系起来,时刻传递自身拥有和掌握的信息,接收合作伙伴的信息,形成畅通的双向信息流,有助于增加合作伙伴间的信息透明度,增进相互之间的了解和文化认同感,进而对同伙伴的未来合作抱有更大的信心。在旅游业中,跨组织信息系统能够让上下游成员间更好地了解对方,形成更高水平的互信,加强相互学习与帮助,将有助于开发出新的技术、方法和措施,来更高效率地利用旅游资源和改进旅游活动实践。实证方面,Molina等(2010)研究了信息技术对旅行社和供应商关系的影响,发现信息技术的应用有助于提升供应商对旅行社的满意度,并增加彼此间的忠诚度。在实践中,酒店运营商通常认可在线中间商,将其视为合作伙伴,承认在线中间商有益于旅游产品的全球分销,这有益于酒店的知名度提升,有益于通过媒体广告增加曝光度。旅行社同旅游服务提供商在旅游供应链中处于不同的位置,承担不同的责任。旅行社负责同游客进行直接的接触,答疑解惑,帮助游客进行决策和规划出行线路;旅游服务提供商为到旅游目的地体验的游客提供吃、住、行等基本的旅游服务。旅行社位于目标市场,旅游服务提供商位于旅游目的地,在不同的地区形成两者之间信息沟通的障碍,而移动网络等信息技术的应用能够拉近两者之间的距离,保持步调的一致性,更好地进行信息交流和供应旅游服务。据此,信息技术,尤其是跨组织信息系统的运用,有助于增强旅游供应链各阶段成员间的信任感,有助于增强各成员对合作伙伴承诺的责任心。

基于以上分析,笔者提出关于信息技术与跨组织动态协调能力之间关系的研究假设H2:信息技术在旅游目的地商业生态系统中的应用能够对系统内跨组织动态协调能力产生正面的促进作用。

二、信息技术与跨组织动态整合能力

关于信息技术与供应链整合之间的关系,Gunasekaran和Ngai(2004)认为,信息技术是供应链整合的重要驱动因子,能够促进单个成员及整个供应链的有效整合。具体来讲,信息技术可以通过多级供应链库存水平和产品分销的透明度来实现供应链外部整合,通过企业资源计划系统、即时库存和运营数据的搜索来实现内部整合(Zhao等,2011)。要将旅游目的地看作一个整体,参与旅游供应链的分工。旅游目的地内部存在景区管理部门、地方社区、本地经营商、外来经营商、投资者、环境保护组织、科研机构等众多的利益相关者,旅游目的地管理信息系统的使用能够把旅游目的地范围内的各类利益相关者连接起来,整合资源、软硬件系统和活动行为,强化各自的分工与合作,充分发挥资源的价值和各利益相关者的价值。

如前文所述，信息是存在于旅游供应链中的核心要素，旅游业本身的复杂性和面临的内外部环境的严重不确定性，使得旅游供应链的信息流和服务流越来越多地依赖于信息技术。从某种程度上讲，这些信息技术成为旅游供应链各阶段利益主体间合作的助推器。在旅游业中，多渠道的旅行社可以通过跨组织信息系统整合渠道活动，来实现同运营商和游客的更好交流（Buhalis，2020）。Law 等（2014）认为信息技术彻底改变了旅游运作形式和战略管理策略，通过供应链资源的重新整合和商业过程再造，使得整个旅游目的地和整个供应链更为有效地应对市场和行业环境变化。

信息技术尤其是跨组织信息系统的运用，能够增加旅游供应链合作伙伴之间的信息沟通和信息透明度，能够强化成员间的相互信任关系，这将有助于成员间更为核心的知识、技术、经验和方法的结合，有助于形成新的知识、技术、经验和方法，更好地为游客服务。为了减少同上下游合作伙伴之间的谈判成本，旅游企业将根据信息技术的行业标准和跨组织信息系统的要求，来调整本单位的部门设置和软硬件系统设置，从而增加系统的兼容性以更好地同上下游成员进行协商、合作，在保持自身利益独立性的同时增加同其他成员的连通性。在跨组织信息系统框架下，如旅游目的地管理信息平台，综合考虑各成员的职能与角色，兼顾各成员的利益，制定出统一的激励约束机制、协商机制和绩效评估机制，在整个旅游目的地范围内形成跨组织的战略、惯例、程序和行为，让整个旅游目的地更有效率地运转，减少矛盾和争吵的时间，将更多的精力用于旅游服务和产品的创新和升级上。另外，信息技术还有助于旅游供应链成员间的业务对接，通过实时分享游客和旅游服务的信息，加强旅游活动执行层面的任务整合，减少业务不畅通的时间，为游客提供更舒适、更高质量的旅游体验服务。同时，在信息技术的作用下，成员间的透明度随之增加，促使各成员能够更多地考虑合作伙伴的利益，在业务操作上更多地以整体的利益为出发点。

基于以上分析，笔者提出关于信息技术与跨组织动态整合能力之间关系的研究假设 H3：信息技术在旅游目的地商业生态系统中的应用能够对系统的跨组织动态整合能力产生正面的促进作用。

三、信息技术与旅游供应链运行效率

信息技术对供应链运行效率的影响受到众多学者的关注，学界普遍认为信息技术能够从信息传递质量、成员预测质量、成员决策质量来促进供应链各阶

段成员的运营管理水平，同时还能够从抗干扰能力、产品提供能力、再重构能力等方面来提升供应链整体的管理水平，下面将分别分析信息技术同各因素之间的关系。

首先，本研究从数学逻辑上分析了信息技术对旅游供应链各阶段成员所面临牛鞭效应的影响，同时分析了信息技术对旅游供应链各阶段成员需求预测的影响。信息技术的植入和信息平台的搭建能够促进供应链成员之间的信息交流与共享，笔者分别构建了数学模型来刻画信息平台植入前后，各阶段成员在信息共享与信息分离状态下所遭受的存在于旅游供应链中的信息牛鞭效应，通过比较来分析信息平台植入前后对牛鞭效应的影响。研究发现，信息平台的植入有助于各阶段成员所面临的信息牛鞭效应的减弱。另外，还探讨了各系数对信息技术的牛鞭效应减弱效应的作用。同时，基于信息获取能力和信息处理能力，构建数学模型来衡量供应链各阶段主体的需求预测能力，对比分析信息平台植入前后各阶段主体需求预测能力的大小。研究发现，信息平台的植入对旅游供应链各阶段成员的需求预测具有增强效应。

其次，信息技术可以通过减少成员间的物的交换，增加信息的传输速度以有效降低供应链网络的复杂性，从而增加供应链的柔性水平（Jiang 和 McCabe，2021）。例如，旅游业中使用的增强现实技术、车辆追踪系统和射频识别技术等信息技术的使用，能够直接或者间接地提升游客在旅游过程中的体验质量，减少游客的中间等待时间，使其始终处于享受旅游的状态。Neuhofer 等（2015）认为建设智能化的旅游目的地，有助于应对旅游目的地内外部的不确定性，更好满足游客的需求和促进旅游目的地的持续发展。旅游目的地及供应链上的旅游企业可以将信息技术作为一种战略性期权，支持流程创新和知识转移，从而使整个旅游供应链更具柔性。柔性被认为是组织的战略能力，能够提供弹性来应对市场不确定性和风险，有效适应网络中供给的无序和需求的变化，提升网络关键资源的利用效率，缩短产品开发周期，提升新产品引入频率和定制水平（Swafford 等，2008），改进消费者服务，以更好地满足消费者需求（Vickery 等，1999），最终建立和维持核心竞争力从而赢得竞争地位和市场份额（Stevenson 和 Spring，2009）。信息技术的有效使用能够增强旅游供应链整体及各阶段成员的战略敏捷性，使得旅游单位能够快速、准确地对行业和市场信息的动态变化做出反应，能够在激烈的竞争环境中生存下来。

实践中，信息系统能通过提升组织战略敏捷性正向作用于组织绩效。王细芳（2012）研究了旅游供应链柔性对旅游服务贸易竞争力强弱的影响机制。她认为，在散客时代，旅游供应链柔性决定了旅游目的地的旅游产品生产成本以及在市场上的销售数量、销售价格和销售成本，从而影响该旅游目的地的竞争力。多数学者认为，在高度不稳定的环境中，传统的"环境—结构"联系对于高度集权和形式化的组织是无法创造柔性的，强化信息技术能够给组织带来更大的柔性，从而使组织处理更多的信息。毫无疑问，旅游业面临着行业内部和游客市场的多重不确定性，旅游供应链的各阶段成员间缺少实际产品的往来，属于形式化的组织，并不是严格意义上的单一整体，信息在传递过程中极易发生扭曲，成员间的合作关系也极不稳定，信息技术的使用，如互联网、移动网络、跨组织信息平台等的使用，能够减少信息在传递过程中的损耗，增加整条旅游供应链的柔性。信息共享的程度越高，就越有助于整个供应链的优化。例如，Hartono 等（2010）探讨了跨组织信息系统使用过程中共享信息质量在绩效提升中的角色，基于收集到的数据，发现共享信息的质量对供应链绩效有积极的促进作用。

实证方面，Lee 等（2000）探讨了电子数据交换（Electronic Data Interchange，EDI）系统的使用和供应链运行效率和成员绩效之间的关系。他们采集了 31 条零售供应链的数据，发现 EDI 系统的使用的确能够促进供应链运行效率的提升，同时 EDI 系统的使用者也能获得绩效的提升。在动态供应链网络中，任何物料中的不确定成分都会逐渐影响下游供应链的物流，这种发生在供应链上游的不确定性引起的改变会影响公司自身的绩效，但上下游成员间的信息共享能够有效抑制不确定性所带来的负面影响。Merschmann 和 Thonemann（2011）基于德国制造公司，运用结构方程模型研究了环境不确定性、供应链柔性和公司绩效三者之间的关系，面对市场需求的高度不确定性，供应链提升柔性可以有效地增加产品的销量，提高系统资源的利用率，同时还可以提升供应链的应变能力，这些都有助于增强管理者的战略决策能力和整个供应链的竞争实力。Stevenson 和 Spring（2009）研究了供应链成员间使用的跨组织信息系统同成员间形成的跨组织之间的关系，结果发现跨组织信息系统的使用能够减少组织之间用于谈判的时间，提升信息的传递速度和质量，让服务和产品的交易更具灵活性。另外，Lee 等（2014）在考察 124 家制造企业后探讨了跨组织信息系统。结果表明，跨组织信息系统的透明度对供应链运行效率有积极的影响。Swafford（2008）也对信息技术和供应链柔性之间的关系进行了实证研究，结果表明，信息技术对供应链柔性的路径系数估计值能够在 0.001 的水平上显著，信息技术的确能够正面作用于供应链柔性水平。许多学者均提到组织探索能力和组织利用能力在信息技术和组织运行之间起着中介作用，即信息技术的运用能够同时提升利用现有资源的能力以及组织探索新资源、新技术的能力，并据此来提升组织的运行效率（Jiang 和 McCabe，2021）。国内学者王念新和仲伟俊（2010）比较细致地划分了组织拥有的信息技术资源和能力，并通过实证研究发现，信息技术能够通过提升组织核心能力来促进组织运行效率的优化。

基于以上分析，笔者提出关于信息技术与旅游供应链运行效率之间关系的研究假设 H4：信息技术在旅游目的地商业生态系统中的应用能够对系统内旅游供应链的运行效率产生正面的促进作用。

第四节　旅游目的地动态能力要素的相互关系

一、跨组织动态协调能力与跨组织动态整合能力

关于跨组织动态协调和动态整合之间的关系，Zhang 和 Song（2009）认为成员间的信息交流和信息共享能够正向促进供应链上下游成员间的整合。在旅游目的地商业生态系统中，旅游单位间的信息共享（尤其是旅游供应链上下游成员间的信息共享）有助于缩小主体间信息获取量的差距，减轻信息不对称和信息传递过程中的牛鞭效应，防范道德风险，从而整合物流并缩短交货时间。同样，信任和承诺有助于战略性的合作伙伴关系的建立，有助于跨组织整合能力的提升（Jiang 和 McCabe，2021）。在旅游业中，信息共享能够让旅游企业更及时、准确地了解合作伙伴的软硬件系统的变化，并结合自身情况进行相应的调整。信息共享还能够推动成员间的知识、技术和经验的整合，刺激旅游服务的创新。旅游企业之间通过建立战略合作伙伴关系，能够推动跨组织协商机制的建立，促进跨组织惯例的产生，同时，相互之间的信任和承诺能够在商业活动执行上更加亲密无间，使得合作的效率更高。

另外，从关系管理的角度，Zhao 和 Huo（2011）认为，信任和关系承诺均是供应链跨组织整合的驱动因子，并基于中国制造企业的数据，验证了伙伴间关系承诺对组织同供应商和客户的外部整合具有正向的促进作用。许多学者均持有类似的观点，认为商业伙伴间的相互信任和承诺能够加深彼此的合作关系，形成共有的企业文化，推动合作伙伴在信息系统、合作机制等方面保持一致。容易理解，旅游目的地商业生态系统范围内的利益相关方之间要实现信息层面、系统层面、机制层面和业务层面的整合，首先其自身要有同其他利益主体整合的意愿，并承诺愿意为了达到一定的整合水平付出自身的努力。旅游目的地商

业系统范围内的参与者同系统外部的利益相关者之间的整合类似于此。合作伙伴之间的相互信任度、成员对合作伙伴的承诺履行度以及合理的权利分配均能够正向作用于成员间的整合水平。Flynn等（2010）研究了企业同关键客户之间的承诺和整合之间关系，结果表明，企业同关键客户相互之间具有高度的承诺遵守意愿，能够显著地提升企业和关键客户之间的整合水平。

基于以上分析，笔者提出关于跨组织动态协调能力与跨组织动态整合能力之间关系的研究假设H5：旅游目的地商业生态系统内的跨组织动态协调能力能够对系统的跨组织动态整合能力产生正面的促进作用。

二、跨组织动态协调能力与旅游供应链运行效率

对于跨组织动态协调能力与供应链运行效率的关系，Chen（2007）和Swafford（2008）均认为对跨组织网络进行协调有助于提升整个供应链网络的柔性与敏捷性，增强供应链网络的抗风险能力，从而提高供应链运行效率。在旅游业中，如果服务提供者、运营商和代理商之间形成高效的信息转移，形成牢固的战略合作伙伴关系，具有高度的相互认同感和信任感，将会有助于各方时刻把握市场需求和主要竞争对手动态，极大提升整个旅游供应链应对行业和市场不确定性因素的能力，做出符合多方利益和供应链长期发展的战略决策，更灵活地为游客提供高质量旅游体验服务。实践中可以考虑根据一定标准将供应链中各成员的协调划分为不同的层次。从整体上讲，成员间的协调层次越高，越能够促进整个供应链运行效率的提升。

具体来讲，成员间的信息共享有助于优化各自的计划决策，并规避合作伙伴道德风险、信息传递过程中的牛鞭效应、交易中延期交货和销量流失等现象。Lee等（2000）认为信息共享能够有效减少交货时间，提升产品和服务的转移速度。旅游供应链各阶段成员间的高协调水平能够减少整个旅游供应链为游客提供服务和产品时所产生的费用以及旅游服务整体成本的同时，提升整个旅游供应链的旅游服务质量。Ganesh等（2014）研究了信息共享存在时的多级供应链的协同效应。信息共享的程度越高，就越有助于整个供应链的优化。还有大量的研究均证明了信息共享对于供应链运行效率提升的重要性（Lee，2000），从某种程度上讲，信息共享的程度和共享信息的质量是整体组织绩效的主要决定因素之一（Hartono等，2010）。具体来讲，成员间高效的信息交流和业务协同有助于旅游企业时刻掌握旅游市场的需求动态和竞争对手的变化，减少旅游企业间的信息不对称性和传递过程中的牛鞭效应，加快对游客需求变化的响应速度及预测可靠性，进而制定出有效的竞争策略（Merschmann和Thonemann，

2011)。

伙伴关系层面，Christopher 和 Towill（2001）提出了一种集成的商业过程模型，该模型强调供应链合作伙伴之间沟通和交流的重要性，通过最优化全球供应链效率来赢得竞争优势。处于旅游供应链上的旅游企业一定要保持同关键供应商的良好关系，这将有益于创造新的旅游产品，有益于提升旅游产品质量，同时降低产品和服务的成本（Wisner 和 Stanley，2007）。旅游供应链各阶段成员之间的信息共享，有助于减少交货时间，加快旅游服务和产品的转移速度，有助于优化各成员的战略规划和决策，降低合作伙伴的道德风险、信息传递过程中的牛鞭效应，减少延期服务和销量流失。

此外，成员间的相互信任程度会影响产品和服务的交货时间。具体来讲，高水平的信任有助于提升效率，低水平的信任降低效率。如果组织能够很好地理解和信任他们客户的需求，他们将会设计战略并分配资源来最大化利润（Wisner 和 Stanley，2007）。具体来讲，信任与承诺能够让原本松散的旅游供应链网络更紧密地联系在一起，形成成员间的长期的战略伙伴关系，增强旅游供应链的抗风险能力，使得游客需求信息能够很好地在各成员间分享，降低信息传递过程中的牛鞭效应，减少成员决策中出现道德风险的可能性。另外，信任可以将不稳定的关系转变为稳定关系并便于更为有效地管理，它可以提高成员间的相互依赖性。姜泰元（2012）认为伙伴之间的信任，可以强化伙伴关系，提高企业和供应链的效率，提升消费者满意度。Vlachos 和 Bourlakis（2006）通过对英国食品业进行研究，发现信任有助于提高整个供应链及各成员的运营成果。供应链信息流动中难免会遇到某些问题，使供应商和客户间的关系恶化。为了实现供应链的成功协调，根本上应该以信任为基础来解决遇到的各种障碍和问题（姜泰元，2012）。

实证研究方面，Kim 和 Park（2013）基于 193 家制造型企业进行实证研究，结果表明供应链协调有助于强化成员间的买卖关系，提升供应链运行效率和应对市场需求的能力。基于 124 家制造企业，Lee 和 Kim（2014）实证研究了信息透明度与供应链运行效率的关系，认为成员间信息透明度对供应链绩效有积极的影响。企业和供货商通过信息交流来实现顾客需求的快速响应。供应链成员通过共享销售和订单预测等细节信息来确保产品和服务的顺畅流通和转移。例如，在纺织业中，人们发现供应链企业间快速的信息交流有助于供货提前期的减少。另外，Stevenson 和 Spring（2009）研究了供应链成员间的协调活动同成员间形成的跨组织柔性之间的关系，结果发现，成员间如果在战略层面、信息共享层面和活动执行层面保持高度的一致性，将能够增加成员间交易的灵活性，增加成员所在的整个产品供应网络的灵活性。

本部分从信息共享、战略合作伙伴关系和信任与承诺三个方面梳理了现有文献关于跨组织协调同旅游供应链运行效率之间关系的研究，并罗列了涉及这两个概念相互关系的实证类研究。因此，笔者认为跨组织协调能够正向促进旅游供应链运行效率的提升。

基于以上分析，笔者提出关于跨组织动态协调能力与旅游供应链运行效率之间关系的研究假设H6：旅游目的地商业生态系统内的跨组织动态协调能力能够对系统内旅游供应链的运行效率产生正面的促进作用。

三、跨组织动态整合能力与旅游供应链运行效率

对于跨组织动态整合能力与供应链运行效率的关系，Chen（2007）和Swafford（2008）均认为对供应链网络进行跨组织动态整合有助于提升供应链网络整体的柔性与敏捷性，增强网络的抗风险能力。Gosling等（2010）认为，尽管供应链的运行效率具有多个维度，如本研究中确定的有关牛鞭效应、需求预测、成员决策、鲁棒性、产品柔性和网络重构等维度，但确信这些维度均能够通过成员同上下游合作伙伴之间的整合来予以改进。成员间合理的信息整合、系统整合、机制整合和行为整合有助于时刻掌握旅游市场的需求动态和竞争对手的变化，减少旅游企业间的信息不对称性和传递过程中的牛鞭效应，加快应对游客需求变化的响应速度，并提升预测可靠性和制定出有效的竞争策略（Merschmann和Thonemann，2011）。此外，供应链整合能够充分利用供应链资源，提高供应链管理水平和供应链运行效率。通过跨组织的整合，企业能够同顾客和供应商建立更为密切的工作关系，增加作业和流程的有效性，通过创新和高质量的产品来应对快速变化的市场（Fynes等，2005）。

具体来讲，Flynn等（2010）认为，组织外部整合代表了高水平的供应链管理能力，能够对组织运行绩效产生积极影响。组织内部整合形成一种吸附力，使得组织快速从合作伙伴处获取信息、知识和计划，从而有助于获得公司竞争优势和更高的绩效水平（Zhao等，2011）。某种程度上，旅游目的地商业生态系统内部成员之间的整合程度是旅游供应链管理是否成功的关键性因素，旅游供应链能够通过跨组织整合发展出一种战略性资源，有助于各功能旅游供应链更有效的运行。将旅游目的地看作一个整体，在同系统外部其他成员进行合作时，如果旅游目的地内部各利益相关体不能实现良好的整合，将会严重地影响各成员同系统外部其他成员之间的合作，从而影响整个旅游供应链的良好运转。跨组织的整合能够充分地实现整个旅游供应链资源的合理分配，更好地发挥各组

织的潜在能力，促进整个旅游供应链运行效率的提升。旅游供应链各阶段成员之间的整合能够促进上下游成员间跨组织的战略信息、需求信息和经营信息的快速沟通与交流，在整个旅游供应链层面形成战略性的知识资源。机制整合是供应链动态整合的重要方面，成员间可以通过协商建立起合作的安全防范机制，以遏制合作伙伴出现损害自身利益的道德风险和机会主义。

此外，Leuschner 和 Rogers（2013）通过荟萃分析方法，回顾了供应链整合相关的实证研究。结果表明，绝大多数实证研究均证实供应链整合能够显著提升成员和整个供应链绩效。Kim 和 Park（2013）基于 193 家制造型企业进行实证研究，结果表明，供应链层面的跨组织协调和整合均有助于强化成员间的买卖关系，提升供应链绩效和应对市场需求的能力。Zhang 和 Song（2009）通过实证研究表明，整合后的旅游供应链能够促进单个组织及整个供应链运行效率的提高。基于 39 个组织的数据，Saeed 等（2011）研究发现，供应链成员间的整合有效地提高了供应链运行效率。具体地，当成员间的整合程度较低时，企业更多的是关注供应商评估和自动报警；当成员间的整合程序较高时，企业会将更多的精力用于系统集成、战略规划和市场预测等方面，从而促进供应链运行效率的有效提升。另外，Chen 等（2007）设计了结构矩阵，深入地分析了跨组织成员间的信息整合、物流整合和功能整合同供应链网络的运行效率之间的关系，结果发现各维度的整合均有助于提升供应链网络应对内外部环境不确定性的能力，更好地为最终消费者服务。Swafford 等（2008）专门研究了成员间信息技术的整合同成员所在供应链运行状态之间的关系，认为前者能够有效地提升整个供应链的运行效率。

综上所述，旅游目的地商业生态系统内部各参与主体和各环节的整合，能够强化参与主体与其部门之间以及作业流程之间的联系，能够促使参与主体更全面地掌握行业和游客市场动态并做出更好的决策。旅游供应链各阶段成员之间也能进行更为有效的互动，共同构建一个高透明度的旅游供应链；识别到供应链运行优化中的瓶颈并找到解决的办法，从而提升旅游供应链的运行效率。

基于以上分析，笔者提出关于跨组织动态整合能力与旅游供应链运行效率之间关系的研究假设 H7：旅游目的地商业生态系统的跨组织动态整合能力能够对系统内旅游供应链的运行效率产生正面的促进作用。

第五节　旅游目的地动态能力与旅游目的地竞争力

一、跨组织动态协调能力与旅游目的地竞争力

供应链成员间的协调可以减少成本和提升服务质量，进而增加组织竞争力和销售收入。具体来讲，成员间的信息共享有助于优化复杂的供应链网络，降低订单退回、销量损失的风险，减轻信息不对称和牛鞭效应，缩短供货提前期，最终通过优化全球供应链效率来赢得竞争优势（Kim 和 Lee，2010）。面对多阶段的、复杂的供应链，成员之间进行信息共享和建立长期战略合作伙伴关系显得尤为重要，能够很好地降低供应链在信息处理层面的复杂性，维持整个旅游供应链在市场上的竞争力。从某种程度上讲，供应链成员之间的信息共享程度和所共享信息的质量是供应链整体竞争力的重要决定因素（Hartono等，2010）。如前所述，旅游供应链是信息密集的跨地区、跨行业的复杂网络，信息在旅游目的地、中间商和游客之间传递的过程中容易出现严重的牛鞭效应，影响各阶段成员的需求预测质量和决策质量，信息共享能够让供应链上游成员更及时、准确、全面地了解行业和市场信息，拉近旅游目的地同目标市场的距离，从而为游客带来更好的旅游体验；战略合作能够减少成员之间的协商费用，降低旅游服务成本，在保证服务质量的同时增加游客数量，为旅游企业带来更多的利润。

同时，信任和承诺有助于构建高效运行的供应链网络，维持长期的战略伙伴关系，促进产品创新、质量改进和成本降低，这些均是组织赢得市场竞争优势的战略需求。Morgan 和 Hunt（1994）也认为，信任和承诺是建立同上游供应商和下游顾客之间稳定的合作伙伴关系的重要因素，有助于维持组织的竞争力。Wisner 和 Stanley（2007）认为，同关键供应商建立良好的合作关系有助于产品创新、质量改进和成本降低，从而提升单位的市场竞争力。在旅游业中，供应链上下游成员间的相互信任尤为重要。旅游供应链是一个较为松散的网络，缺少物流的制约，成员间的关系随时都可能改变和调整，信任与承诺是成员间的黏合剂，有助于将旅游供应链黏合成一个稳定的网络，更好地应对来自供应链内部和外部的不确定性和风险事件。

实证方面，Ryu 等（2009）研究了港口企业竞争力的影响因素，发现信

任与承诺均在0.001的水平上显著，表明信任和承诺是促进企业竞争力提升的重要因素。Vlachos和Bourlakis（2006）通过对英国食品业进行研究，发现信任有助于提高整个供应链及各成员的运营成果。由此可知，旅游供应链各阶段成员之间建立良好的互信关系，保持高效的沟通与信息共享，有助于优化全球范围内的各条服务供应链，为目标市场提供更好的服务和产品，从而赢得竞争优势和持续发展能力。越来越多的学者强调供应链合作伙伴之间沟通和交流的重要性，信息共享能够通过最优化全球供应链效率来赢得竞争优势。例如，Gavirneni等（1999）研究了信息共享在由供应商和零售商构成的两级供应链模型中对随机订单策略的影响，发现信息共享总是有益于供应链和零售商以及两者整体的成本控制，据此可以降低产品成本，增强产品的市场竞争力。

基于以上分析，笔者提出关于跨组织动态协调能力与旅游目的地竞争力之间关系的研究假设H8：旅游目的地商业生态系统内跨组织的动态协调能力能够对旅游目的地竞争力产生正面的促进作用。

二、跨组织动态整合能力与旅游目的地竞争力

关于供应链整合与组织竞争力的关系，Vickery（1999）和Leuschner等（2013）均认为供应链整合能够有效提升组织绩效和市场竞争力。进一步讲，组织内部整合有助于形成坚实的整体，形成一种吸附力，使得组织快速从合作伙伴处获取信息、知识和计划（Zhao等，2011）。旅游供应链可以整合各阶段成员各自的优势资源、知识、技术和能力，创造出新的旅游服务和游客体验项目，满足游客个性化和多样化的旅游需求；供应商和客户整合能够充分利用整个供应链资源，提高供应链整体管理能力，进而获得持续的竞争优势（Flynn等，2010），最终是为了以较快的速度应对消费者的需求并赢得较高的最终用户满意度。旅游供应链各阶段成员之间的整合能够降低产品的整体成本和缩短旅游目的地对游客需求变动的响应时间，有助于实施低成本战略和差异化战略，让旅游目的地在游客市场更具有吸引力和竞争力。旅游目的地范围内部各利益相关体的整合，能够显著提升旅游目的地整体的吸附力，使得旅游目的地通过整合能够拥有识别新的目的地范围内外部信息，并将其吸收和应用到商业活动中，能够让旅游目的地根据游客的需要提供新的旅游服务，增加游客满意度。旅游服务供应链层面的整合能够拉近旅游目的地和游客市场的距离，减轻游客在整个出行过程中的不适感，从而提升游客的旅游体验质量以及旅游目的地的市场知名度和市场声誉，吸引更多的游客到旅游目的地。

供应链各阶段成员之间的整合能够为供应链发展出一种战略性的资源，进

而赢得持续性的竞争优势。供应链整合有助于企业降低交易成本，从而相应地增加企业的单个产品利润，还能够在市场竞争中采用低成本战略，赢得竞争优势地位和市场份额。旅游目的地范围内的整合，能够让旅游目的地成为一个坚实的整体，共同面对内外部的问题和矛盾，共同参与行业合作与分工，能够减少旅游目的地范围内的不合理竞争和恶性竞争现象，更有效且更高效率地利用旅游资源，从而降低单位服务成本，增加企业利润，提高目的地相关群体获益水平。同理，旅游目的地同供应链其他阶段的成员进行资源整合，共同为游客提供旅游服务和产品，提升旅游供应链整体网络资源的利用水平和可获利水平。整合后的旅游供应链还能够产生外部经济性，带动相关产业的进步，进而整体上推动旅游目的经济社会的全面发展。在旅游业中，通过供应链成员间的信息整合、系统整合、机制整合和信息整合，能够让旅游企业建立同上游供应商和下游顾客更为密切的战略关系，能够更快地获知游客需求的动态变化，并调整旅游服务供应更好地提升游客的旅游体验质量，进而吸引更多的游客到旅游目的地消费，增加相关旅游企业的营业收入和利润，带动整个旅游目的地的经济社会持续发展。

基于以上分析，笔者提出关于跨组织动态整合能力与旅游目的地竞争力之间关系的研究假设 H9：旅游目的地商业生态系统的跨组织的动态整合能力能够对旅游目的地竞争力产生正面的促进作用。

三、旅游供应链运行效率与旅游目的地竞争力

旅游供应链是连接游客市场和旅游目的地市场的链条，涉及旅游相关方的信息沟通、利益协调、行动统一，其运行状态的好坏会对旅游目的地的可持续发展产生重要的影响。旅游供应链负责将游客需求偏好和市场信息传递给链条上的旅游企业和旅游目的地的所有利益相关者，同时向游客展现旅游目的地能够提供的旅游体验服务和附属产品，其运行效率关系到游客、旅游企业、地方社区、旅游目的地管理部门等众多利益相关者的福祉。供应链运行效率的提升，能够提供弹性来应对市场不确定性和风险，有效适应网络中供给的无序和需求的变化，提高网络关键资源的利用效率，缩短产品开发周期，提高新产品引入频率和定制水平（Swafford 等，2008），提升消费者服务水平以更好地满足顾客需求（Vickery 等，1999），最终建立和维持核心竞争力从而赢得竞争地位和市场份额（Stevenson 和 Spring，2009）。

具体来讲，旅游供应链运行效率对旅游目的地竞争力影响体现在以下几个方面。首先，高效运行的供应链网络有助于组织更好地满足顾客需求

（Vickery 等，1999）。进一步，细分为潜在游客和已经处于旅行状态的游客来分析。对于目标市场的潜在游客，畅通的旅游供应链能够让其更好地了解旅游目的地的核心旅游资源和相关配套服务，有助于刺激游客做出到某旅游目的地旅游的决策。而对于已经离开居民地开始旅行的游客，旅游供应链上下游相关企业之间的协同配合，能够让游客拥有更好的旅游体验，给游客带来更多的精神愉悦（Ritchie 和 Crouch，2000）。

其次，对于旅游企业而言，Ritchie 和 Crouch（2000）认为，畅通的、高效运行的旅游供应链可以改善旅游企业的运营和战略管理，加速旅游目的地提供新的服务和产品，以更好更快地满足游客的多样化需求，从而创造更多的利润和实现长期的发展。Boes 等（2016）持有类似的观点，旅游供应链的运行效率关系到各成员的需求预测质量和决策质量，保持其良好的状态能够让旅游企业更好地应对行业和市场的不确定性。王细芳（2012）研究了旅游供应链柔性对旅游服务贸易竞争力强弱的影响机制。她认为，在散客时代，旅游供应链柔性能够在很大程度上影响旅游目的地的旅游产品生产成本以及在市场上的销售数量、销售价格和销售成本，从而影响旅游企业的盈利水平和该旅游目的地在游客市场的竞争力强弱。

最后，旅游供应链的高效运行有助于增加地方社区的参与及其分享到的旅游开发成果（Boes 等，2016）。地方社区和居民能够更加及时、准确地了解旅游目的地在游客市场中的形象和市场竞争力中的位置，更好地安排自身的劳作时间，更多地参与到目的地的旅游开发中来，通过多种途径增强周边社区和居民的获益能力，从而增强周边社区和居民的归属感，增加他们对旅游目的地进一步旅游开发的支持程度。毫无疑问，地方居民的参与和支持、地方居民同游客的和谐相处、地方经营者同外来经营商的和谐相处是旅游目的地具有竞争力的重要保障和体现。此外，旅游供应链良好的运行状态还具有很大的外部经济性和保护伞效应，为目的地的其他行业创造发展的机会和动力，形成旅游业和其他相关行业的良性互动，最终推动整个旅游目的地经济的发展，提升综合的旅游目的地竞争力（Crouch，2011）。

实证方面，Merschmann 和 Thonemann（2011）研究了供应链运行效率同组织竞争能力之间的关系，认为在高度不确定的市场需求环境下，组织能够通过增强供应链的运行能力来提升产品的销售水平，提升系统资源的利用水平，以及促进供应链对行业和市场环境的适应，使得组织能够做出对自身更有益的决策，以此增强组织的市场竞争力。公司对上游供应链和下游顾客采用的柔性战略，将有利于公司跨地区边界的合作，有利于为最终顾客提供高质量的产品和服务，有利于企业竞争力的提升。Sanchez 和 Perez（2005）将供应链柔性划分为多个维度，并分别分析了各柔性维度同一供应链所面临的环境不确定性以及公司竞争力之间的关系。结果表明，所有细分出来的供应链柔性维度均能够促进公司应对内外部的不确定性，均能够提升公司及其所在的整个供应链的竞争力。Boyer 和 Lewis（2002）均实证分析了供应链柔性同供应链对最终顾客提供服务和产品的成本之间的关系，结果表明供应链柔性的提升，能够减少供应链各环节的总体费用开支，降低服务和产品的提供成本。

基于以上分析，笔者提出关于旅游供应链运行效率与旅游目的地竞争力之间关系的研究假设 H10：旅游目的地商业生态系统内旅游供应链的运行效率能够对旅游目的地竞争力产生正面的促进作用。

第六节　信息技术影响旅游目的地竞争力的实证研究

一、概念模型与研究假设

根据动态能力理论和文献综述，形成了本部分的研究框架。研究框架由信息技术与旅游目的地竞争力及三个设定的中间变量组成，分别为跨组织动态协调能力、跨组织动态整合能力和旅游供应链运行效率。根据上述分析，本部分提出理论研究模型，如图 6-1 所示。动态能力在旅游目的地商业生态系统中具体体现为跨组织动态协调能力、跨组织动态整合能力和旅游供应链运行效率。信息技术除了直接作用于旅游目的地竞争力，还会通过跨组织动态协调能力、跨组织动态整合能力和旅游供应链运行效率三个目的地动态能力因素间接地影响旅游目的地竞争力。后面的实证研究就是为了验证该理论模型及其对应的研究假设，从而为目的地经营管理提供有益的政策建议。另外，本书还会探讨旅游目的地旅游服务和产品特色、旅游目的地可通达性、旅游目的地社会治安、旅游目的地旅游配套完善性和旅游目的地文化包容性对信息技术作用于旅游目的地竞争力的过程的影响，从而为区域范围内多个旅游目的地开发和管理提供政策建议。

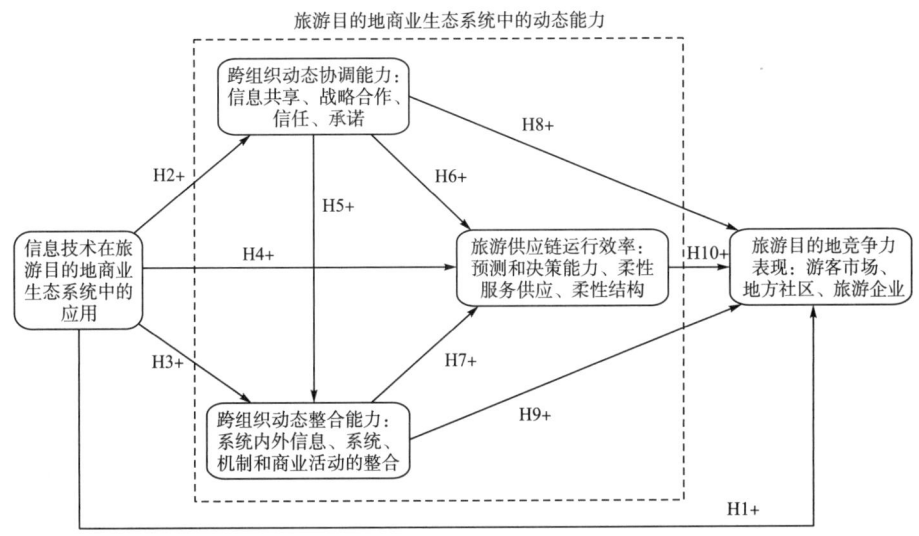

图 6-1 管理视角下的旅游目的地竞争力模型

二、研究方法选择与思路

本书将采用结构方程模型来检验预设的旅游目的地竞争力模型和有关各变量之间因果关系的研究假设。结构方程模型通过结合因子分析（CFA）和回归分析（RA），能够同时评估测量模型和结构模型，处理较为复杂的概念关系，近年来被心理学、管理学等社会学科广泛接受和应用（Jiang 和 McCabe，2023）。旅游目的地商业生态系统是一个跨地区、跨行业的具有多个维度的复杂系统，旅游目的地竞争力模型中有很多变量过于抽象，无法通过具体的数据予以展现。结构方程建模的方法能够很好地处理对这些抽象概念的测量问题。因此，本书将采用该方法进行实证分析。具体步骤包括：调查问卷的设计与回收、调查对象和调查数据的描述性统计、调查数据的预处理、量表的可靠性分析、验证性因子分析、相关分析、变量间路径分析、模型拟合结果分析、初始模型的修正、复核效度检验、中介变量和中介作用分析、调节变量和调节作用分析等，最终确定管理视角下的旅游目的地竞争力模型。

本章的主要目的是对前文所建立起的信息技术通过动态能力影响旅游目的地竞争力的概念模型进行实证检验、分析和修正，采用的方法为结构方程模型。具体来讲，首先介绍本研究所采用的指标体系和调查问卷的设计依据和修正过程，以及样本数据的收集方法和途径。进而对问卷调查对象（旅游目的地管理部门工作人员）和各观测变量的基本数据特征进行描述性统计分析；对样本数据进行缺失值处理、正态分布检验和项目分析，以提升样本数据的质量，为后面的分析做准备。接下来，运用SPSS 20.0分别对概念模型的各个构建进行可靠性分析、探索性因子分析、验证性因子分析，以及对各潜变量之间的关系进行相关性分析，以删除不符合标准的变量，为模型的整体分析做铺垫。最后，运用AMOS 17.0对预设模型和研究假设进行整体拟合优度检验、观测变量同潜变量间的因子分析和潜变量间的回归分析，并使用最大修正指数（MI）和降阶两种方法对预设模型进行修正，最终确定项目组合后的模型为理想中的旅游目的地竞争力模型。同时，对项目组合后的模型进行复核效化检验，对三类动态能力（跨组织动态协调能力、跨组织动态整合能力和旅游供应链的运行效率）在信息技术影响目的地竞争力过程中的中介作用和具体的中间路径进行分析，对目的地旅游服务和产品特色、目的地可通达性、目的地社会治安、目的地旅游配套完善性、目的地文化包容性五类目的地属性对信息技术影响目的地竞争力过程和各具体路径系数的估计的调节作用进行分析。本章的研究为管理视角下的目的地竞争力模型的提出提供实证依据。

三、调查问卷设计与回收

（一）指标体系构建

如表6-1所示，在指标体系构建方面，参考Kumar和Dissel（1996）、Sher和Lee（2004），以及Kim和Lee（2010）等人的研究，针对信息技术（包括对目的地信息系统和信息技术应用两个方面的评价）共设置7个观测指标，分别为旅游目的地对信息技术的投资力度，所应用的信息技术的标准化程度，所应用的信息系统的自动化程度，所应用的信息技术对参与者的连通程度，本单位的信息获取能力，本单位的信息储存能力，本单位的信息分析能力。参考Morgan和Hunt（1994）、Fynes等（2005）、Kim等（2006），以及Ryu等（2009）的研究，针对旅游目的地的跨组织动态协调能力共设置6个观测指标，分别为对合作伙伴的信任，遵守对合作伙伴的承诺，同合作伙伴的长期合作意愿，同合作伙伴经常性的面对面接触和沟通，及时同合作伙伴交流重要信息，定期对合作伙伴的运行状态进行评估。参考Zhao和Huo（2011）、Kim和Lee（2010）、Leuschner和Rogers（2013）、Fawcett等（2011），以及Lee和Rha（2016）等人的研究，针对旅游目的地的跨组织动态整合能力共设置8个观测指标，分别为目的地商业生态系统内各参与主体之间的信息整合、系统整合、运行机制整合和商业行为整合，以及系统内参与者同系统外的利益相关者之间（如科研机构、非营利组织）的信息整合、系统整合、机制整合和商业行为整合。

基于 Vickery 等（1999）、Das 和 Abdel－Malek（2003）、Cheng 等（2014），以及 Maestrini（2018）等人的研究，针对旅游供应链的运行效率共设置 6 个观测指标，分别为信息传递质量，供应链网络的鲁棒性，需求预测准确性，决策质量，产品提供柔性和供应链网络的重构能力。另外，参考 Ritchie 和 Crouch（2003）、Dwyer 和 Kim（2003）、Enright 和 Newton（2004），以及 Mazanec（2007）等人的研究，针对旅游目的地竞争力共设置 16 个测量指标，分属三个方面，分别为游客和市场领域，具体包括游客满意度、游客增长率、游客人均消费、市场形象、市场知名度和市场分布情况；居民和社区领域，具体包括居民生活水平、居民对旅游开发的支持程度、地区就业水平、目的地经济社会发展、外来资本投资热情、生态环境的可持续性；经营者和旅游企业领域，具体包括经营者工作积极性、经营者创新性、旅游资源利用状况、旅游企业营利能力。下面对部分观测指标的内涵进行详细的阐述和说明。

旅游目的地对信息技术的投资力度：旅游目的地管理部门对信息技术、通信技术、管理信息系统等在目的地商业生态系统中的应用的重视程度和投入力度。

旅游目的地对信息技术的标准化程度：目的地管理部门为了在旅游目的地商业生态系统内实现最佳秩序和最优化表现，对信息技术在系统范围内各部门和各环节的使用制定统一的标准，以促进成员间的技术合作。

旅游目的地对信息系统的自动化程度：旅游目的地商业生态系统范围内所应用的信息技术，在没有人或较少人直接控制的情况下，能够按照任务要求，经过自动检测、信息处理、分析判断、发布命令，以实现预期目标的能力的情况。

旅游目的地对信息技术对参与者的连通程度：旅游目的地所使用的管理信息系统能够将旅游目的地商业生态系统范围内的所有利益相关者连接起来的能力的情况。

本单位的信息获取能力：旅游目的地管理部门能够通过信息技术的应用来获取到自己想要的市场和行业信息及其他有关旅游目的地发展的外部信息的能力。

本单位的信息储存能力：旅游目的地管理部门能够通过信息技术的应用来储存有关旅游目的地过去、现在和未来发展的相关数据和信息的能力。

本单位的信息分析能力：旅游目的地管理部门通过信息技术的应用来分析有关旅游目的地发展的历史数据和信息，以及实时获取到的市场和行业数据和信息的能力，以为旅游目的地的预测和决策提供数据和信息支撑。

对合作伙伴的信任：当问题出现时，本单位对合作伙伴的决策和商业行为的信心，相信合作伙伴能够按时、按量、按质地履行合约，不会做出有损于双方长期合作的行为。

遵守对合作伙伴的承诺：当问题出现时，本单位对合作伙伴体现出一种归属感和忠诚感，会遵守合约内容按时、按量、按质地履行，并且会自发地采取措施来维持伙伴间的合作关系。

同合作伙伴的长期合作意愿：本单位基于过去同合作伙伴的交往历史以及对合作伙伴运行状态整体的评价，想要与合作伙伴建立起长期的合作关系。

同合作伙伴经常性的面对面接触和沟通：本单位中上层管理人员能够与合作伙伴的中上层管理人员通过正式的或者非正式的形式，保持经常性的面对面接触，交流合作心得与体会。

重要信息及时交流：当本单位获取到被认为对合作伙伴的运营发展有重要影响的信息时，会及时地将该信息毫无保留地传递给合作伙伴。

对合作伙伴的定期评估：本单位会有规律地对关键合作伙伴的近期运行状态进行评估，并将评估信息反映给合作伙伴，合作伙伴也会定期对本单位的近期运行状态进行评估。

表 6-1 初始版本的指标体系

因素	编号	观测变量
信息技术（IT）	IT1	旅游目的地对信息技术的投资力度
	IT2	旅游目的地信息技术的标准化程度
	IT3	旅游目的地信息系统的自动化程度
	IT4	旅游目的地信息技术对参与者的连通程度
	IT5	本单位的信息获取能力
	IT6	本单位的信息储存能力
	IT7	本单位的信息分析能力
跨组织动态协调能力（IDC）	IDC1	对合作伙伴的信任
	IDC2	遵守对合作伙伴的承诺
	IDC3	同合作伙伴的长期合作意愿
	IDC4	同合作伙伴经常性的面对面接触和沟通
	IDC5	重要信息及时交流
	IDC6	对合作伙伴的定期评估

续表

因素	编号	观测变量
系统内的跨组织动态整合能力（IIDI）	IIDI1	组信息转移过程和形式以及支撑技术的整合
	IIDI2	组织间软、硬件系统整合以保证系统兼容性
	IIDI3	激励约束机制、协商机制、绩效评估机制和利益分配机制的整合，开发共享例程
	IIDI4	商业行为整合
系统外的跨组织动态整合能力（EIDI）	EIDI1	信息整合
	EIDI2	软件和硬件系统整合
	EIDI3	运行机制整合
	EIDI4	商业行为整合
旅游供应链的运行效率（SCP）	SCP1	信息传递质量
	SCP2	供应链网络的鲁棒性
	SCP3	需求预测准确性
	SCP4	决策质量
	SCP5	产品提供柔性
	SCP6	供应链网络的重构能力
游客和市场领域（TM）	TM1	游客满意度
	TM2	游客增长率
	TM3	游客人均消费
	TM4	市场形象
	TM5	市场知名度
	TM6	市场分布情况
居民和社区领域（RC）	RC1	居民生活水平
	RC2	居民对旅游开发的支持程度
	RC3	地区就业水平
	RC4	目的地经济社会发展
	RC5	外来资本投资热情
	RC5	生态环境的可持续性

续表

因素	编号	观测变量
经营者和旅游企业领域（BE）	BE1	经营者工作积极性
	BE2	经营者创新性
	BE3	旅游资源利用状况
	BE4	旅游企业营利能力

（二）调查问卷设计

问卷调查法具有灵活、方便、数据真实和可操作性强的优点，因此本研究选择调查问卷作为测量工具。问卷设计是在已有文献的基础上，结合动态能力理论和研究假设的概念框架综合设计而来的。问卷由七个部分构成，其中，信息技术、跨组织动态协调能力、跨组织动态整合能力、旅游供应链的运行效率和旅游目的地竞争力的有关题目各占一部分，旅游目的地的基本属性占一部分，最后还有受访者的基本情况，包括性别、年龄、学历和工作年限。问卷中问题的具体展开参考 Dolnicar（2013）提出的基于理论与循证的指导（Theory- and Evidence-Based Guidance）。因为本研究所涉及的大部分因素和变量都较为抽象（如同合作伙伴之间的战略合作意愿），而该指导能够有效地处理抽象的概念和属性，并且能够保持受访者回答问题的稳定性。具体来讲，该方法要求研究人员从评估问题的主体（Rater）、评估问题的核心属性（Attribute）和评估问题的客体（Object）三个方面来考虑每个问题的完整性，以及据此检查问题之间的关联性。本次问卷调查采用 Likert 的 5 级量表来衡量受调查人员对所测题项的态度，其中 1 代表最坏的情况，5 代表最好的情况。

在指标体系和问卷的形成过程中，笔者组建了一支由 10 位来自四川大学商学院、四川大学历史文化学院、四川大学经济学院和四川农业大学旅游学院的旅游研究领域专家学者和 5 位来自旅游企业的熟知旅游管理实践的经理人员构成的专家团队。经过长时间的多轮讨论，团队确定了指标体系和问卷的初稿。在正式问卷调查之前，本研究进行了三个小样本量的预测试：第一个预测试关注信息技术、跨组织动态协调能力与旅游目的地竞争力三者之间的关系；第二个预测试关注信息技术、跨组织动态整合能力与旅游目的地竞争力三者之间的关系；第三个预测试关注信息技术、旅游供应链运行效率与旅游目的地竞争力三者之间的关系。预测试的对象为来自九寨沟景区、峨眉山景区、乐山大佛景区、都江堰景区、西岭雪山景区、邓小平故里红色旅游区、华蓥山景区等四川省内多个旅游景区的工作人员，每个预测试的样本量均为100份。根据预测试的反馈结果，对问卷的提问进行了一些修改以提升问卷整体的可读性和清晰度。另外，考虑到过多的指标和问题会影响问卷调查数据的质量，尤其是影响问卷的完成率和问卷填写的满意度（Brosnan 等，2018），本研究根据可靠性分析和探索性因子分析结果，直接删除了 6 个会降低量表和因子的可靠性（Realiabity）和有效性（Validity）的观测指标，分别为旅游目的地信息技术的标准化程度，同合作伙伴经常性的面对面接触和沟通，旅游供应链网络的重构能力，地区就业水平，外来资本投资热情和旅游企业经营者的创造性。再次就指标体系和问卷同专家团队进行讨论后，结合 Dolnicar 理论与循证指导，对指标体系和问卷各问题再次进行修改，最后形成了本研究的指标体系（表6-2）和问卷形式。

表6-2 最终版本的指标体系

因素	编号	观测变量
信息技术（IT）	IT1	信息技术的投资力度
	IT2	信息技术的先进程度
	IT3	信息技术的连通程度
	IT4	本单位的信息获取能力
	IT5	本单位的信息储存能力
	IT6	本单位的信息处理能力
跨组织动态协调能力（IDC）	IDC1	信任合作伙伴
	IDC2	遵守对合作伙伴的承诺
	IDC3	长期合作意愿
	IDC4	重要信息及时交流
	IDC5	定期对合作伙伴运行状态的评估
旅游目的地范围内的跨组织动态整合能力（IIDI）	IIDI 1	信息整合
	IIDI 2	软件和硬件系统整合
	IIDI 3	运行机制整合
	IIDI 4	商业行为整合

续表

因素	编号	观测变量
旅游目的地范围外的跨组织动态整合能力（EIDI）	EIDI 1	信息整合
	EIDI 2	软件和硬件系统整合
	EIDI 3	运行机制整合
	EIDI 4	商业行为整合
旅游供应链的运行效率（SCP）	SCP1	信息传递质量
	SCP2	供应链网络的鲁棒性
	SCP3	需求预测准确性
	SCP4	决策质量
	SCP5	产品提供柔性
游客和市场领域（TM）	TM1	游客满意度
	TM2	游客增长情况
	TM3	人均游客消费
	TM4	市场形象
	TM5	市场知名度
	TM6	市场分布
居民和社区领域（RC）	RC1	居民生活水平
	RC2	居民对旅游开发的支持程度
	RC3	旅游目的地经济社会发展
	RC4	生态环境的可持续性
经营者和旅游企业领域（BE）	BE1	经营者工作积极性
	BE2	旅游资源利用状况
	BE3	旅游企业营利能力

（三）调查数据收集

本研究以旅游目的地管理部门的工作人员为调查对象，调查时间持续6个月，从2017年4月到2017年9月。调查的途径有以下三个：第一，参加国内外旅游大会，发放问卷给各旅游目的地管理部门和旅游企业的参会代表。参加的会议有三次，具体为：第七届中国－西班牙旅游与接待会议

(ICTCHS2017),举办地点在成都,时间为 2017 年 7 月,会议期间共发放问卷 100 份,回收问卷 86 份,有效问卷 73 份;2017 中国-阿拉伯国家旅游商大会,举办地点在银川,时间为 2017 年 9 月,会议期间共发放问卷 100 份,回收问卷 69 份,有效问卷 50 份;中国旅游产业博览会,举办地点在天津,时间为 2017 年 9 月,会议期间共发放问卷 100 份,回收问卷 73 份,有效问卷 45 份。第二,通过互联网收集各旅游目的地管理部门的邮箱地址,并以邮件的形式将问卷发放给各旅游目的地管理部门相关人员。以此种形式共发放问卷 387 份,收到回信 126 份,有效问卷 77 份。第三,到各旅游目的地实地调查,发放问卷给旅游管理部门的工作人员。共发放问卷 48 份,回收问卷 48 份,有效问卷 34 份。从总体来讲,共发放问卷 735 份,回收 402 份,回收率为 54.69%;有效问卷 279 份,有效率为 69.4%,具体可见表 6-3。

表 6-3 数据获取方式

问卷渠道	问卷发放	问卷回收	有效问卷
2017 年 7 月,成都,参与第七届中国-西班牙旅游与接待会议(ICTCHS2017)	100	86	73
2017 年 9 月,银川,参与中国-阿拉伯国家旅游商大会	100	69	50
2017 年 9 月,天津,参与中国旅游产业博览会	100	73	45
电子邮件	387	126	77
实地调查	48	48	34
总计	735	402	279

四、实证研究结果与讨论

在前文的概念模型构建中,笔者共提出了关于信息技术、跨组织动态协调能力、跨组织动态整合能力、旅游供应链运行效率和旅游目的地竞争力之间关系的 10 个研究假设,经过对调查数据进行可靠性分析、验证性因子分析和结构方程模型检验,确定了变量组合后的模型为本研究的最终模型,据此可以得到各潜变量之间路径参数估计结果(如图 6-2 和表 6-4 所示),下面将对各组变量关系的假设和结果进行对比、分析和讨论。

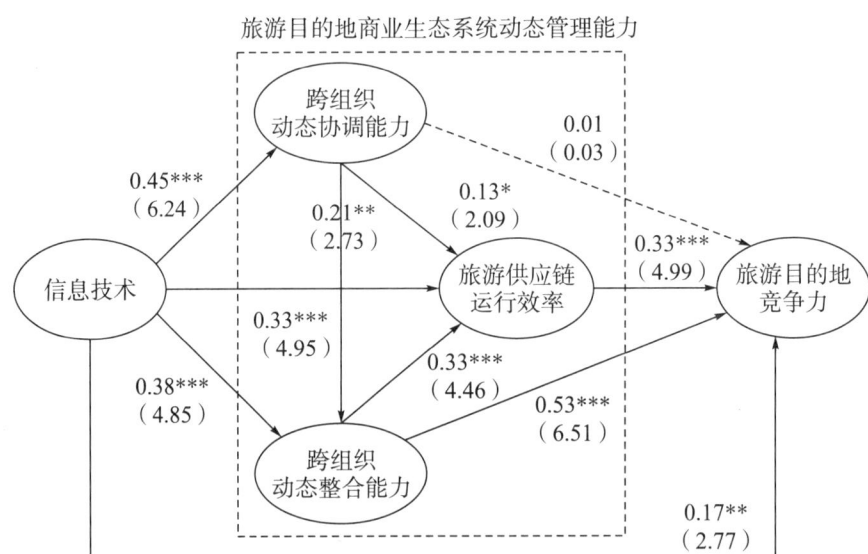

*** 意为 $p<0.001$，** 意为 $p<0.01$，* 意为 $p<0.05$，括号内为 T 检验结果

图 6-2 变量组合后的结构方程模型检验

表 6-4 变量组合后的潜变量间路径系数分析结果

路径	估计值	S.E.	C.R.	p
跨组织动态协调能力←信息技术	0.453	0.060	6.235	***
跨组织动态整合能力←信息技术	0.384	0.057	4.854	***
跨组织动态整合能力←跨组织动态协调能力	0.209	0.067	2.734	0.006
旅游供应链的运行效率←跨组织动态协调能力	0.127	0.097	2.085	0.037
旅游供应链的运行效率←跨组织动态整合能力	0.331	0.136	4.464	***
旅游目的地竞争力←跨组织动态协调能力	0.002	0.056	0.03	0.976
旅游目的地竞争力←跨组织动态整合能力	0.534	0.096	6.511	***
旅游供应链的运行效率←信息技术	0.334	0.089	4.948	***
旅游目的地竞争力←旅游供应链的运行效率	0.329	0.042	4.986	***
旅游目的地竞争力←信息技术	0.174	0.053	2.772	0.006

*** 表明对应的参数估计值在 0.001 的水平上显著

（一）信息技术与旅游目的地竞争力的实证检验结果

研究假设 H1（信息技术在旅游目的地商业生态系统中的应用能够对旅游目的地竞争力产生正面的促进作用）能够在非常理想的显著水平上得到证明（$p<0.01$），临界比值 C.R. 为 2.772，标准误差 S.E. 为 0.053，路径系数的估计值为 0.174，表示信息技术每提升一个标准单位，旅游目的地竞争力将同方向提升 0.174 个标准单位，两个潜变量之间的关系可以用数学表达式呈现为：TDC=0.174×ICT +0.053。在已有的研究成果中，Ritchie 和 Crouch（2000）认为信息技术能够在很大程度上提升旅游目的地的战略管理和运营能力，能够结合市场动态需要加速旅游服务产品的更新换代，让游客拥有更棒的旅游体验；Boes 等（2016）认为信息技术对旅游企业和地方社区获益具有重大的促进作用，能够带动旅游目的地相关产业的发展；此外，Nam 和 Pardo（2011）以及 Casalo（2010）等人也进行了类似的研究。本书的实证检验结果进一步证明了这些已有成果的正确性，信息技术的运用让旅游目的地能够完整地获取游客市场的信息，如游客体验偏好、出游时间、出行方式、工资收入等，能够更好地进行市场细分，并据此提供满足具有不同偏好的游客。信息技术能够增加旅游目的地社区居民和单位同游客的直接交流与沟通，能够将各类信息汇聚到旅游目的地管理信息系统，充分考虑各利益相关者的权益，进行科学合理的分工和安排，避免同类型服务的恶性竞争。信息技术能够促使旅游经营商始终处于积极的工作状态，增加旅游单位的创新活力，充分利用自身的资源优势，为游客提供更好旅游服务的同时增加自身的获益能力。

（二）信息技术与动态能力的实证检验结果

研究假设 H2（信息技术在旅游目的地商业生态系统中的应用能够对系统内跨组织的动态协调能力产生正面的促进作用）能够在非常理想的显著水平上得到证明（$p<0.001$），临界比值 C.R. 为 6.235，标准误差 S.E. 为 0.060，路径系数的估计值为 0.453，表示信息技术每提升一个标准单位，跨组织动态协调能力将同方向提升 0.453 个标准单位，两个潜变量之间的关系可以用数学表达式呈现为：TSCC=0.453×ICTs +0.06。该实证检验结果同其他学者（Kumar 和 Han，1996；Kim 和 Lee，2010；Molina，2010；Fawcett 等，2011；Boes 等，2016）的研究具有一致性。信息技术的投资能够有效提升旅游供应链上各利益相关者的信息获取能力、信息储存能力和信息分析处理能力，促使各利益相关体认清行业和市场现实，认清只有遵从合作、互利、共赢

的战略才能实现共同长期发展，认清只有高度的信息透明和信息共享才能制定科学、合理的战略和策略，从而能够更好地培养合作伙伴间的相互信任关系，更好地促使合作伙伴遵守对利益相关方的承诺，更好地履行自身的责任和义务，更好地站在合作伙伴的立场思考问题和解决问题，最终形成整个旅游供应链的动态协调一致。

研究假设 H3（信息技术在旅游目的地商业生态系统中的应用能够对系统的跨组织的动态整合能力产生正面的促进作用）能够在非常理想的显著水平上得到证明（$p<0.001$），临界比值 C.R. 为 4.854，标准误差 S.E. 为 0.057，路径系数的估计值为 0.384，表示信息技术每提升一个标准单位，跨组织动态整合能力将同方向提升 0.384 个标准单位，两个潜变量之间的关系可以用数学表达式呈现为：$TSCI = 0.384 \times ICTs + 0.057$。该实证检验结果进一步证实了 Gunasekaran 和 Ngai（2004）、Zhao 和 Huo（2011），以及 Law 等（2014）关于信息技术与供应链成员整合之间的关系的研究结果。信息技术是强化跨组织动态整合能力的重要驱动因素，有助于对多渠道来源的信息进行信息整合，有助于建立信息透明机制和跨组织的共同遵守的机制，有助于不同部门、不同组织之间建立兼容的软硬件系统，有助于伙伴间行为习惯的优化升级，剔除掉繁琐的、无做功式的行为方式。就旅游目的地而言，旅游目的地管理信息系统的普遍培育能够充分整合旅游目的地范围内部的各类资源，充分发挥各利益相关者的作用，形成坚实的凝聚力，使其作为一个整体投入行业谈判和市场竞争中，共同为旅游目的地的可持续发展做贡献。同时，要努力建立跨整个旅游供应链的管理信息平台，整合整个旅游供应链各阶段成员的资源，形成一个良性的旅游服务供应网络同游客市场进行对接，以应对行业和市场环境的众多不确定性。

研究假设 H4（信息技术在旅游目的地商业生态系统中的应用能够对系统内旅游供应链的运行效率产生正面的促进作用）能够在非常理想的显著水平上得到证明（$p<0.001$），临界比值 C.R. 为 4.948，标准误差 S.E. 为 0.089，路径系数的估计值为 0.334，表示信息技术每提升一个标准单位，旅游供应链的运行效率将同方向提升 0.334 个标准单位，两个潜变量之间的关系可以用数学表达式呈现为：$TSCP = 0.334 \times ICT + 0.089$。该实证检验结果同 Neuhofer 等（2015）以及 Stevenson 和 Spring（2009）等学者的研究结果保持一致，进一步证明了信息技术对于供应链的正面作用。如前文所述，旅游供应链是一个极其复杂的系统，由众多利益相关者构成，又是一个极度密集的网络，存在巨量的、多类型的、动态的信息交流和传递，信息交流和传递的效率在很大程度上

影响着供应链的稳定性及各利益相关者的经济效益,信息技术是专门处理信息的工具和手段,能够让信息在旅游供应链中畅通地流动,减少信息的损耗,能够很好地应对复杂的旅游供应链网络系统。尤其应当重视跨组织的信息技术和信息系统,因为它们可以汇聚不同利益相关者的信息,将分散的组织有机地整合起来,形成一个极具抗风险能力的柔性网络组织,促进单个成员及整个供应链的效率提升。

(三) 三个动态能力要素间关系的实证检验结果

研究假设 H5(旅游目的地商业生态系统内跨组织的动态协调能力能够对系统的跨组织的动态整合能力产生正面的促进作用)在 $p<0.01$ 的显著水平上得到证明,临界比值 C.R. 为 2.734,标准误差 S.E. 为 0.067,路径系数的估计值为 0.209,表示跨组织动态协调能力每提升一个标准单位,跨组织动态整合能力将同方向提升 0.209 个标准单位,两个潜变量之间的关系可以用数学表达式呈现为:$TSCI=0.209\times TSCC +0.067$。Zhao 和 Huo(2011)通过实证研究得出类似的结果,成员间的信任和承诺是供应链整合的重要驱动因素。Zhang 和 Song(2009)也认为,合作伙伴间的高质量信息交流有助于促进整个供应链上下游的整合。本研究结果同这些学者的结论保持一致,动态协调能力更多地体现为一种合作的态度和意愿,想要同合作伙伴保持畅通的信息往来和长久的战略互利关系,动态整合能力更多地体现在实际的操作上,包括行业和市场需求信息的汇聚和处理以及跨组织机制和系统的建立等。

研究假设 H6(旅游目的地商业生态系统内跨组织的动态协调能力能够对系统内旅游供应链的运行效率产生正面的促进作用)在 $p<0.05$ 的显著水平上得以证明,临界比值 C.R. 为 2.085,标准误差 S.E. 为 0.097,路径系数的估计值为 0.127,表示跨组织动态协调能力每提升一个标准单位,旅游供应链的运行效率将同方向提升 0.127 个标准单位,两个潜变量之间的关系可以用数学表达式呈现为:$TSCP=0.127\times TSCC +0.097$。

研究假设 H7(旅游目的地商业生态系统的跨组织动态整合能力能够对系统内旅游供应链的运行效率产生正面的促进作用)在 $p<0.001$ 的显著水平上得以证明,临界比值 C.R. 为 4.464,标准误差 S.E. 为 0.136,路径系数的估计值为 0.331,表示跨组织动态整合能力每提升一个标准单位,旅游供应链的运行效率将同方向提升 0.331 个标准单位,两个潜变量之间的关系可以用数学表达式呈现为:$TSCP=0.331\times TSCI +0.136$。学者们通常同时考虑供应链成员间的协调和整合,两个概念密切相关难以进行有效拆分,Swafford 等

(2008)研究了供应链成员间的协调和整合能力对整个供应链能够更柔性地应对市场需求波动的促进作用,认为成员间的有效协调和整合能够极大地提升整个供应链应对行业和市场风险的能力。此外,Silveira 和 Cagliano(2006)、Leuschner 和 Rogers(2013)以及 Kim(2013;2014)等学者均针对协调、整合和供应链运行效率之间的关系进行了深入的理论探讨和实证研究,并得出类似的结论。本研究的结果进一步支撑了该观点。跨组织动态协调能力能够直接地或通过动态整合能力间接地影响旅游供应链的运行效率。具体来讲,通过加强旅游供应链各阶段利益相关者的信息共享,深化成员之间的战略伙伴关系,培育相互间的绝对信任和履行承诺的责任感,实现旅游目的地范围内成员之间以及成员同范围内成员之间的信息、机制、系统和行为的有机整合,能够有效地减轻信息在旅游供应链传递过程中的牛鞭效应,能够有效地提升供应链上各成员的需求预测质量和战略决策质量,整个旅游供应链能够更良性地运行。

(四)动态能力与旅游目的地竞争力的实证检验结果

对于研究假设 H8(旅游目的地商业生态系统内跨组织的动态协调能力能够对旅游目的地竞争力产生正面的促进作用),尽管前者对后者的标准化路径系数估计值为正(0.002),但其回归的显著水平 p 值为 0.976,无法达到 0.05 的显著水平,表明研究假设 H8 被实证拒绝。许多研究成果显示旅游供应链成员的协调同组织的市场竞争力存在很大关系,前者是促进后者提升的重要驱动因素(Vickery,1999;Leuschner 等,2013;Flynn,2010;Zhao,2011)。然而,本研究并没有发现成员协调对目的地竞争力直接的促进效应。可能原因有以下四个。

(1)本研究在供应链动态协调能力和旅游目的地竞争力之间还设置有跨组织动态整合能力和旅游供应链运行效率两个中间概念,且实证研究发现,尽管动态协调能力对旅游目的地竞争力的直接促进作用被拒绝,但研究假设 H5、研究假设 H9 分别在 0.01 和 0.001 的水平上显著,表明跨组织动态整合能力是动态协调能力和旅游目的地竞争力之间的中间变量,前者会通过动态整合能力对后者起正面的促进作用。另外,研究假设 H6 和研究假设 H10 分别在 0.05 和 0.001 的水平上显著,表明旅游供应链的运行效率是动态协调能力和目的地竞争力之间的中间变量,前者会通过旅游供应链运行效率对后者起正面的促进作用。

(2)由于本文的动态协调能力是对整个旅游供应链的阐述,其同旅游目的地竞争力之间的关系在很大程度上依赖于受访人员的认知水平,以及受访人员所在单位处于旅游供应链的位置。尽管本研究在进行问卷设计时已经考虑到该问题，并将调查对象限制在受访单位的管理人员，但依然无法保证所有的受访人员都能够熟知旅游供应链成员的信息共享和相互信任与承诺状态，无法在对某题项给出最准确的分数。同样，本研究的受访单位主要集中于旅游目的地范围内的管理部门和旅游企业，忽略了旅游目的地范围外的同市场更为接近的旅行社和运营商。从严格意义上讲，对于每个旅游目的地都应当针对餐饮、住宿、交通等环节分别进行一次结构方程模型研究，并将调查对象更为严格地限定在对整条线路有绝对了解和掌握的人员，但那将耗费巨大的时间和精力，目前笔者的能力还无法实现这种研究，但在以后的研究中会着重考虑这个问题。

（3）本研究所调查的旅游目的地绝对大部分是知名的目的地，已经在地区的旅游市场中具有较强的竞争力，这同本研究获取数据的方式相关，主要的数据来源渠道是三次国际旅游会议，而能够参会的旅游目的地管理部门和旅游企业代表大部分属于有一定实力的目的地工作人员。严格来讲，应该合理地配置旅游目的地的竞争力水平，使具有不同层次竞争力的目的地都占有一定的比重。

（4）受访人员担心他们所填写的信息被暴露，会给个人和所在单位带来负面的影响。在调查问卷的介绍部分，已经明确阐述本次调查获取的数据将仅作为科学研究所用，但依然无法完全消除受访人员对该问题的担忧，从而影响到数据的准确性。

研究假设 H9（旅游目的地商业生态系统的跨组织的动态整合能力能够对旅游目的地竞争力产生正面的促进作用）能够在非常理想的显著水平上得到证明（$p<0.001$），临界比值 C.R. 为 6.511，标准误差 S.E. 为 0.096，路径系数的估计值为 0.534，表示跨组织动态整合能力每提升一个标准单位，旅游目的地竞争力将同方向提升 0.534 个标准单位，两个潜变量之间的关系可以用数学表达式呈现为：$TDC=0.534\times TSCI+0.096$。已有学者如 Zhao（2011）和 Leuschner（2013）等进行过类似的关于成员间整合和组织竞争力之间的关系研究，并认为整合能够极大地提升组织竞争力。本研究的结果同这些成果一致。在旅游业中，运营商、旅行社和目的地酒店等利益相关者之间的信息整合有助于目的地及时了解游客动态需求，为游客提供差异化的旅游服务和产品，满足游客的个性化需要，提升游客在目的地的旅游服务体验质量及游客的满意度；同时，还有助于合作伙伴间的相互学习，吸收合作伙伴处理问题的经验和教训，从而在自身遇到类似的问题时减少资源的浪费。

此外，旅游供应链上下游成员之间的系统和机制整合，有助于成员在共同的规范和原则下进行决策和计划,有效保持行为的一致性,以最短时间感知和响应游客需求的变化,减少用于谈判和协商的时间和成本,为旅游目的地带来更多游客的同时,提升各成员的利润水平。最后,旅游目的地范围内成员的整合,能够树立统一的可持续发展思想,立足于旅游目的地的长期利益,从而可以有效避免单个组织片面追求个体利益和短期盈利而忽略地区的经济社会发展。由此可见,跨组织动态整合能力是促进旅游目的地竞争力提升的重要因素,能够将旅游目的地利益相关者汇聚成一个坚实的整体,共同为旅游目的地的繁荣发展做出贡献。

研究假设 H10(旅游目的地商业生态系统内旅游供应链的运行效率能够对旅游目的地竞争力产生正面的促进作用)能够在非常理想的显著水平上得到证明($p<0.001$),临界比值 C.R. 为 4.986,标准误差 S.E. 为 0.042,路径系数的估计值为 0.329,表示旅游供应链的运行效率每提升一个标准单位,旅游目的地竞争力将同方向提升 0.329 个标准单位,两个潜变量之间的关系可以用数学表达式呈现为:TDC=0.329×TSCP +0.042。该实证检验结果进一步支撑了 Swafford(2008)、Merschmann 和 Thonemann(2011)以及王细芳(2012)等人关于供应链运行效率和组织竞争力之间关系的研究。

毫无疑问,信息能减弱旅游供应链网络传递过程中的牛鞭效应,能够让旅游目的地及各旅游单位更为准确、及时、全面地获取游客需求偏好的变化,从而灵活地调整现有的旅游服务和产品以满足游客新的需要,提升游客到旅游目的地旅游体验的质量及旅游目的地的市场形象。同时,旅游企业具有较高的需求预测质量和决策质量,有助于企业减少资源消耗,优化资源配置,充分发挥各自的优势,降低服务提供成本,制定科学合理的服务价格,从而增加利润和收益。此外,高效的旅游供应链使得地方社区能够更精确地把握市场动态,在同各类型旅游企业进行谈判时更有发言权,更能合理地安排生产活动,增加社区居民的收入水平,并强化他们对旅游目的地旅游开发的认同感和支持态度。

第七章　旅游目的地商业生态系统信息技术资产投资策略

第一节　旅游目的地信息技术资产投资现存问题

旅游目的地信息技术资产投资是指以一定数量的资金或物资，将现代信息与通信技术融入旅游目的地旅游资源的开发中，进而获得预期收益的活动和过程。信息技术在旅游目的地商业生态系统中的应用能够促进个体决策、旅游供应链运行效率以及整个旅游目的地商业生态系统的有序性。因此，信息技术投资决策在景区规划和建立过程中起着至关重要的作用，一定程度上影响着整个景区项目的成败。鉴于此，如今越来越多的旅游目的地信息技术投资建设项目被提出和实施，希望能够通过信息技术投资建设项目来吸引更多的游客，并促进地方经济社会的可持续发展。然而现实是，许多旅游目的地的信息技术投资建设项目不仅没有实现这一目标，还浪费了大量的人力、物力、财力。现有旅游目的地信息技术资产投资主要存在以下问题。

首先，信息技术资产投资存在一定的盲目性。大量民营企业管理者缺乏信息技术资产相关的基础知识和实践经验，缺乏必要的前期可行性研究，不善于利用外部智力资源，容易导致信息技术资产投资行为的盲目性。旅游目的地往往过度追求信息技术的先进性而缺乏科学合理的技术资产投资决策规划和实施策略。

其次，信息技术资产投资形势复杂，充满不确定性和突发性。旅游目的地信息技术资产投资具有投资周期长、投资实施充满连续性和波动性、投资收益的不确定性等特点，这些特点使得旅游目的地信息技术资产投资环境比一般项目投资复杂。此外，由于景区产品生命周期特征鲜明，更新换代快，投资者在投资机会的选择上往往一头雾水，不能根据市场变化有效把握投资机会，从而错失良机。然而，现有投资者采用的投资决策方法难以反映景区实际投资环境。现有的投资决策方法包括投资回收期法、平均收益率法、净现值法（NPV）和内部利率法等。但是，这些方法大多是从静态和局部的角度而不是动态和整体的角度来分析投资环境。其实，景区投资是一项长期性、系统性、战略性和前瞻性的工程，需要有良好的规划指导，尤其要有科学合理的投资决策方法。

同时，景区项目投资金额巨大，具有不可逆性和不确定性，面临的突发事件较多。因此，企业管理者必须做出正确的投资决策。传统的投资决策方法不仅在确定项目未来现金流量和折现率方面具有很强的主观性，而且忽视了在景区投资的不确定性和突发情况下决策的灵活性，从而影响投资项目的正确评价。为适应当前景区投资环境的转变，最大限度地降低决策风险，实现投资资源价值最大化，企业管理者应根据旅游市场实际信息调整现有规划决策，综合分析突发事件对景区投资建设的影响，以代替人的直接判断。基于上述分析，有必要建立一种能够有效应对复杂多变环境的景区最优决策方法，以优化景区的投资规划和建设，为景区灵活管理提供可操作、更科学、更合理的决策方法。

第二节 不确定性背景下旅游景区信息技术资产动态投资策略

基于前文分析，本研究试图建立一种基于真实可选理论和期权函数的景区最优决策方法，以优化景区的投资规划和建设，为景区灵活管理提供可操作、更科学合理的决策方法。

一、景区投资环境的不确定性

在投资领域，不确定性通常被视为风险的同义词。不确定性是个体在特定情况下对风险的主观感受，这取决于个体对风险的估计、个体所相信的客观世界以及个体的信心/自信心。还有一些学者认为，不确定性是指人们在交易过程中，由于对预期缺乏信心而承担的风险。但也有学者意识到，将不确定性限制在未来的时间范围内是不合适的，并且他们将不确定性视为事物属性状态的不稳定性。此外，不确定性和景区投资的风险往往被联系在一起。也就是说，如果有不确定因素，就一定存在风险。景区投资全过程中存在诸多不确定因素：项目开发周期长、总投资和资金来源发生变化、现代信息技术进步、游客消费偏好波动、竞争者策略变化，以及国家经济政策变化。

具体而言，在项目融资和建设过程中，景区投资方很可能因各种原因撤资，这将严重影响项目资金链及项目进程。旅游业是一个高度信息化的行业，需要现代信息技术的植入和整合。鉴于此，需要大量的资金投入，也需要现代信息技术在景区投资和管理中的应用，以获得竞争优势。此外，随着经济社会的发展，游客不再满足于单纯的观光旅游形式，而是追求更具参与性和体验性的过程。他们的需求偏好更加个性化、多样化和多变，对景区建设提出了更高的标准和灵活性要求。最后，投资者应随时关注各国的竞争对手和经济政策，这将对景区建设产生一定的影响。这些不确定因素的变化将对景区投资项目的效益和成本产生重大影响，并可能使景区的投资项目无法实现。为了尽可能规避各种风险，景区投资决策需要充分考虑这些不确定因素和突发事件的影响。

二、期权和实物期权理论

期权是一种未来选择权。投资者在支付一定数额的权利金（期权价格）后，有权在未来某一时间（到期日）以预先确定的价格（约定价格）买入或卖出某一标的资产。根据投资者购买或出售资产的不同权利，期权可分为看涨期权（Call Right）和看跌期权（Put Right）。期权作为一种新型金融工具，具有权利义务的不对称性、期限效应和不确定性三个特点。期权投资者可以选择行使或不行使约定的权利。当未来标的资产价格变动有利时，期权的执行将获利。当未来标的资产价格变动不利时，宜放弃行权。投资者的损失受限于期权价格，收益可以无限增长。人们很容易认为应该有最合适的时间来行使期权，因为所有的期权都有有效期，期权到期后就不再有效。欧式期权只允许投资者在期权到期日行权；而美式期权则允许投资者在到期日之前的任意一天（包括到期日）行权，为投资者提供了更多的自由行权空间。因此，美式期权在实践中被广泛使用。此外，期权是有价值的，不确定性是期权价值的来源。不确定性越大，期权的价值就越大。因此，创造、识别和利用期权将有助于降低投资风险，为投资者带来更高的回报。

实物期权的提出为我们做出最优决策提供了一种更加科学可靠的方法。具体来说，实物期权是一种非金融期权，指在未来开发和利用特定资产的权利。实物期权的概念最早由麻省理工学院的斯图亚特·迈尔斯教授于1977年提出。他认为投资项目产生的现金所产生的利润来自对目前拥有的资产的使用，加上收购或出售一项实物资产或未来某一价格的投资计划，获得该权利的价格可用期权定价公式计算。根据 McGrath 的观点，实物期权是项目投资者在投资过程中使用的一系列非金融期权（如推迟/提前、扩大/减少投资、获取新信息等）。根据实物期权的定义，实物期权除了基于现金流的时间价值来考虑项目价值外，还充分考虑了项目投资的时间价值、管理灵活性的价值和减少不确定性信息带来的价值。

根据景区风险投资的特点，利用实物期权理论可以描述景区项目投资的风险控制过程如下：景区投资相当于买入金融看涨期权，第一阶段的初始投资等于初始期权成本。项目建成后，若市场好于预期，景区可加大投入，扩大产能和规模；反之，如果市场不如预期，景区可以选择不追加投资。景区追加投资取决于前期投资是否成功，或者投资项目是否向景区倾斜。当前期投资失败或项目变动对企业不利时（如产品价格或市场逆向变动时），景区将放弃追加投资，最大损失为初始投资；反之，若产品销售需求超出预期或产品价格向正向变化，景区将行使追加投资的选择权。例如，规划研发的初始投入相当于看涨期权，景区支付的规划研发成本相当于初始期权成本。是否追加投资取决于前期规划和调研的结果。总之，实物期权理论的经营灵活性提高了景区的投资价值。基于此，本研究将利用实物期权，在前人研究的基础上提出动态非线性微分投资决策模型，以解决景区开发中的投资决策问题。

三、动态非线性微分投资决策模型的构建

景区投资项目受市场因素和非市场因素等诸多不确定因素的影响，会给景区带来很大的投资风险。我们将非市场不确定性因素称为突发因素，包括经济环境、政策环境、技术环境等的变化。紧急情况具有随机性。在紧急情况下，景区投资项目投资价值的随机过程可以表示为

$$dV = (r-\delta)Vdt + \sigma VdZ + Vdq \tag{7-1}$$

其中，dq 是意外事件对投资价值的随机影响，也是平均到达率为 λ 的泊松过程，可以预期许多紧急情况，但它们的到达时间是随机的。意外事件对景区投资价值的影响可能是正面的，也可能是负面的。如果意外事件发生概率为 π 且 $1-\pi > 0$，则 dq 对投资价值的影响程度可以用百分比 θ 表示，发生概率为

$$p = \begin{cases} 1 - \lambda dt, dq = 0 \\ \pi \lambda dt, dq = \theta \\ (1-\pi)\lambda dt, dq = -\theta \end{cases} \tag{7-2}$$

假设 $F(V)$ 是投资项目的期权价值，则我们可以得到最优投资时间点

$$F(V_*) = V_* - 1 \tag{7-3}$$

在这个时间点上，投资者可以立即投资，即投资者放弃继续等待的选择权，并且存在投资机会成本。假设 $dF(V)$ 的期望值为

$$E[dF(V)] = rF(V)dt \tag{7-4}$$

其中，r 是无风险利率。投资者有权继续等待，即现在不投资该项目。然后，根据 Ito 定理，我们可以得到

$$E[dF(V)t] = \left[\frac{\partial F(V)}{\partial t} + (r-\delta)V\frac{\partial F(V)}{\partial t} + \frac{1}{2}\sigma 2V2\frac{\partial^2 F(V)}{\partial V^2}\right] \times dt +$$
$$\sigma V\frac{\partial F(V)}{\partial V} \times dz + \pi\lambda[F(1+\theta)V - F(V)]dt +$$
$$(1-\pi)\lambda[F(1-\theta)V - F(V)]dt$$

$$\tag{7-5}$$

其中，dz 是标准维纳过程的增量，σ 是价值波动率。假设投资机会可以推迟很长一段时间。投资机会就像美国的永久期权，F 的价值与 t 无关，因此

$$\frac{\partial F(V)}{\partial t} = 0$$

$$E\left[\sigma V\frac{\partial F(V)}{\partial V} \times dz\right] = 0 \tag{7-6}$$

以上等式可以转化为

$$rF(V)dt = (r-\delta)V\frac{\partial F(V)}{\partial_t}dt + \frac{1}{2}\sigma 2V2\frac{\partial^2 F(V)}{\partial V^2}dt +$$
$$\pi\lambda[F(1+\theta)V - F(V)]dt + (1-\pi)\lambda[F(1-\theta)V - F(V)]dt - F(V)dt$$

$$\tag{7-7}$$

然后，有

$$\frac{1}{2}\sigma^2 V^2\frac{\partial^2 F(V)}{\partial V^2} + (r-\delta)V\frac{\partial F(V)}{\partial t} - rF(V) + \pi\lambda F(1+\theta)V$$
$$+ (1-\pi)\lambda F(1-\theta)V - \lambda F(V) = 0 \tag{7-8}$$

边界条件如下

$$\begin{cases} F(0) = 0 \\ F(V_*) = V_* - 1 \\ \dfrac{\partial F(V)}{\partial V} = 1 \\ V = V_* \end{cases} \tag{7-9}$$

因此，方程的解为

$$F(V) = A_I V^{\beta_1} \tag{7-10}$$

其中，A_I 是常数，β_1 满足如下公式

$$\frac{1}{2}\sigma^2\beta_1(\beta_1-1) + (r-\delta)\beta_1 - (r+\lambda) + \pi\lambda^{(1+\theta)}\beta_1$$
$$+ (1-\pi)\lambda^{(1-\theta)}\beta_1 = 0 \tag{7-11}$$

根据边界条件我们可以推导出

$$\begin{cases} V_* = \dfrac{\beta_1}{\beta_1-1} \times I \\ A_I = \dfrac{(\beta_1-1)^{\beta_1-1}}{\beta_1^{\beta_1} I^{\beta_1-1}} \end{cases} \tag{7-12}$$

因此，我们可以获得具有不确定性和紧急情况时景区的最佳投资决策时机。具体来说，当景区项目的投资价值为 V_* 时，应及时投资，从而最大限度地提高景区的价值。

四、算例分析

现在一家旅游企业试图投资一个景区，希望找到最佳的投资时间点和策略。假设价值波动率 σ 为 0.1，无风险利率 r 为 0.05，预期收益率与瞬时收益率之差 δ 为 0.02，平均到达率 λ 为 0.02，紧急情况发生概率 π 为 0.4，dq 对投资价值的影响程度 θ 为 0.2，然后

$$\frac{1}{2}\sigma^2\beta_1(\beta_1-1) + (r-\delta)\beta_1 - (r+\lambda) + \pi\lambda(1+\theta)\beta_1 + (1-\pi)\lambda(1-\theta)\beta_1$$
$$= \frac{1}{2} \times 0.01 \times \beta_1(\beta_1-1) + (0.05-0.02)\beta_1 - (0.05+0.02) +$$
$$0.4 \times 0.02(1+0.2)\beta_1 + (1-0.4) \times 0.02(1-0.2)\beta_1$$
$$= 0.005 \times \beta_1(\beta_1-1) + 0.03\beta_1 - 0.07 + 0.008 \times (1.2)\beta_1 + 0.012 \times 0.8\beta_1$$
$$= 0$$

然后，我们可以计算出 β_1 的值

$$\beta_1 \approx 1.5533$$

需要注意的是另一个解（-5.8057）被删除了。于是，可以得到 V_* 的值

$$V_* = \frac{\beta_1}{\beta_1-1} \times I \approx 1403669$$

根据计算结果，在景区投资受突发事件影响背景下，当 V_* 为 1.4036 亿时，景区投资的期权价值将是最佳情况。由于紧急情况对景区投资的有利影响，景区项目的投资机会价值将增加，从而提升景区的投资价值。

综上，景区投资环境的不确定因素包括游客需求偏好、信息技术、竞争者等。因此，投资者在进行景区投资决策时，必须充分分析这些不确定因素，对投资项目的投资价值做出准确评估。但传统的决策方法往往从静态的角度考虑问题，如 NPV 法。采用净现值法评价矿业投资项目时，没有充分考虑不确定因素对景区投资的影响。此外，NPV 法还忽略了景区管理者主动经营对项目现金流的影响。例如，管理者可以选择景区的投资时机，等到景区面临的不确定性变得明朗时再进行大规模的投资，从而规避投资。投资后，景区管理者可以根据实际经营环境改变投资计划，从而改变景区投资项目的预计现金流量。管理者也可以通过暂时停止扩大规模的措施来减少投资损失，甚至可以通过放弃该项目来避免未来更大的损失。

相比较而言，基于实物期权的景区投资决策具有诸多优势。例如，实物期权法可以解决具有高风险和不确定性的项目的经济评价和投资决策难题。实物期权法认为，不确定性越大，可能获得的投资收益就越大。传统观点是将不确定性视为消极因素，而实物期权法的观点是将不确定性视为积极因素。

此外，基于实物期权的投资决策模型有助于形成完善的景区风险投资决策模型。旅游景区投资环境存在诸多不确定性，其市场依赖性决定了自身的敏感性和脆弱性。目前，我国景区投资机制仍较落后，采用的是传统的单一管理机制，如景区经营者拥有开发经营权，景区管理机构的监督权尚未形成风险投资机制。随着景区投资的不断增加，迫切需要专业的风险投资评估机构对景区项目投资的可行性进行科学的分析论证。这不仅为投资者提供了可靠的投资依据，也为政府、社区居民等相关利益方提供了利益保障，有利于景区社会效益、经济效益和生态效益的一体化发展。实物期权投资还有助于灵活管理。目前，景区的投资决策还仅限于投资前期的预测，对投资过程中可能发生的变化并没有做好充分的准备。比如根据市场的变化，决定是扩大投资还是收紧投资，甚至放弃投资。但景区战略投资的发展趋势要求投资灵活，即投资管理灵活。投资决策者应该认识到灵活的投资管理所带来的机会也是有价值的，应该改变以往重预测轻过程的决策思维。

第三节　旅游景区信息技术资产多级投资动态决策模型

一、景区多阶段投资问题

近年来中国旅游业也发展迅速，成为国民经济的战略性新兴产业。旅游业有资源消耗低、驱动系数大、就业机会多、环境友好等诸多优点。鉴于这种情况，现在越来越多的旅游目的地开发项目被提出和实施，希望吸引更多的游客来促进可持续发展。在多数国家投资增速放缓的背景下，中国景区投资表现突出，受到了众多地方政府、旅游企业的关注，吸纳了来自民营企业与社会的资本。然而，事实是许多旅游项目不仅没有实现目标，还浪费了大量的人力、物力和财力。也许主要原因之一是他们倾向于盲目复制和投资，缺乏科学合理的投资决策规划。

与其他商业项目（如房地产项目）类似，景区投资有两个特点：不可逆和不确定。需要强调的是，需求预测和决策在现货投资过程中起着至关重要的作用，极大地影响着整个项目的成败。在可持续发展的背景下，旅游业近年来增长速度正在放缓，即使在中国也是如此。因此，随着旅游景点的增多，全球旅游业的竞争也逐渐激烈。此外，如今游客逐渐追求新颖、特殊和个性化的旅游体验，游客的需求随着社会和经济的发展而迅速变化。鉴于这种情况，有必要在旅游投资项目的投资中增加灵活性，以减少损失，提高项目的整体价值。然而，大量地方政府和景区投资者风险意识不足，导致资金使用效率低下，大量资金流失。因此，如何更好地捕捉投资机会，控制投资风险和不确定性，优化投资策略，一直是该领域学者和从业者共同关注的问题。

综上，旅游目的地的开发是一项长期的系统工程，现有的决策方法实际上并不适合这一过程，有必要引入新的决策方法来分析旅游目的地项目的投资过程。微分已广泛应用于解决许多任务工程问题，能够很好地解析项目面临的实际环境。因此，本部分也将采用该方法来进行分析。具体而言，笔者将考虑旅游目的地开发的不可逆性和可扩展性，构建基于经典实物期权模型（Black-Scholes模型）的长期投资项目的微分动态决策模型，然后分析影响修改后模型的关键参数，包括项目的当前价格（ω）和波动率（d）。进一步，将分析示例和银子岩景区案例，以测试模型的可操作性。模型有助于应对不确定性，提高投资者在景区投资中的决策质量。

二、实物期权理论在景区投资中的应用

景区投资是一项复杂的综合系统工程，同时具有高不确定性/风险和高收益的特点。它们往往是长期、巨额的投资，有数量限制，这意味着它们是风险投资项目。然而，当前投资者投资知识的缺乏和投资决策工具的落后，导致难以把握景区项目的投资机会，从而导致很多景区项目的失败。因此，旅游项目的投资决策方法已成为投资过程中的关键角色。传统的项目决策方法主要根据历史规律考虑收入、支出、利率等因素，简单地假设未来现金流量是可预测的，忽略了延迟投资支出的存在，这在一定程度上会影响投资决策。项目投资的极端不确定性很难通过这些传统方法来处理。此外，景区投资的不确定性主要指旅游需求和景区收入的不确定性，两者都受到经济、技术、政治和突发事件的影响。

实物期权在旅游投资决策中的应用有助于解决传统方法中存在的问题。不幸的是，很少有研究将这一理论引入旅游投资环境。如果能够实时评估旅游项目投资中隐藏的价值和风险，将有利于景区的可持续发展，减少相应的投资损失。在游客数量符合几何布朗运动的假设下，根据Glover和Levine（2015）构建的最优投资决策模型，旅游需求的不确定性与景区项目价值和投资选择呈正相关。因此，将景区投资作为一个有效的选项，有助于评估项目的价值和判断投资的时机点，有必要从实物期权的角度对景区投资进行进一步的分析。

三、景区投资的微分动态决策模型构建

（一）Black-Scholes模型

任何金融资产的合理价格就是预期价值，同样的原理适用于期权，包括实物期权。布莱克和斯科尔斯创建了Black-Scholes模型，并为其设定了一些假设，如无交易费用和税收，无风险利率不变，市场持续运行，股价连续无跳空，无现金利息，采用欧式期权，股票可卖空无罚金，做空卖方在交易中获得所有利益，市场上没有无风险的套利机会。布莱克和斯科尔斯认为，衍生资产的价格和标的资产的价格都受到相同的不确定因素的影响，并且它们遵循相同的维纳过程，这是一种连续时间随机过程。需要强调的是，如果存在一个投资组合，包含适当的衍生品头寸和基础资产头寸，并且基础资产头寸和衍生资产头寸的盈亏可以相互抵消，有助于消除维纳过程，这种投资组合可视为无风险

投资组合。假设不存在无风险套利机会，则投资组合的收益应等于无风险利率。于是衍生资产价格的Black-Scholes微分方程可以表示为

$$\begin{cases} \dfrac{\partial P(\omega,t)}{\partial_t} - rP(\omega,t) + rA\dfrac{\partial P(\omega,t)}{\partial_\omega} + \dfrac{1}{2}\delta^2\omega^2\dfrac{\partial^2 P(\omega,t)}{(\partial_\omega)^2} = 0 \\ P(\omega,t) = \max\{0, \omega - k\}, \omega > 0 \end{cases}$$

(7-13)

其中，$P(\omega, t)$是在时间t点的看涨期权的价值，ω是资产的价格，r是无风险利率，k是期权的执行价格，需要注意的是，Black-Scholes模型中没有包括预期收益l，因此没有反映投资者风险偏好的变量。在这种情况下，令T为期权有效期，令d_2为资产回报率变化率的方差，通过求解偏微分方程，可以得到欧洲看涨期权的定价公式如下

$$P(\omega,t) = \omega\eta(d_1) - k\eta(d_2) \times \exp[-r(T-t)] \quad (7-14)$$

其中，$\eta(d_1)$和$\eta(d_2)$都属于标准累积正态分布函数。因此

$$\begin{cases} d_1 = \dfrac{\ln\left(\dfrac{\omega}{k}\right) + \left(r + \dfrac{\delta^2}{2}\right)(T-t)}{\delta\sqrt{T-t}} \\ d_2 = \dfrac{\ln\left(\dfrac{\omega}{k}\right) + \left(r - \dfrac{\delta^2}{2}\right)(T-t)}{\delta\sqrt{T-t}} \end{cases}$$

(7-15)

同样，欧洲看跌期权的定价公式可以计算

$$P(\omega,t) = -\omega\eta(-d_1) + k\eta(-d_2) \times \exp[-r(T-t)] \quad (7-16)$$

上式显示了工程项目实物期权价值的计算方法。需要强调的是，由于经济和土地价格的上涨，本研究将景区投资视为看涨期权而非看跌期权。

(二) 景区投资的微分动态决策模型构建

值得注意的是，Black-Scholes模型不能直接应用于景区开发（旅游目的地开发）的投资决策过程。在将其用于风景名胜区勘探之前，需要进行一些修改。景区勘探过程中等待期权的标的资产是项目开发后的价值，执行价格是景区项目勘探的成本。由于该项目在勘探之前并不存在，因此资产价值及其波动性的计算并不像赢得金融期权的资产价格那么简单。然而，它们的价值可以通过对自然资源和人力资源的评估来获得。需要强调的是，由于闲置土地的价值，等待选择并非没有股息。因此，存在股利分配为负的看涨期权，使问题更加复杂。幸运的是，我们可以假设股息分配q是恒定的。在这种情况下，本研究可以采用等股息分配率的期权定价模型。尽管与无股息模型相比，该模型更

复杂，但与股息分配率不恒定的离散期权定价模型相比，它相对简单。因此

$$P(\omega,t)=\omega\exp(-qt)\eta(d_1)-k\eta(d_2)\times\exp[-r(T-t)] \quad (7-17)$$

$$\begin{cases} d_1 = \dfrac{\ln\left(\dfrac{\omega}{k}\right)+\left(r-q+\dfrac{\delta^2}{2}\right)(T-t)}{\delta\sqrt{T-t}} \\ d_2 = d_1 - \delta\sqrt{T-t} = \dfrac{\ln\left(\dfrac{\omega}{k}\right)+\left(r+q-\dfrac{\delta^2}{2}\right)(T-t)}{\delta\sqrt{T-t}} \end{cases} \quad (7-18)$$

需要指出的是，景区开发中的等待选择权和财政选择权还有一个区别，那就是土地收购成本 X。此外，X 可以被视为涉及无风险权益的资本，以获得期权。在这种情况下，它可以直接放在标准期权定价公式后面

$$P(\omega,t)=\omega \cdot \exp[-q(T-t)]\times\eta(d_1)-k\eta(d_2)\cdot\exp[-r(T-t)]-X \quad (7-19)$$

（1）求 ω 的偏导数

$$\frac{\partial P(\omega,t)}{\partial \omega}=\exp[-q(T-t)]\eta(d_1)$$
$$+\omega \cdot \exp[-q(T-t)]\times\frac{\partial \eta(d_1)}{\partial \omega}-k\cdot\exp[-r(T-t)]\times\frac{\partial \eta(d_2)}{\partial \omega} \quad (7-20)$$

根据上述方程，偏导数的正值或负值取决于 d 和相应函数 $\eta(d)$ 的结果。因此，实际上很难确定 ω 与旅游项目的 P 值之间的关系。

（2）求 k 的偏导数

$$\frac{\partial P(\omega,t)}{\partial k}=\exp[-q(T-t)]\frac{\partial \eta(d_1)}{\partial k}$$
$$-\exp[-r(T-t)]\times\eta(d_2)-k\cdot\exp[-r(T-t)]\frac{\partial \eta(d_2)}{\partial k} \quad (7-21)$$

与 ω 类似，景区项目的 k 值和 P 值之间的关系取决于 d 的结果和相应的函数 $g(d)$。可以很容易地推断出实际期权值 P 会随着 r、d 和 k 的变化而变化，但是很难在这些参数和 P 之间找到特定的规则模式。

（三）模型参数的确定

可以很容易地观察到，修改后的期权模型总共有 7 个参数。其中项目现价 ω 和波动率 d 比其他参数更难确定。下面将详细讨论这两个参数的计算方法。需要注意的是，由于景区尚未开发，没有直接的测量方法。但是这个问题可以通过间接的方法来解决。由于旅游目的地的开发涉及土地的利用，模型的相应

参数可以与地价挂钩。例如，我们可以先确定项目波动率与地价波动率之间的关系，然后通过已有的地价指标计算地价波动率。从而间接解决了项目的波动性。

(1) ω 的确定

该项目的现值由土地的现价 m 和时间 t 决定。因此

$$\omega = \omega(m, t) \tag{7-22}$$

假设项目现值的变化在未来时间是随机的、不确定的，服从几何布朗运动。然后有

$$d\omega = \mu\omega dt + \delta\omega dz \tag{7-23}$$

$$\frac{d\omega}{\omega} = \mu dt + \delta dz \tag{7-24}$$

其中，数 μ 为目标资产的预期收益率，d 为项目资产的波动率。土地价格 m 是一个具有恒定波动性的纳维过程，因此有

$$\delta_i(m, t) = \delta_i(m)$$

此外，m 和 ω 之间的关系可以根据 ITÔ 定理得到

$$d\omega = \left[\frac{\partial m}{\partial t} + \delta_i(m, t)\frac{\partial \omega}{\partial m} + \frac{1}{2}\delta_i^{\ 2}(m, t)\frac{\partial^2 \omega}{\partial m^2}\right]dt + \left[\delta_i(m, t)\frac{\partial \omega}{\partial m}\right]dz \tag{7-25}$$

$$\delta_i(m, t) = \frac{\partial m}{\partial t} + \delta_i(m, t)\frac{\partial \omega}{\partial m} + \frac{1}{2}\delta_i^{\ 2}(m, t)\frac{\partial^2 \omega}{\partial m^2} \tag{7-26}$$

$$\delta_\omega(m, t) = \delta_i(m, t)\frac{\partial \omega}{\partial m} \cdot \frac{1}{\omega} = \delta_i \frac{\partial \omega}{\partial m} \cdot \frac{1}{\omega} \tag{7-27}$$

从分析中可以看出，ω_0 表示立即启动项目的价值与启动所需的投入成本之间的差距。具体计算公式如下

$$\omega_0 = (1 - \text{tax})\left\{Q_0 K \frac{1 - \exp[-\sigma_i(T-t)]}{\sigma_i} - C_0 K \frac{1 - \exp(-(r - \gamma^X)(T-t))}{(r - \gamma^X)}\right\} \tag{7-28}$$

其中，K 是单位时间内开发的景区面积，r 是土地价格的股息收益率，C_X 是平均单价的变化率，C_0 是当前的平均开发成本，我们假设勘探成本遵循以下变化过程

$$d_c = \gamma^j c dt \tag{7-29}$$

(2) δ_ω 的确定

根据式（7-27）我们可以得到

$$\delta_\omega(m, t) = \upsilon \times \delta_\omega \tag{7-30}$$

其中，υ 是项目价值的价格弹性。

$$\upsilon = \left(1 + \frac{\varepsilon c_t}{\omega_t}\right) \geqslant 1 \tag{7-31}$$

其中，$\omega_t > 0$。需要注意的是，δ_i 可以利用数字方法通过现有地价进行计算，具体公式如下

$$\delta_i = \frac{1}{\sqrt{(T-t)}} \sqrt{\frac{1}{n-1} \sum_1^n (u_i - u^2)} \tag{7-32}$$

其中，$(n+1)$ 是历史观测数据的数量，u_i 是 i 周期结束时的土地指标。因此，我们可以得到

$$u_i = \ln \frac{\delta_i}{\delta_{i-1}} \tag{7-33}$$

其中，u 是 u_i 的平均值，$(T-t)$ 是时间跨度。

四、案例分析

(一) 示例

假设某旅游企业计划进一步投资扩大其景区。有一些关于景区的基本数据：占地面积 5000 亩，分红率 0.1，征地成本 2 亿元，项目开发成本 2.5 亿元，收益风险率 5%。然后，我们需要确定现值的项目和相应的波动性。我们进一步假设景区的开发速度为每天 1 亩，地价为每亩 2 万元，地价指标分红收益率为 5%，平均单位成本波动率为 1%，税率水平为 5%。因此，K 是 5000，tax 和 δ_i 均为 5%。$(T-t)$ 为 10，γ^x 为 1%。然后，我们可以计算 ω_0 的值。

$$\omega_0 = (1-tax)\left\{Q_0 K \frac{1-\exp[-\sigma_i(T-t)]}{\sigma_i} - c_0 K \frac{1-\exp[-(r-\gamma^X)(T-t)]}{(r-\gamma^X)}\right\}$$

$$= (1-5\%)\left\{40000 \frac{1-e^{(-5\%\times 10)}}{5\%} - 50000 \frac{1-e^{(5\%-1\%)\times 10}}{5\%-1\%}\right\} \approx 119.7 \tag{7-34}$$

为了计算波动值，我们假设历史观察期的数量为 10。需要强调的是，只计算第一期，以确定公司是否应该在第一期投资该项目。第一期末的土地指标为 2，第二期末的土地指标为 3，以此类推。最后，第九期结束时的土地指标为 10，由此可以计算出 u_i 的值。

根据式 (7-32)，如 u_i 的值为 0.693，u 的值为 0.256，那么

$$\delta_1 = \frac{1}{\sqrt{(T-t)}} \sqrt{\frac{1}{n-1} \sum_{i=1}^n (u_i - u^2)}$$

$$= \frac{1}{\sqrt{10}} \sqrt{\frac{1}{9-1}(u_i - 0.065)} \approx 0.089 \qquad (7-35)$$

我们进一步假设该项目的执行价格为 200 元,然后可以计算景区项目的期权价值

$$\begin{cases} d_1 = \dfrac{\ln\left(\dfrac{\omega}{k}\right) + \left(r + \dfrac{\delta^2}{2}\right)(T-t)}{\delta \sqrt{T-t}} \approx -1.682 \\ d_2 = d_1 - \delta \sqrt{T-t} \approx -1.963 \end{cases} \qquad (7-36)$$

为了简化计算流程,我们假设 $\eta(d) = 10000d$,因此

$$\begin{aligned} P(\omega,t) &= \omega \cdot \exp[-q(T-t)] \times \eta(d_1) - k\eta(d_2) \cdot \exp[-r(T-t)] - X \\ &= 119.7 \times e^{(-5\% \times 10)} \times (-16820) - 200 \times e^{[-5\% \times 10]} \times (-19630) - 200000000 \\ &\approx 198839023.878 \end{aligned} \qquad (7-37)$$

最后,$P < 0$,说明旅游企业应该等待更好的时机投资景区,而不是在第一期进行项目投资。通过实例分析,我们发现在微分动态决策模型中获取所需数据并进行计算并不困难。为了进一步探讨 δ_i、r、$T-t$ 和 γ^X 等关键参数与实物期权 P 的最终结果之间的关系,我们进行了以下讨论。

首先,我们假设在其他参数不变的情况下,γ 的值分别为 3% 和 4%。然后可以计算出 P 的值。同样,我们假设 σ 的值分别为 10% 和 20%,$(T-t)$ 的值分别为 8 和 9,γ^X 的值分别为 2% 和 3%(见表 7-1 至表 7-4),可以推导出以下结论:P 值会随着 σ 的增大而增大,随着 r 和 $(T-t)$ 的增大而减小,随着 γ^X 的增大而增大。然而,应该指出的是,因为样本的有限性,这不能被视为参数与 P 值之间的现实关系。

表 7-1 σ 同 P 的关系

	σ		
	5%	10%	20%
ω_0	119.7	1775.668	5945.062
δ_1	0.089	0.089	0.089
d_1	−1.682	7.901	12.195
d_2	−1.963	7.62	11.914
P	−198839023.88	−124149987.69	225282041.73

表 7-2 r 同 P 的关系

	r		
	5%	4%	3%
ω_0	119.7	358.82	575.387
δ_1	0.089	0.089	0.089
d_1	−1.682	1.864	3.186
d_2	−1.963	1.582	2.905
P	−198839023.88	−198064174.46	193185347.84

表 7-3 $T-t$ 同 P 的关系

	$T-t$		
	8	9	10
ω_0	106.075	114.09	119.7
δ_1	0.106	0.093	0.089
d_1	−1.928	−1.857	−1.682
d_2	−2.228	−2.136	−1.963
P	−198383942.94	−198626964.89	−198839023.88

表 7-4 γ^X 同 P 的关系

	γ^X		
	1%	2%	3%
ω_0	119.7	378.259	577.702
δ_1	0.089	0.089	0.089
d_1	−1.682	2.407	3.911
d_2	−1.963	2.125	3.630
P	−198839023.88	−197055482.37	−186736447.32

（二）银子岩景区案例

银子岩风景区位于中国西南部，占地约 1500 亩，景点众多，其岩洞被誉为世界溶洞奇观之一。银子岩有雪山飞瀑、音乐石屏、瑶池仙境等众多景点。为进一步开发这个旅游胜地，2002 年 6 月，银子岩的投资方与当地政府签订了协议：荔浦县以 600 万元取得银子岩景区 50 年资源利用经营权。此外，投资方拟投资 5000 万元建设和完善该景区。根据项目可行性分析报告，本次募集资金于 2009 年 8 月开始，2010 年 2 月结束。投资分两期进行，一期投资约 1555 万元。

现在我们假设投资者将利用 2000 年至 2009 年的净现值（NPV）（见表 7-5）来评估波动率。可计算出 d 约为 0.067，说明该项目存在一定程度的不确定性和风险。

根据桂林旅游股份有限公司发布的项目可行性报告，可以预测未来的旅游人数和旅游收入。进一步地，门票收入和未来现金流量可用于估计项目的现值并计算 $\omega=7023$。表 7-5 和表 7-6 分别展示了投资方的净现值以及微分动态决策模型中参数的估计。

因此，该项目 2011 年 2 月的实物期权价值约为 3795 万元，其中当期投资 1555 万元，这意味着该项目应立即投资。然而，现实是 2011 年 11 月，因国家征地政策和市场环境的重大变化，银子岩景区建设实施方案不得不调整，建设周期不得不推迟。在这种情况下，投资者很难实现项目价值的最大化，需要利用微分动态决策模型再次计算实物期权价值。

表 7-5　投资方的净现值（2000—2009 年）　　　　　　　单位：万元

年份	2000	2001	2002	2003	2004	2005	2006	2007	2008	2009
NPV	3628	4560	4798	1010	3655	3907	4591	5466	2270	3296

表 7-6　模型参数估计

Ω	δ	K	r	$T-t$	d_1	d_2	P	X
7023	0.067	3288.85	6%	1.83	1.39	0.47	37.95	6

（三）结论

科学且实用的决策方法在工程项目投资中起着至关重要的作用，尤其是多点风景区。本研究基于经典的实物期权模型，提出了一种微分动态决策模型——Black-Scholes 模型来解决景区投资开发过程中的不确定性和风险。该模型有助于应对不确定性，提高投资者在景区投资中的决策质量，初步探讨实物期权（等待期权）在景区开发中的应用，希望引起更多学者和实践者的关注，进而在风景区投资背景下丰富这一理论。虽然实物期权法在学术界已经研究多年，但其在景区勘探投资决策中的应用仍处于起步阶段。笔者认为，实物期权方法可以应用于旅游目的地的开发，以寻找最佳的勘探机会。具体来说，笔者基于经典的实物期权模型构建了景区投资开发过程中的决策模型——B-S模型，分析了影响修改模型的关键参数，对等待选项在景区开发中的应用进行了初步探讨，希望能引起更多学者和管理者的关注，丰富其内容。

风景名胜区（旅游目的地）的投资受到许多不确定因素的影响，包括游客的需求偏好、信息通信技术的发展、竞争者的策略等。鉴于这些情况，投资者在做出投资决策时，应充分分析这些不确定因素，准确评估景区的投资价值。然而，传统的决策方法通常从静态镜头解决这些问题，如净现值法。在用净现值法评价景区投资项目时，没有充分考虑内部和外部环境的那些不确定因素的影响。另外，NPV法倾向于忽略项目经理主动管理对项目现金流的影响。例如，管理者可以选择恰当的投资时机，从而规避投资风险。投资后，管理者还可以根据实际经营环境改变投资计划，从而改变景区投资项目的预计现金流。管理者也可以通过暂时停止扩大项目规模甚至放弃项目的方式来减少投资损失，避免未来出现更大的损失。

相比之下，基于实物期权的景区投资决策具有诸多优势。例如，它有助于解决高风险和不确定性项目的经济评价，这是景区投资项目（旅游目的地探索）的本质特征。除了数量的不确定性，景区投资的另一个明显特征是多阶段。使用实物期权方法能将每个特定阶段视为一个整体；并且每个阶段结束后，管理者有权决定是否继续投资开发景区。根据NPV方法，高波动率容易导致低净现值，但项目的不确定性很可能对实物期权的结果产生正向影响。传统观点认为，随着风险和不确定性的增加，景区项目的投资收益会下降。但从实物期权的角度来看，不确定性越大，获得的潜在投资收益就越大。因此，传统方法将不确定性视为对项目利润的负面因素，而实物期权方法将其视为正面参数。

笔者有一些建议。第一，旅游企业不应忽视净现值为零或负的景区项目。对于零净现值的项目，如果扩大投资规模会带来潜在的盈利能力，增加企业的战略价值，则不应立即放弃。而对于NPV为负的项目，如果考虑战略投资价值，NPV可能会转正。第二，应更加重视实物期权的识别。确定旅游目的地投资的真正选择并不容易。应该强调的是，有时实物期权不是由管理者的意图创造的，而是由外部和内部项目环境创造的。因此，项目经理应仔细识别它们。在旅游目的地投资中，实物期权通常伴随着大量的不确定性和项目的复杂性。因此，实物期权的识别不应简单地关注项目的某一方面，而应扩大到整个项目和所有可能的领域。第三，旅游目的地投资也应重视实物期权的可用性。

对于金融期权，期权可以通过支付期权费立即获得，其价值源于期权有效期内外部环境的变化。然而，旅游目的地投资中实物期权的获取是一个复杂、长期的过程。实物期权的获得不能通过初始投资来保证，而是需要两个过程——创造和持有。创造过程能否顺利完成对期权价值的影响超过了持有的影响。

第八章 前沿问题进一步探讨

第一节 旅游业中信息技术生产效率悖论问题

信息技术生产效率悖论（Information Technology Productivity Paradox）的概念兴起于20世纪70年代，是指组织（企业）投入了大量的资源到信息技术的应用上，但并没有带来组织运行效率和组织市场竞争力的提升（Dedrick等，2003）。自该概念提出以来，学术界就围绕其进行不断的讨论，大多数学者认为，信息技术（包括通信技术）同劳动、资本、自然资源和土地一样，是工业时代驱动经济社会发展的关键性因素，这是无论如何都不能否认的事实（Jiang和McCabe，2021）。信息技术的投资对于组织（企业）降低生产成本和交易成本，提高组织生产效率，以及改进人类社会的生活水平，均具有重要的推动力（Buhalis，2020）。然而，从20世纪70年代开始，尽管各经济体和组织对于信息技术的投入呈现大幅度增加的趋势，但全球主要经济体的劳动生产率提升都陷入停滞状态。70年代到80年代的关于公司、行业、国家层面的研究都无法给出强有力的证据证明信息技术能够显著提升生产效率（Hajli等，2015）。很多人认为，信息技术对于生产效率的提升效应已经非常薄弱，如果想要继续大幅度地提升生产效率，组织必须耗费巨大的资源来研发和引进更先进的信息技术和通信技术，但这又会使得组织（企业）的成本迅速增加，减少组织（企业）的流动性资产，从而陷入财务上的困境。这就是信息技术生产效率悖论的基本内涵。

近年来，信息和通信技术在旅游业中大范围的应用，但随着时间的推移，人们发现，许多集聚了大量信息技术资产的目的地并没有吸引到更多的游客和带来更多的旅游收入，反而因为在信息技术方面过多的投入而陷入财务困境，忽略了其他方面的发展。例如，核心吸引物的保护、营销渠道的建设、合作伙伴间的战略合作、机制和商业行为的整合等，最终都会影响旅游目的地的持续和健康发展（Buhalis，2020）。信息技术使用后，旅游目的地商业生态系统在运行和管理过程中的众多问题也依然存在，如信息传递过程中的牛鞭效应和严重信息不对称现象，成员合作过程中的逆向选择和道德风险，旅游开发商、地方管理部门和社区居民之间的矛盾激化。于是，旅游业中的信息技术生产效率悖论受到学者和实践者的关注。例如，Sigala 等（2004）以英国三星级酒店为对象，研究了信息技术的应用对这些酒店生产效率的影响，实证结果发现，酒店生产效率的提升并非来自单个酒店信息技术的投资，而是取决于酒店所在信息系统和网络的充分利用以及酒店的信息化能力。

基于采自旅游目的地管理部门工作人员的 279 个有效样本数据，本研究运用结构方程模型分析了信息技术与目的地竞争力之间的直接关系，以及跨组织动态协调能力、跨组织动态整合能力和旅游供应链运行效率三个动态能力在两者因果关系之间的中介作用和中间路径。实证研究证明了信息技术对于旅游目的地有效管理和竞争力提升的价值，其不仅能够通过及时的信息传递、有效的信息分析和连通性极强的信息网络来直接提升游客的旅游体验质量，促进地方社区在旅游目的地开发中的参与性，增加营利性旅游组织的获利能力，还能够通过优化旅游目的地商业生态系统的跨组织动态协调、跨组织动态整合和旅游供应链运行状态，帮助目的地实现可持续发展和赢得可持续竞争力。

本书的研究结果同先前 Hajli 等（2015）关于信息技术生产效率悖论的研究具有类似的结果，均证明信息技术的投资和使用的确能够提升组织的生产效率和经济效率。本书关于信息技术与旅游目的地竞争力关系的研究不支持"信息技术生产效率悖论"，证明该观点在旅游业站不住脚。然而，现实中的确存在大量的旅游目的地开发失败的案例：投入了大量的资源到信息技术的使用和信息系统及信息平台的搭建上，却无法取得令人满意的效果，反而阻碍了旅游目的地其他方面和领域的发展。这让人有一种信息技术生产效率悖论的假象，但实际上，这些拥有大量信息技术资产的旅游目的地没能取得成功的原因在于以下几个方面。

（1）难以准确地测量出信息技术给目的地带来的长期效益。正如 Hendricks 等（2007）所说，对于一家同时应用了 ERP、SCM 和 CRM 的公司，要准确测量出这些信息技术和信息系统对公司长期的股票价格和获利能力的影响（如通过资产收益和销售回报），是非常困难的事情。主要的难点在于：服务业具有很多独特的属性，如无形的产品、生产与消费同时进行，旅游服务尤其如此，难以对信息技术给旅游目的地带来的效益进行量化评估；另外，信息技术对目的地所带来的效益和贡献存在于多个方面和领域，研究人员由于时间和精力的限制，很难对每个领域都进行考虑。生产效率提升对信息技术所带来效益的错误测量方式是造成我们难以观察到信息技术投资的生产效率促进效应的重要原因。

（2）技术扩散具有一定的时滞效应。信息技术的投资回报周期较长，短期内带来的直接效应较弱；而且，信息技术对组织效率的提升作用在很大程度上还要取决于其对组织整体运行结构的影响。根据技术扩散理论，信息技术在组织中的应用会经历一个技术扩散和经验积累的过程，只有经历该过程后，其对组织生产效率的影响才更容易被测量出来。根据本研究，信息技术对旅游目的地竞争力的正面促进效应主要来自旅游供应链动态能力的间接效应，包括旅游服务提供商、运营商、旅行社等各阶段成员之间的动态协调、动态整合以及整个旅游供应链的运行效率。这些中间要素发挥效用需要一定的时间，不能因为短期的现象而怀疑信息技术的有用性。

（3）管理过程中存在着严重问题和信息技术的无效使用。组织管理部门在根本没有做好应用预置信息技术准备的时候，就花费巨大资金投入更先进的信息技术的应用，这种缺乏优秀管理支撑的信息技术应用会使得组织对市场和行业发展情况产生错误的预测和无效的决策，从而导致组织的信息技术项目失败，影响信息技术对组织生产效率和运行状态的正面作用（Hajli 等，2015）。旅游目的地管理部门并没有深刻地了解信息技术作用于组织竞争力的过程和机理。当旅游目的地看到其他单位运用信息技术取得了一定成绩时，往往会盲目地照抄照搬，而不考虑自身的切实环境以及其他应该重视的中间环节。一个科技小镇的成功将使众多科技小镇雨后春笋般地涌现，一片智慧花谷的繁荣也将导致众多花谷涌现，这种简单重复式的旅游开发，再多的信息技术投资都将难以见成效。综上所述，旅游业中其实并非存在信息技术生产效率悖论的实质，而仅仅是因为旅游目的地管理部门不清楚信息技术的效益产生机制和回报周期所产生的表面现象。本研究还有助于理解现实中存在的问题：为何那些集聚了大量先进信息技术的旅游目的地，没能取得相对于竞争对手的优势地位，没能赢得游客的青睐？其中一个答案在于：它们忽略了跨组织的动态能力的培育和发展。

信息技术生产效率悖论是一个非常有趣的话题，因为它反映的是全球性的涉及众多行业的现实问题，会对组织的决策制定、经营绩效和市场竞争力产生重要的影响，但是，此问题至今仍然无法被完全准确地解释。本研究基于旅游业的相关数据，运用实证研究证明信息技术的确能够促进旅游目的地竞争力的提升,并且这种促进作用会通过目的地的动态能力得到进一步强化。因此,从本研究对信息技术与旅游目的地竞争力之间关系的研究结果看,信息技术生产效率悖论在旅游业中是不存在的。

第二节 促进旅游目的地竞争力的关键问题:动态能力

本研究对于旅游目的地商业生态系统中的三类动态能力与旅游目的地竞争力之间的关系进行实证研究,表明旅游目的地商业生态系统的跨组织整合能力和旅游供应链的运行效率均能够在0.001的显著水平上对旅游目的地竞争力产生直接的正面促进作用。但是,在实证分析中,笔者发现,跨组织动态协调能力对旅游目的地竞争力的直接路径系数无法达到0.05的显著水平。本研究模型在协调与竞争力之间设置了跨组织动态整合能力和旅游供应链运行效率两个变量,下面笔者将分析跨组织动态协调能力是否能够通过这两个变量间接地影响到旅游目的地竞争力。根据模型输出结果,跨组织动态协调能力作用于跨组织动态整合能力的路径系数为0.209,能够在0.01的水平上显著;跨组织动态协调能力作用于旅游供应链运行效率的路径系数为0.127,能够在0.05的水平上显著。同时,跨组织动态整合能力作用于目的地竞争力的路径系数为0.534,能够在0.001的水平上显著;旅游供应链运行效率作用于目的地竞争力的路径系数为0.329,能够在0.001的水平上显著。因此,可以说跨组织动态整合能力和旅游供应链运行效率为信息技术与旅游目的地竞争力两个变量的中介变量。

尽管跨组织动态协调能力与目的地竞争力之间路径系数估计并不显著($p>0.05$),即不存在显著的总体间接效应,但根据Preacher和Hayes(2008)的建议,依然可能找到显著的间接效应和间接路径。表8-1是实证检验关于跨组织动态协调能力、跨组织动态整合能力、旅游供应链运行效率和旅游目的地竞争力之间的直接路径系数的标准化的总体效应、直接效应和间接效应。从跨组织动态协调能力到旅游目的地竞争力一共有以下三条作用路径:第一条路径为跨组织动态协调能力通过跨组织动态整合能力作用于旅游目的地竞争力,第二条路径为跨组织动态协调能力通过旅游供应链运行效率作用于旅游目的地竞争力,第三条路径为跨组织动态协调能力通过跨组织动态整合能力和旅游供应链运行效率作用于旅游目的地竞争力。

表 8-1 直接路径系数的标准化的总体效应、直接效应和间接效应

路径	标准化总体效应	标准化直接效应	标准化间接效应
IDC→IDI	0.209	0.209	0
IDC→SCP	0.196	0.127	0.069
IDI→SCP	0.331	0.331	0
IDI→TDC	0.643	0.534	0.109
SCP→TDC	0.329	0.329	0

各间接路径的标准化的总体效应、直接效应和间接效应如表8-2所示。第一条路径的标准化总体效应值为0.134（为两个相应的直接路径的标准化总体效应值相乘），标准化直接效应值为0.112（为两个相应的直接路径的标准化直接效应值相乘），标准化间接效应值为0.022（为标准化总体效应值减去标准化直接效应值），可知标准化的直接效应值大于标准化的间接效应值，表明该路径在跨组织动态协调能力与旅游目的地竞争力之间具有较强的中介效应；第二条路径的标准化总体效应值为0.064，标准化直接效应值为0.042，标准化间接效应值为0.022，可知标准化的直接效应值大于标准化的间接效应值，表明该路径在跨组织动态协调能力与旅游目的地竞争力之间具有较强的中介效应；第三条路径的标准化总体效应值为0.023，标准化直接效应值为0.023，标准化间接效应值为0，可知标准化的直接效应值大于标准化的间接效应值，同样表明该路径在跨组织动态协调能力与旅游目的地竞争力之间具有较强的中介效应。

表 8-2 间接路径的标准化的总体效应、直接效应和间接效应

路径	标准化总体效应	标准化直接效应	标准化间接效应
IDC→IDI→TDC	0.134	0.112	0.022
IDC→SCP→TDC	0.064	0.042	0.022
IDC→IDI→SCP→TDC	0.023	0.023	0

因此，尽管跨组织动态协调能力不能直接促进旅游目的地竞争力的提升，但能够通过跨组织动态整合能力和旅游供应链运行效率两个中介变量，形成三条具有显著中介效应的作用路径，间接影响旅游目的地竞争力的提升。由此，可以证明各具体的动态能力均能促进旅游目的地竞争力的提升。

另外，在信息技术影响旅游目的地持续竞争力的过程中的多重中介作用分析表明，信息技术可以通过优化旅游目的地商业生态系统的跨组织动态协调、跨组织动态整合和提升旅游供应链运行效率来间接地促进旅游目的地市场竞争力的提升。具体来讲，三类动态能力可以在信息技术与旅游目的地竞争力之间构成6条中间路径，分别为"跨组织动态协调→跨组织动态整合""跨组织动态协调→旅游供应链运行效率""跨组织动态协调→跨组织动态整合→旅游供应链运行效率""跨组织动态整合（直接影响旅游目的地竞争力）""跨组织动态整合→旅游供应链运行效率"和"旅游供应链运行效率（直接影响旅游目的地竞争力）"。而且根据信息技术与旅游目的地竞争力之间的路径系数估计，其直接效应（Direct Effect）为0.174，间接效应（Indirect Effect）为0.43，表明信息技术对旅游目的地竞争力的正面促进效应大部分是通过中间路径实现的。

综上所述，对于如何持续地维持和提升旅游目的地竞争力这一问题，本研究的答案在于：提升目的地商业生态系统中的动态能力。具体动态能力不仅能直接促进旅游目的地竞争力的提升，还能够在信息技术作用于旅游目的地竞争力的过程中起着重要的中介作用。因此，优秀的旅游目的地管理部门都应当格外重视对旅游目的地商业生态系统中的动态能力的培养，本研究具体将其划分为动态协调能力、动态整合能力和供应链运行效率。旅游目的地竞争力不能仅仅专注于利润、福利、基础设施等宏观和结果因素，还应更多地强调管理过程的动态能力的培养和提升，尤其是跨组织的协调和整合，整体的学习、知识创造能力，以及服务的柔性供应和构建柔性的关系网络结构。这将有助于解决旅游目的地发展中的许多现实问题，如盲目进行信息技术投资与使用，追求先进的信息技术，造成资源的大量浪费，低效率的旅游资源和能力的分配，过度重视旅游目的地范围内部，忽略了其他环节和旅游链整体的发展。简单对热点旅游目的地的重复与模仿，形成了众多雷同的旅游产品和服务，进一步加剧了旅游目的地之间的竞争程度；旅游链中各阶段成员间的信息不对称，存在道德风险，且旅游目的地服务提供者在谈判中处于劣势地位，话语权较弱。这些问题都严重影响着旅游目的地的竞争力、盈利能力和持续发展力。动态能力的培养和提升将帮助旅游目的地管理部门解决这些旅游目的地开发和管理过程中的问题，促进旅游目的地竞争力的提升和实现可持续发展。

第三节　管理视角下旅游目的地竞争力评价问题

战略管理学家波特于20世纪80年代提出著名的竞争优势理论及钻石模型（Diamond Model），由于该理论模型具有高度的普适性和战略分析潜能，被广泛地应用于社会经济的各个领域，包括对旅游目的地竞争力的分析。基于钻石模型，学者们提出了众多用于分析旅游目的地开发现状和发展潜力的旅游目的地竞争力模型。例如，Ritchie和Crouch（2003）提出的旅游目的地竞争力综合概念模型（Conceptual Model），该模型基本囊括了旅游目的地开发和管理过程中涉及的所有相关概念和问题；后来Dwyer和Kim（2003）、Enright和Newton（2004）以及国内邵革军（2014）等人所构建的旅游目的地竞争力模型都是在Ritchie和Crouch的概念模型的基础上加以修改和补充。

但这些模型存在着一些共同的问题：①竞争力综合概念模型涵盖的概念和内容太过复杂和烦琐，都是对旅游目的地各领域的全面评估，很难被旅游目的地管理部门应用于实践，也难以对旅游目的地竞争力同其他重要概念（如资金投入、旅游就业人数）之间的关系进行实证研究，以发现旅游开发和管理中存在的现实问题，从而失去了其应有的价值和意义；②旅游目的地的种类繁多，所在地区、国家和所涉及的民族、生态环境差异较大，在此种背景下，包罗万象的旅游目的地竞争力综合概念模型难以构建统一的维度和标准，难以对各旅游目的地进行评估和比较，以找出差异和不足，进而有针对性地进行改善和提升；③现有的旅游目的地竞争力综合概念模型没有充分地认识到涉及多个商业流程和主体边界的跨组织管理在旅游目的地商业生态系统管理中的突出作用。大多数研究都是从宏观的经济层面来理解和看待旅游目的地竞争力问题，很少有从微观的管理层面来进行思考和论证。

本书从管理科学的视角（主要为动态能力和供应链管理）来研究旅游目的地竞争力的驱动因素和竞争力表现，有助于建立更聚焦的、更容易应用于实践中的旅游目的地竞争力体系，以解决旅游目的地竞争力模型的可操作化问题。本书所构建的管理视角下的旅游目的地竞争力模型（如图8-1），专注于旅游目的地商业生态系统的管理过程和经营实践，提取出了信息技术、跨组织协调、跨组织整合、服务柔性、组织网络柔性、知识管理、预测和决策等与旅游目的地旅游项目成功开发与运行相关的核心管理要素，并且通过大样本量的实证研究详细探讨了各核心管理要素之间的因果关系，从一定程度上弥补了管理层面旅游目的地竞争力研究领域的空白。

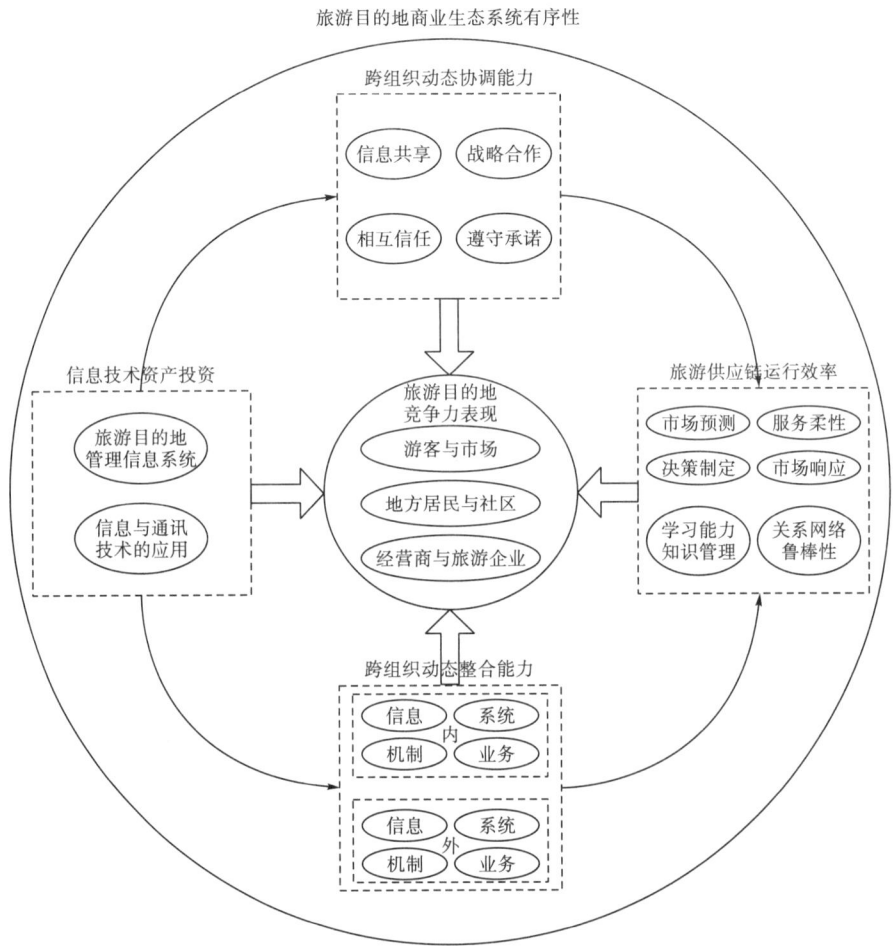

图 8-1 管理视角下的旅游目的地竞争力模型

相比于已有的包罗万象的旅游目的地竞争力模型，本研究提出的模型具有以下优势：①管理视角下的旅游目的地竞争力模型仅保留四类核心的持续竞争力驱动因素和三类旅游目的地核心利益相关者的表现，在解决旅游目的地竞争力模型可操作化问题的同时，又能够很好地反映旅游目的地竞争力的真实状况；②该模型的构件和要素，不必随着旅游目的地类型和地区的变化而进行较大幅度的修改，可以从一定程度上解决旅游目的地竞争力模型的普适性问题，可以进行多个旅游目的地之间的比较分析，找出相比于竞争对手自身存在的缺陷，以有针对性地提出解决的措施和方案；③该模型是从具体的管理角度来看待旅游目的地竞争力的问题,其所反映的问题更为具体,更能反映出旅游目的地竞争力的真实情况。竞争力的概念更多地是为了反映和解决企业和组织运行中的问题,为决策者制定战略决策提供更好的指导,但现有的关于旅游目的地竞争力的研究更多地是从宏观经济领域来看待这一问题,过多地强调其目的而忽略了其形成的过程和机理,这实际上偏离了竞争力概念的本质和核心。

本书提出的竞争力模型更多地强调旅游目的地跨组织协调、整合和运行的重要性。让旅游目的地竞争力的研究重新专注于组织管理的层面,可以很好地应用到旅游目的地管理中,指导管理部门和相关单位的实践活动。但迫于时间和精力的限制,笔者目前还没有将该管理视角下的旅游目的地竞争力模型应用于实际案例的应用中,笔者会在以后的工作中继续该领域的研究,争取做出更多的成果和贡献。

参考文献

[1] Becken, S. (2013). Developing a framework for assessing resilience of tourism sub-systems to climatic factors. Annals of Tourism Research, 43, 506-528.

[2] Belka, R., Deniziak, R. S., Pieta, P. (2021). BLE-Based Indoor Tracking System with Overlapping-Resistant IoT Solution for Tourism Applications. SENSORS, 21 (2), DOI: 10.3390/s21020329.

[3] Beske, P., 2012. Dynamic capabilities and sustainable supply chain management. International Journal of Physical Distribution & Logistics Management. 42 (2), 372-387.

[4] Beske, P., Land, A., Seuring, S., 2014. Sustainable supply chain management practices and dynamic capabilities in the food industry: a critical analysis of the literature. International Journal of Production Economics. 152 (2), 131-143.

[5] Boes, K., Buhalis, D., & Inversini, A. (2016) Smart tourism destinations: ecosystems for tourism destination competitiveness. International Journal of Tourism Cities, 2 (2), 108-124.

[6] Boyer, K. K., Lewis, M. W.. (2002). Competitive priorities: investigating the need for trade-offs in operations strategy. Production and Operations Management, 11 (1), 9-20.

[7] Brosnan, K., Grun, B., Dolnicar, S. (2018). Identifying superfluous survey items. Journal of Retailing and Consumer Services, 43, 39-45.

[8] Buhalis, D. (2000). Marketing the competitive destination of the future. Tourism Management, 21 (1), 97-116.

[9] Buhalis, D. (2020). Technology in tourism-from information communication technologies to eTourism and smart tourism towards ambient intelligence tourism: a perspective article. Tourism Review, 75

(1), 267-272.

[10] BURKART, A. J., MEDLIK, S. (1974): Tourism. Past, present and future. London, Heinemann.

[11] Cao L, Ramesh B. Agile Software Development: Ad Hoc Practices or Sound Principles [J]. It Professional, 2007, 9 (2): 41-47.

[12] Casalo, L., Flavian, C., & Guinaliu, M. (2010) Antecedents and Consequences of Consumer Participation in On-Line Communities: The Case of the Travel Sector. International Journal of Electronic Commerce, 15 (2), 137-167.

[13] Chathoth, P., Law, R. (2011). Managerial perceptions of information technology and their impact from a transaction cost perspective. Journal of Travel & Tourism Marketing, 28 (8), 787-803.

[14] Chen, F. (2003). Information sharing and supply chain coordination. Handbooks in operations research and management science, (11), 341-421.

[15] Chen, S. J., Huang E. (2007). A systematic approach for supply chain improvement using design structure matrix [J]. Journal of Intelligent Manufacturing, 18 (2): 285-299.

[16] Cheng, J. H., Chen, M. C., Huang, C. M. (2014). Assessing inter-organisational innovation performance through relational governance and dynamic capabilities in supply chains. Supply Chain Management. 19 (2), 1-27.

[17] Christopher, Martin, Towill, Denis. (2001). An integrated model for the design of agile supply chains. International Journal of Physical Distribution & Logistics Management, 31 (4), 235-246.

[18] Cooper, C. (2006). Knowledge management and tourism. Annals of Tourism Research, 33 (1), 47-64.

[19] Costantino, F., Gravio, G. D., Shaban, A., Tronci, M. (2015) The impact of information sharing on ordering policies to improve supply chain performances. Computers & Industrial Engineering, 82, 127-142.

[20] Crouch, G. I. (2011). Destination competitiveness: an analysis of determinant attributes. Journal of Travel Research, 50 (1), 27-45.

[21] Devaraj S, Krajewski L, Wei J C. Impact of e-Business technologies on operational performance: The role of production information integration in the supply chain [J]. Journal of Operations Management, 2007, 25 (6): 1199-1216.

[22] d'Hauteserre., A. M. (2000). Lessons in managed destination competitiveness: the case of Foxwoods Casino Resort. Tourism Management, 21 (1), 23-32.

[23] Dolnicar, S. (2013). Asking good survey questions. Journal of Travel Research, 52 (5), 551-574.

[24] Dwyer, L., Edwards, D., Mistilis, N., Roman, C., Scott. N. (2009). Destination and enterprise management for a tourism future. Tourism Management, 30 (1): 63-74.

[25] Dwyer, L., Kim, C. (2003). Destination Competitiveness: Determinants and Indicators. Current Issues in Tourism, 6 (5), 369-414.

[26] Duclos, L. K., Vokurka, R. J., Lummus, R. R. (2003). A conceptual model of supply chain flexibility. Industrial Management & Data Systems, 103 (6), 446-456.

[27] Das, S. K., Abdel-Malek, L. (2003). Modeling the flexibility of order quantities and lead-times in supply chains. International Journal of Production Economics, 85 (2), 171-181.

[28] Dedrick, J., Gurbaxani, V., Kraemer, K. L.. (2003). Information technology and economic performance: a critical review of the empirical evidence. ACM Computing Surveys, 35, 1-28.

[29] Eisenhardt, K. M., Martin, J. A. (2000). Dynamic capabilities: what are they? Ccc/tuckConference on the Evolution of Firm Capabilities, 21 (10-11), 1105-1121.

[30] Enright, M., Newton, J. (2004). Tourism destination competitiveness: a quantitative approach. Tourism Management, 25 (6), 777-788.

[31] Fawcett, S. E., Wallin, C., Allred, C. (2011). Information technology as an enabler of supply chain coordination: a dynamic-capabilities perspective. Journal of Supply Chain Management, 47 (1), 38-59.

[32] Flynn, B. B., Huo, B., Zhao, X. (2010). The impact of supply chain integration on performance: A contingency and configuration approach. Journal of Operations Management, 28 (1), 58—71.

[33] Fynes, B., Voss, C., Burca, S. D. (2005). The impact of supply chain relationship dynamics on manufacturing performance. International Journal of Operations & Production Management, 96 (1), 339—354.

[34] Gavirneni, S., Kapuscinski, R., Tayur, S.. (1999). Value of information in capacitated supply chains. Management Science, 45 (1), 16—24.

[35] Gawer, A., Cusumano, M. A. (2014). Industry Platforms and Ecosystem Innovation. Journal of Product Innovation Management, 31 (3), 417—433.

[36] Gimzauskiene, E., Duoba, K., Pavie, X., Pinnington, A., Vilkas, M., Masteika, I., et al., 2015. Dynamic capabilities in supply chain management. Procedia—Social and Behavioural Sciences, 213, 830—835.

[37] Glover, B., Levine, O. (2015). Uncertainty, investment, and managerial incentives. Journal of Monetary Economics, 69, 121—137.

[38] Gosling, J., Purvis, L., Naim, M. M. (2010). Supply chain flexibility as a determinant of supplier selection. International Journal of Production Economics, 128 (1), 11—21.

[39] Gunasekaran A., Ngai E. W. T.. Information systems in supply chain integration and management [J]. European Journal of Operational Research, 2004, 159 (2): 269—295.

[40] Guo, Q., Shi, Y., Dong, J., Anderson, C. K. (2014). Pricing competition and channel coordination in the tourism supply chain with optional tours. Tourism Economic, 20 (5), 939—960.

[41] Guo, X. L., Ling, L. Y., Dong, Y. F., Liang, L. (2013). Cooperation contract in tourism supply chains: the optimal pricing strategy of hotels for cooperative third party strategic websites. Annals of Tourism Research, 41 (1), 20—41.

[42] Hajli, M., Sims, J. M., Ibragimov, V.. (2015). Information technology (it) productivity paradox in the 21st century. International Journal of Productivity and Performance Management, 64 (4), 457

−478.

[43] Hartono, E., Li, R., Na, R. S., Simpson, R. T.. (2010). The role of the quality of shared information in interorganizational systems use. International Journal of Information Management the Journal for Information Professionals, 30 (5), 399−407.

[44] Hashim, K. F., Tan, F. B. (2015). The mediating role of trust and commitment on members' continuous knowledge sharing intention: A commitment − trust theory perspective. International Journal of Information Management, 35 (2), 145−151.

[45] Haugland, S. A., Ness, H., Gronseth, B. O., Aarstad, J. (2011). Development of tourism destinations: An Integrated Multilevel Perspective, Annals of Tourism Research, 38 (1), 268−290.

[46] He, P., He, Y., Tang, X., Ma, S., Xu, H. (2022). Channel encroachment and logistics integration strategies in an e − commerce platform service supply chain. International Journal of Production Economics, 244. DOI: 10.1016/j.ijpe.2021.108368.

[47] Hein, A., Schreieck, M., Riasanow, T., Setzke, D., et al. (2020). Digitial platform ecosystem. Electronic Markets, 30 (1), 87−98.

[48] Hendricks, K. B., Singhal, V. R., Stratman, J. K.. (2007). The impact of enterprise systems on corporate performance: a study of erp, scm, and crm system implementations. Journal of Operations Management, 25 (1), 65−82.

[49] Holloway, J., Christopher, H. C. (2003). The Business of Tourism [M]. SAGE Publications Ltd.

[50] Hong, J., Zhang, Y., Ding, M. (2018). Sustainable supply chain management practices, supply chain dynamic capabilities, and enterprise performance. Journal of Cleaner Production, 172, 3508−3519.

[51] Hwang, D., Stewart, W. P., Ko, D. W. (2012). Community Behaviour and Sustainable Rural Tourism Development. Journal of Travel Research, 51 (3), 328−341.

[52] Iansiti, M., Levien, R. 2004. The Keystone Advantage: What the New Dynamics of Business Ecosystems Mean for Strategy, Innovation and Sustainability. Harvard Business School Press, Boston, MA.

[53] Jansen, S., Brinkkemper, S. Finkelstein, A. (2009). Business Network Management as a Survival Strategy: A Tale of Two Software Ecosystems. In Proceedings of the First Workshop on Software Ecosystems (pp. 34−48), CEUR-WS.

[54] Jeong, C., Holland, S., Gibson, H. (2011). Enhancing destination image through travel website information. International Journal of Tourism Research, 14 (1), 16−27.

[55] Jiang, Q. J., Ke, Ge. (2019). Information sharing and bullwhip effect in smart destination network system. Ad Hoc Networks, 87, 17−25. DOI: 10.1016/j. adhoc. 2018.07.006.

[56] Jiang, Q. J., Li, Y. (2017). Demand forecasting and information platform in tourism. Open Physics, 15 (1): 217−252.

[57] Jiang, Q. J., McCabe, S. (2021). Information technology and destination performance: exploring the role of dynamic capabilities. Annals of Tourism Research. VOL. 91. November. DOI: 10.1016/j. annals. 2021.103292.

[58] Jiang, Q. J., McCabe, S. (2023). Exploring fundamental motives of tourists visiting dark tourism sites. Asia Pacific Journal of Tourism Research. VOL. 28, NO. 6, 610−624.

[59] Jiang, Q. J. et al. (2021). Evaluating the orderliness of nonlinear dynamic tourism system with entropy and information entropy. Fractals-Complex Geometry Patterns and Scaling in Nature and Society, DOI: 10.1142/S0218348X22401090.

[60] Jiang, Q. J. et al. (2021). Dynamic nonlinear differential investment decision model for scenic spot system with uncertainties and emergencies. Fractals − Complex Geometry Patterns and Scaling in Nature and Society, DOI: 10.1142/S0218348X22401089.

[61] Jordan, E. J., Norman, W. C., Vogt, C. A. (2013). A cross-cultural comparison of online travel information search behaviors. Tourism Management Perspectives, 6 (6), 15−22.

[62] Kang, M., Gretzel, U. (2012). Effects of podcast tours on tourist experiences in a national park. Tourism Management, 33 (2), 440−455.

[63] Kim, B., Park, C. (2013). Firms' integrating efforts to mitigate the tradeoff between controllability and flexibility. International Journal of Production Research, 51 (4), 1-21.

[64] Kim, D., Cavusgil, S. T., Calantone, R. J. (2006). Information system innovations and supply chain management: channel relationships and firm performance. Journal of Academy of Marketing Science, 34 (1), 40-54.

[65] Kim, K. K., Ryoo, S. Y., Jung, M. D. (2011). Inter-organisational information systems visibility in buyer-supplier relationships. Omega, 39 (6), 667-676.

[66] Kim, D., Lee, R. P. (2010). Systems collaboration and strategic collaboration: Their impacts on supply chain responsiveness and market performance. Decision Science, 41 (4), 955-981.

[67] Kock, F., Josiassen, A., Assaf, A. G. (2018). On the origin of tourist behavior. Annals of Tourism Research, 73 (C), 180-183.

[68] Kretschmer, T., Leiponen, A., Schilling, M., Vasudeva, G. (2022). Platform ecosystems as metaorganizations: implications for platform strategies. Strategic Management Journal, 43 (3), 405-424.

[69] Kumar, K., Dissel, H. G. V. (1996). Sustainable Collaboration: Managing Conflict and Cooperation in Inter-organisational Systems. Mis Quarterly, 20 (3), 279-300.

[70] Lambert, D. M., Enz, M. G. (2017). Issues in Supply Chain Management: Progress andpotential. Industrial Marketing Management, 62, 1-16.

[71] Law, R., Buhalis, D., Cobanoglu, C. Progress on information and communication technologies in hospitality and tourism [J]. International Journal of Contemporary Hospitality Management, 2014, 26 (5): 727-750.

[72] Lee, H. L., Padmanabhan, P., Whang, S. (1997). Bullwhip effect in a supply chain. Sloan Management Review, 38 (3), 93-102.

[73] Lee, H. L., Padmanabhan, P., Whang, S. (1997). Information distortion in a supply chain: The bullwhip effect. Management Science, 43 (4), 546-558.

[74] Lee, H. L., Tang, C. S. (2000). The value of information sharing in a two-level supply chain. Management Science, 46 (5), 626−643.

[75] Lee, H., Kim, M. S., Kim, K. K. (2014). Inter-organisational information systems visibility and supply chain performance. International Journal of Information Management, 34 (2), 285−295.

[76] Leuschner, R. L., Rogers, D. S., Charvet, F. F. (2013). A Meta-Analysis of Supply Chain Integration and Firm Performance. Journal of Supply Chain Management, 49 (2), 34−57.

[77] Li, X., Law, R. (2019). Forecasting tourism demand with decomposed search cycles. Journal of Travel Research. DOI: 10.1177/0047287518824158.

[78] Liang, A. R. D. (2017). Assessing the impact of co-branding of island destination and tourism activities on tourists' reactions. Current Issues in Tourism, 20 (5), 536−551.

[79] Luo, Y., Jin, M., Ren, P., Liao, Z., Zhu, Z.. (2014). Simulation and prediction of decarbonated development in tourist attractions associated with low-carbon economy. Sustainability, 6 (4), 2320−2337.

[80] Mazanec, J. A., Ring, A. (2011). Tourism destination competitiveness: second thoughts on the World Economic Forum reports. Tourism Economics, 17 (4), 725−751.

[81] Mentzer, J. T., Min, S., Zacharia, Z. G. (2000). The nature of inter-firm partnering in supply chain management. Journal of Retailing, 76 (4), 549−568.

[82] McCabe, S., Sharples, M., Foster, C. (2012). Stakeholder engagement in the design of scenarios of technology-enhanced tourism services. Tourism Management Perspectives, 4, 36−44.

[83] Merschmann, U., Thonemann, U. W. (2011). Supply chain flexibility, uncertainty and firm performance: An empirical analysis of German manufacturing firms. International Journal of Production Economics, 130 (1), 43−53.

[84] Mihalic, T. (2013). Performance of environmental resources of a tourist destination: conceptand application. Journal of Travel Research, 52 (5), 614−630.

[85] Mills, J. E., Meyers, M., Byun, S.. (2010). Embracing broadscale applications of biometric technologies in hospitality and tourism: is the business ready?. Journal of Hospitality & Tourism Technology, 1 (3), 245−256.

[86] Molina, M. R., Saura, I. G., Velazquez, B. M. (2010). Good environmental practices for hospitality and tourism: The role of information and communication technologies. Management of Environmental Quality, 21 (4), 464−476.

[87] Morgan, R. M., Hunt, S. D. (1994). The commitment−trust theory of relationship marketing. Journal of Marketing, 58 (3), 20−38.

[88] Morosan, C. (2016). An empirical examination of U. S. travelers' intentions to use biometric e−gates in airports. Journal of Air Transport Management, 55, 120−128.

[89] Nam, T., Pardo, T. A. (2011). Smart City as Urban Innovation: Focusing on Management, Policy, and Context, in: 5th International Conference on Theory and Practice of Electronic Governance.

[90] Narasimhan, R., Kim, S. W. (2002). Effect of supply chain integration on the relationship between diversification and performance: evidence from Japanese and Korean firms. Journal of Operations Management, 20 (3), 303−323.

[91] Neuhofer, B., Buhalis, D., Ladkin, A. (2015). Smart technologies for personalized experiences: a case study in the hospitality domain. Electronic Markets, 25 (3): 243−254.

[92] Nilashi, M., Bin Ibrahim, O., Ithnin, N., Sarmin, N. H.. (2015). A multi−criteria collaborative filtering recommender system for the tourism domain using expectation maximization (em) and pca−anfis. Electronic Commerce Research & Applications, 14 (1−6), 542−562.

[93] Nitti, M., Pilloni, V., Giusto, D., Popescu, V. (2017). IoT Architecture for a Sustainable Tourism Application in a Smart City Environment. Mobile Information Systems. DOI: 10.1155/2017/9201640.

[94] Oppewal, H., Huybers, T., Crouch, G. I. (2015). Tourist destination and experience choice: A choice experimental analysis of

decision sequence effects. Tourism Management, 48, 467−476.

[95] Orchiston, C., Prayag, G., Brown, C. (2016). Organisational resilience in the tourism sector. Annals of Tourism Research, 56, 128−163.

[96] Pantano, E., Priporas, C. V., Stylos, N. (2017). 'You will like it!' using open data to predict tourists' response to a tourist attraction. Tourism Management, 60, 430−438.

[97] Pastras, P., Brmwell, B. (2013). A strategic−relational approach to tourism policy. Annals of Tourism Research, 43, 390−414.

[98] Pearce, D. G., Reid, L., Schott, C. (2009). Travel arrangements and the distribution behaviour of new zealand outbound travelers. Journal Of Travel & Tourism Marketing, 26 (1), 80−97.

[99] Peng, B., Song, H., Crouch, G. I. (2014). A meta−analysis of international tourism demand forecasting and implications for practice. Tourism Management, 45, 181−193.

[100] Petroni A. The analysis of dynamic capabilities in a competence−oriented organization [J]. Technovation, 1988, 18 (3): 179−189.

[101] Qrunfleh S, Tarafdar M. Supply chain information systems strategy: Impacts on supply chain performance and firm performance [J]. International Journal of Production Economics, 2014, 147 (2): 340−350.

[102] Rajaguru, R., Matanda, M. J. (2013). Effects of inter−organisational compatibility on supply chain capabilities. Industrial Marketing Management, 42 (4), 620−632.

[103] Ritchie, J. R. B., Crouch, G. I. (2000). The competitive destination: a sustainable tourism perspective [J]. Tourism Recreation Research, 21 (1): 1−7.

[104] Ritchie, J. R. B., Crouch, G. I. (2003). The competitive destination: A sustainable tourism perspective. Wallingford: CABI.

[105] Ryu, I., So, S. H., Koo, C. (2009). The role of partnership in supply chain performance. Industrial Management & Data Systems, 109 (4), 496−514.

[106] Saeed, K. A., Malhotra, M. K., Grover, V.. (2011).

Interorganizational system characteristics and supply chain integration: an empirical assessment. Decision Sciences, 42 (1), 7−42.

[107] Sanchez, A. M., Perez, M. P.. (2005). Supply chain flexibility and firm performance: a conceptual model and empirical study in the automotive industry. International Journal of Operations & Production Management, 25 (7/8), 681−700.

[108] Sanders N R. Pattern of information technology use: The impact on buyer − suppler coordination and performance [J]. Journal of Operations Management, 2008, 26 (3): 349−367.

[109] Sher, P. J., Lee, V. C. (2004). Information technology as a facilitator for enhancing dynamic capabilities through knowledge management. Information & Management, 41 (8), 933−945.

[110] Sigala, M. (2004). Ict paradox lost? a stepwise dea methodology to evaluate technologyinvestments in tourism settings. Journal of Travel Research, 43 (2), 180−192.

[111] Slack, N. (1987). The flexibility of manufacturing system. International Journal of Operations & Production Management, 7 (4), 35−45.

[112] Song, H., Dwyer, L., Li, G., Cao, Z. (2012). Tourism economics research: A review and assessment. Annals of Tourism Research, 39 (3), 1653−1682.

[113] Stanley L L, Wisner J D. (2001). Service quality along the supply chain: implications for purchasing [J]. Journal of Operations Management, 19 (3): 287−306.

[114] Stevenson, M., Spring, M. (2009). Supply chain flexibility: an inter − firm empirical study. International Journal of Operations & Production Management, 29 (9), 946−971.

[115] Swafford, P. M., Ghosh, S., & Murthy, N.. (2008). Achieving supply chain agility through it integration and flexibility. International journal of production economics, 116 (2), p. 288−297.

[116] Tachizawa E M, Thomsen C G. Drivers and sources of supply flexibility: an exploratory study [J]. International Journal of Operations & Production Management, 2007, 27 (10): 1115−1136.

[117] Teece, D. J., Pisano, G., & Shuen, A. (1997). Dynamic Capabilities and Strategic Management. Strategic Management Journal, 18 (7), 509-533.

[118] Teece, D. J. (2007). Explicating dynamic capabilities: the nature and microfoundations of (sustainable) enterprise performance. Strategic Management Journal, 28 (13), 1319-1350.

[119] Thomas, R., Wood, E. (2015). The absorptive capacity of tourism organisations. Annals of Tourism Research, 54, 84-99.

[120] Tribe, J., Liburd, J. J. (2016). The tourism knowledge system. Annals of Tourism Research, 57, 44-61.

[121] Tussyadiah, IP and Zach, FJ. (2012). The role of geo-based technology in place experiences. Annals of Tourism Research, 39 (2), 780-800.

[122] Vlachos, I. P., Bourlakis, M. . (2006). Supply chain collaboration between retailers and manufacturers: do they trust each other?. Supply Chain Forum An International Journal, 7 (1), 70-80.

[123] Vickery, S. N., Calantone, R., Droge, C. (1999). Supply Chain Flexibility: An Empirical Study. Journal of Supply Chain Management, 35 (2), 16-24.

[124] Wu, I. L., Chuang, C. H., Hsu, C. H. (2014). Information sharing and collaborativebehaviors in enabling supply chain performance: A social exchange perspective. International Journal of Production Economics, 148 (1), 122-132.

[125] Zhang, X., Song, H., Huang, G. Q. (2009). Tourism supply chain management: A new research agenda. Tourism Management, 30 (3), 345-358.

[126] Zhao, X., Huo, B., Selen, W., & Yeung, J. H. Y. (2011). The impact of internal integration and relationship commitment on external integration. Journal of Operations Management, 29 (2), 17-32.

[127] Zhou, M., Dan, B., Ma, S. (2017). Supply Chain Coordination with Information Sharing: The Informational Advantage of GPOs. European Journal of Operational Research, 256 (3), 785-802.

[128] 陈晔, 贾骏骐. 数字经济下旅游目的地发展的新路径[J]. 旅游学刊,

2022，37（4）：6-8.

[129] 戴文，丁蕾，吴晨，刘培学，张义杰. 基于大数据的旅游流时空分布特征研究——以南京市为例［J］. 现代城市研究，2019（2）：38-44+53.

[130] 樊玲玲，谢朝武，吴贵华. 智慧旅游城市建设能否提升旅游业绩——170个旅游城市的实证［J］. 华侨大学学报（哲学社会科学版），2022（3）：42-54.

[131] 冯刚，任佩瑜，戈鹏. 基于管理熵与RFID的九寨沟游客高峰期"时空分流"导航管理模式研究［J］. 旅游科学，2010，24（2）：7-17.

[132] 冯刚，任佩瑜，朱忠福，叶彬，李健愉，蹇代君. 基于管理熵的"数字九寨沟"综合绩效评价研究［J］. 旅游学刊，2010，25（2）：72-78.

[133] 郭强，董骏峰. 旅游景区门票的资源保护型定价模型研究［J］. 旅游学刊，2010（8）：72-77.

[134] 胡明明，赵容，戈鹏，任佩瑜. 基于管理熵的景区游客时空分布优化仿真研究［J］. 旅游科学，2018，32（2）：28-41+53.

[135] 黄松，李燕林，戴平娟. 智慧旅游城市旅游竞争力评价［J］. 地理学报，2017，72（2）：242-255.

[136] 黄先开. 区块链技术在旅游业的应用创新及未来发展［J］. 北京工商大学学报（社会科学版），2020，35（5）：1-10.

[137] 姜泰元. 信息技术、供应链协调、供应链整合与港口竞争力的关系研究［D］. 杭州：浙江大学，2012.

[138] 蒋瑛，刘琳，刘寒绮. 智慧旅游建设促进了旅游经济高质量发展吗？——全要素生产率视角下的准自然实验［J］. 旅游科学，2022，36（2）：44-62.

[139] 明庆忠，韦俊峰. "区块链+"赋能智慧旅游高质量发展探析［J］. 学术探索，2021（9）：48-54.

[140] 牛文举，罗定提，鲁芳. 双重非对称信息下旅游服务供应链中的激励机制设计［J］. 运筹与管理，2013，22（3）：222-229.

[141] 齐懿冰. 供应链柔性演化及与绩效关系研究［D］. 长春：吉林大学，2010.

[142] 乔向杰. 智慧旅游赋能旅游业高质量发展［J］. 旅游学刊，2022，37（2）：10-12.

[143] 邱菀华，刘北上，侯琳琳. 基于熵可靠性的相对熵集结模型［J］. 系统工程，2008，26（5）：80-84.

[144] 任佩瑜, 宋勇, 张莉. 论管理熵、管理耗散结构与我国企业文化的重塑 [J]. 四川大学学报（哲学社会科学版），2000（4）：45-49.

[145] 任佩瑜, 张莉, 宋勇. 基于复杂性科学的管理熵、管理耗散结构理论及其在企业组织与决策中的作用 [J]. 管理世界，2001（6）：142-147.

[146] 任佩瑜, 王苗, 任竞斐, 吕力, 戈鹏. 从自然系统到管理系统——熵理论发展的阶段和管理熵规律 [J]. 管理世界，2013（12）：182-183.

[147] 邵革军, 王增强, 王贵清. 旅游目的地竞争力的评价模型 [J]. 软科学，2014，28（5）：121-124.

[148] 石园, 黄晓林, 张智勇, 石永强. 基于信息共享的旅游供应链合作预测问题研究 [J]. 经济地理，2013，33（6）：170-175.

[149] 谭春辉, 王一君, 王一夫. 基于熵理论的虚拟学术社区系统有序性研究 [J]. 现代情报，2021，41（6）：13-25.

[150] 王念新, 仲伟俊, 梅姝娥. 信息技术、核心能力和企业绩效的实证研究 [J]. 管理科学，2010（1）：52-64.

[151] 王细芳. 面向旅游服务贸易竞争力提升的旅游供应链柔性研究 [D]. 上海：上海财经大学，2011.

[152] 王西星, 任佩瑜. 一种新的绩效评价方法：管理熵评价模型 [J]. 现代管理科学，2009（6）：100-102.

[153] 王振宇, 贾永飞, 李金萍, 李锐. 基于耗散结构理论的科技人才政策系统有序性评价：以山东省为例 [J]. 科技管理研究，2022，42（2）：36-45.

[154] 王翠琴, 李林, 薛惠元. 城镇职工基本养老保险系统有序性分析：1998~2018——二元征收和费率调整下基于耗散结构理论的测度 [J]. 经济体制改革，2021（1）：185-192.

[155] 王成, 龙卓奇. 乡村生产空间系统演化的逻辑认知及数理表达 [J]. 地理科学，2020，40（4）：535-543.

[156] 吴保刚. 大数据在智慧旅游管理中的应用——评《旅游管理》[J]. 科技管理研究，2020，40（6）：274.

[157] 吴玲, 任佩瑜, 陈维政, 贺红梅. 管理系统中的熵理论及利益相关者框架下企业综合绩效的熵值评估法 [J]. 软科学，2004（1）：36-39+43.

[158] 肖远平, 龚翔. "互联网+"视域下贵州旅游产业智慧化发展研究 [J]. 贵州社会科学，2016（5）：127-132.

[159] 徐岸峰, 任香惠, 王宏起. 数字经济背景下智慧旅游信息服务模式创新机制研究 [J]. 西南民族大学学报（人文社会科学版），2021，42

(11)：31-43.

[160] 杨树，杜少甫，梁樑，董骏峰. 旅游供应链最优服务质量决策 [J]. 管理科学学报，2009 (3)：37-43.

[161] 杨振之，郭凌波. 基于区块链技术的旅游业去中心化知识共享机制刍议 [J]. 旅游学刊，2019，34 (8)：1-3.

[162] 袁晶，张彰. "互联网+"思维下智慧旅游平台优化探讨——以江西省为例 [J]. 企业经济，2018，37 (12)：143-147.

[163] 岳婧雅. 基于信息技术的智慧旅游体验平台搭建与管理创新模式研究 [J]. 管理现代化，2017，37 (2)：41-43+77.

[164] 湛研. 智慧旅游目的地的大数据运用：体验升级与服务升级 [J]. 旅游学刊，2019，34 (8)：6-8.

[165] 朱万春，刘松. 以现代科技支持的智慧旅游理论与实践应用研究 [J]. 科研管理，2021，42 (6)：210.

[166] 左晶晶，唐蕙沁. 智慧旅游建设对游客满意度的影响——基于上海迪士尼乐园的研究 [J]. 消费经济，2020，36 (5)：79-89.

[167] 张建涛，王洋，刘力钢. 大数据背景下智慧旅游应用模型体系构建 [J]. 企业经济，2017，36 (5)：116-123.

[168] 赵黎明，陈喆芝，刘嘉玥. 低碳经济下地方政府和旅游企业的演化博弈 [J]. 旅游学刊，2015，30 (1)：72-82.